江南文化研究

第 7 辑

浙江省哲学社会科学重点研究基地
浙江师范大学江南文化研究中心 编

上海古籍出版社

图书在版编目(CIP)数据

江南文化研究. 第7辑 / 浙江师范大学江南文化研究中心编. -- 上海：上海古籍出版社, 2024.6. -- ISBN 978-7-5732-1244-3

Ⅰ. K295

中国国家版本馆 CIP 数据核字第 2024YA1797 号

江南文化研究（第7辑）

浙江师范大学江南文化研究中心　编

上海古籍出版社出版发行

(上海市闵行区号景路159弄1-5号A座5F　邮政编码201101)

(1) 网址：www.guji.com.cn
(2) E-mail: guji1@guji.com.cn
(3) 易文网网址：www.ewen.co

上海颛辉印刷厂有限公司印刷

开本 787×1092　1/16　印张 16.5　插页 2　字数 262,000

2024 年 6 月第 1 版　2024 年 6 月第 1 次印刷

ISBN 978-7-5732-1244-3

Ⅰ·3851　定价：98.00 元

如有质量问题,请与承印公司联系

《江南文化研究》编辑委员会
（以姓氏笔画排序）

顾问 肖瑞峰 张 法 赵敏俐 胡晓明
　　　 黄灵庚 梅新林 詹福瑞 熊月之

主编 陈玉兰 慈 波

编委 王荣华 王 锟 巩本栋 刘士林
　　　 张 弘 张 剑 陈玉兰 陈国灿
　　　 查屏球 查清华 段怀清 徐茂明
　　　 陶 然 彭国忠 葛永海 慈 波

目 录

江南文学与艺术

晚清浙江词人十家述论 …………………………………… 马大勇（3）

王韬《扶桑游记》成书考 …………………………………… 潘德宝（27）

论陆游与南宋士大夫的尚武精神 ………………… 邰贯虹　欧明俊（43）

变调与新声：董元恺山水词论略 ………………… 郭树辰　陈玉兰（64）

江南学术与文献

王韬晚年主纂《洋务辑要》始末 …………………………… 田晓春（81）

从《格致书院课艺》看王韬的经世思想 …………………… 赵海菱（93）

"道在人伦"的谱系：王韬《原道》笺记 …………………… 马里扬（103）

永康历代县志纂修考述 ……………………………………… 胡德伟（117）

论王韬《春秋左氏传集释》中的政治改革思想及其意义 …… 方　姝（135）

江南城市与社会

徽商对于长三角一体化的历史意义 ………………………… 熊月之（151）

十九世纪五六十年代王韬对江南战事和时局的思索 ……… 戴鞍钢（161）

江南运河与江南城市的互动共生 …………………………… 王明德（170）

明清民国时期浙江的蓝靛业 ………………………………… 申屠青松（184）

明代永嘉场士大夫群体与温州城市文化特质 …… 吴龙灿　卜　菲（208）

醎醝溃国：元代浙东盐政之弊与海防的崩溃 …… 姚建根　王海英（223）

江南形象与传播

王韬与晚清口译—笔述式翻译模式的终结 ………………… 段怀清(239)

《江南文化研究》征稿启事 ……………………………………… (255)
《江南文化研究》撰稿格式 ……………………………………… (257)

江南文学与艺术

晚清浙江词人十家述论

马大勇

内容提要 词史洎至晚清，浙西词派流风渐微，为常州词派所取替，然而浙江词人既夥，特质鲜明之名家亦层出不穷。本文即择取其中若干词人如项廷纪、周闲、赵庆熺、黄燮清、谭献、李慈铭等予以述论，尤其对吴藻作为"清代第一女词人"事进行详细辨析。

关键词 晚清 浙江词坛 李慈铭 吴藻

清初阳羡词人、编辑家蒋景祁有"浙为词薮"之著名论断[1]，以朱彝尊为中军渠帅的"浙西词派"为此说提供了最好的注脚。奉姜、张为极则的浙西词派兴盛于清代词坛一百五十年以上，至晚近始流风渐微，为常州词派所取替。然而浙江词人既夥，特质鲜明之名家亦层出不穷，本文即择取其中若干缕述之。如龚自珍、朱祖谋、王国维等大家，学界研讨已颇充分，笔者亦有专文说之，此不赘。

一、感伤词人项廷纪与"磨盾草檄"的周闲

同处"晚近开山"门槛、与龚自珍年辈相埒的是项廷纪。对于项氏，谭献有一个很具影响的说法，他认为纳兰性德、蒋春霖、项廷纪三家词作才称得上"词人之词"，"二百年中，分鼎三足"。又说："以成容若之贵，项莲生

---

[1] （清）《刻〈瑶华集〉述》，《瑶华集》卷首，康熙二十五年刻本。

之富,而填词皆幽艳哀断,异曲同工,所谓别有怀抱者也。"①严迪昌师对他的定位则是"道光年间感伤词人的代表"②。这个"感伤词人"的定位很重要。如果说清代词史要评出三位感伤词人的话,这三位确实能"分鼎三足"。如果把它扩大到清词史上全部词人,那我们就不敢苟同了。

项廷纪(1798—1835),原名鸿祚,字莲生,浙江钱塘(今杭州)人,道光十二年(1832)举人,考了两次进士,未售而逝,年仅三十八岁。项廷纪自序词稿说"生幼有愁癖,故其情艳而苦"③,可见他的词风近乎纳兰一派。为什么要填词呢?他讲了两句很无奈、很凄凉的名言,经常被后人引用:"不为无益之事,何以遣有涯之生?"从这句话可以看出,这是一个沉郁无聊之极,只好"托之绮罗香泽以泄其思","词婉而情伤"的怀才不遇而郁结不化的词人。尽管家世豪富,但襟怀无可展布,只能借填词消遣而已。他的《清平乐》就写得令人惨然不欢:

蓦然如醉,叠枕和衣睡。却忆去年今日事,画烛替人垂泪。　月明依旧房栊,麝帷寒减香筒。剩得一枝梧叶,能禁几日秋风。

"剩得一枝梧叶,能禁几日秋风",这两句和蒋春霖的"病来身似瘦梧桐,觉道一枝一叶怕秋风"正是相映成趣。它们所传递的都不只是某个个人的感受,更多的是让人领会到"衰世"的消息。《太常引·客中闻歌》是写春光,但大好春光,在他眼中看来无非是凄凉漂泊之意:

杏花开了燕飞忙,正是好春光。偏是好春光,这几日、风凄雨凉。　杨枝飘泊,桃根娇小,独自个思量。刚待不思量,吹一片、箫声过墙。

项廷纪的词的确是有一些灵心慧质的,但这两首差不多也就是他最好的词了。凭这些与纳兰、蒋春霖"分鼎三足",显然分量还远远不够。谭献的评语只能是一种偏嗜而已,不足引为定评。钱仲联、陈铭二位先生选《清

---

① (清)谭献:《复堂词话》,郭绍虞、罗根泽编:《介存斋论词杂著　复堂词话　蒿庵词话》,人民文学出版社,1959年,第45、47页。
② 严迪昌师:《清词史》,人民文学出版社,2011年,第517页。
③ (清)项鸿祚:《忆云词甲乙丙丁稿》自序,民国商务印书馆《丛书集成》本。

八大名家词集》,有项廷纪而无蒋春霖,这恐怕与当时论定蒋春霖"敌视农民起义、地主阶级反动文人"的残余影响有关。就艺术水准来说,我以为蒋春霖的成就要高一些。

项廷纪所传递的"衰世"消息在他去世后不久即如响斯应。以道光二十年(1840)的第一次鸦片战争为起点,中国跨入了近代社会。但从另一方面来说,这场发生于广东、蔓延到东南沿海的战争对大清帝国来说,只不过是一场小规模的局部战争。当时的文人群体既不可能有多少"智足以知微"的预见性,更受制于见闻、信息的不畅通,在诗词中的总体反映是不太多的。书写鸦片战争最杰出的诗人有两位:一位是广东人张维屏,一位是当时亲临浙东抗英前线的苏州人贝青乔。词人中幸好有一位周闲,他也在浙东前线"磨盾草檄",以词体留下了一份可贵的历史记录与思考。

周闲(1820—1875),字存伯,号范湖居士,浙江秀水(今嘉兴)人。周闲出身武将之家,弱冠之年游幕至浙东,参与抗英斗争,后来以剿太平天国军功得六品衔,官知县,不久即去官隐居以终。周闲自记《范湖草堂词》说"词固不工,要于古今各家之外别具一种面目"①,他的这一点自负并无"卖瓜吹牛"之嫌。对于词体,他绝无"艳科"一类陈腐观感,而是振笔直书,应心应手,贡献出了清代词史罕见的"军旅词"。

单看这些题目就已经可以感受到他写抗英军旅的广度和深度:《月华清·军中对月》《水龙吟·渡海》《征部乐·领健儿戍郭津》《塞翁吟·金鸡山,是谢将军朝恩战场》《大酺·陪葛云飞、王锡朋、郑国鸿三帅夜饯定海城楼》《尉迟杯·军中与孙县丞丈应昭话旧,时同监钩金塘工》……或许纯从艺术角度着眼,这些词还称不上一流,但就大变乱时代的"词史"而言,它们是比很多精美的词篇更有意义和价值的。如《沁园春·大宝山朱将军桂祠堂》:

> 百战沙场,马革裹尸,壮哉鬼雄。记衔杯虎帐,横腰剑绿;谈兵马稍,拂面旗红。生不侯封,死当庙食,看我平生肯让公。来凭吊,正高祠落日,大树多风。　昔时樽俎曾同,誓共扫、东南海上烽。自将星坠地,军摧沈劲;妖虫射影,掾罢田丰②。漂泊频年,凋零双鬓,回首黄

---

① (清)周闲:《范湖草堂遗稿》书前自记,光绪十九年活字印本。
② "掾"字,《清词史》及其他版本作"椽"。田丰时为别驾,是袁绍的佐官,也即掾属官,袁绍将其罢官下狱,故曰"掾罢"。刻本中二字常混用,今径改。

垆酒已空。徘徊望,怅河山真邈,旗鼓难逢。

慈溪之战中,时任副将的朱桂率部与强敌血战于大宝山,右臂被击断,于是以左臂举红旗指挥号令,直至咽喉中弹阵亡。两个儿子在此战中一死一重伤,这样的忠烈之气在周闲的词中也是贯穿始终的。词中提到的沈劲是东晋将领,与北燕作战时负责守卫洛阳前线。因为主帅桓温不予救援,城破被俘,壮烈殉国。田丰,我们相对熟悉,是汉末袁绍手下的首席谋士。因为反对与曹操在官渡决战,被袁绍下狱,又被冤杀。从沈劲的典故来看,朱桂壮烈殉国无疑有上司指挥不当的原因,而田丰的典故则是暗示自己遭人中伤,意见不被重视。末尾几句中,他的徘徊惆怅显然与这些见闻遭遇不无关系,这里的信息量是很大的。

严迪昌师在《清词史》中全文征引了周闲词八首,另引用片段两三首,对他评价甚高,现在的后续研究还远远没有跟上。这一点值得大家注意。

二、纯写性灵、用笔疏快的赵庆熺(附黄燮清)

浙西词派之殿军郭麐是一位卓有见地的词人,也是极具胆识的理论家。他虽心仪姜、张体格,却能引乃师袁枚大倡的"性灵"入词,很大程度上改变了浙派末流堆砌饾饤、云山雾罩的风气。然而正因为"性灵",郭麐被后来的常州派理论家谭献与陈廷焯称为"滑"和"最下乘"①,此后就一直遭受着种种冷落,很有点声名狼藉的意思。此种"池鱼效应"之下,不少风格近似的词家也多遭后人忽视,赵庆熺(1792—1847)就是典型的一位。

赵庆熺,字秋舲,浙江仁和(今杭州)人,道光二年(1822)中进士后以县令"待铨"长达二十年。候补长达二十年,这恐怕是官场上比较少见的。大概他不善迎合钻营,没有什么门路,以至于闲居这么久。清代官员的实缺相对比较少,光有"级别"不行,得不到实缺就只能候补。尤其到了晚清,连年战乱,为了筹集战争经费,放开捐纳。出钱就可以买官,买到的都是虚

---

① 《复堂词话》云:"予初事倚声,颇以频伽名隽,乐于风咏。继而微窥柔厚之旨,乃觉频伽之薄。又以词尚深涩,而频伽滑矣。"陈廷焯《白雨斋词话》云:"杨伯夔当时盛负词名,与吴江郭祥伯仿表圣《诗品》例,撰《词品》二十四则,传播艺林,然两君于词,皆属最下乘。"

衔，很多人甚至"候补"一辈子也没捞到一个实缺。如后文将要提到的李慈铭，中进士后候补户部员外郎，多年不得补，遂于某年春节作联云："保安寺街藏书十万卷，户部员外补阙一千年。"到道光二十二年（1842），赵庆熺好不容易选上了一个陕西延川知县，又改婺郡（今金华）教授，但身体已经不行了，最后都是"因病不往"，以课徒终其身。著有《蘅香馆诗稿》《香销酒醒词》《香销酒醒曲》等。

赵庆熺的词在当时名气本来不小，但自从谭献说他"剽滑"以后，关注者渐少，反而不如他女儿赵我佩知名（详见后文）。什么叫作"剽滑"？无非是因为赵庆熺落魄潦倒，一腔悲慨愤懑冲口而出，在很多人看来不够雅醇含蓄而已。其实赵庆熺擅长散曲，并把散曲的疏快笔致纳入词中，风格非常爽朗轻俊，在这时的词坛是别开门路的名家。

赵庆熺不大有诗词专论，但从他的词作中能隐约看见他重视性灵、捐弃门户的不凡见地。比如《满江红》：

> 我不工诗，君却以、诗篇示我。因想到、本来面目，庐山真个。猿背将军金镞羽，虮髯仙客丹炉火。叫长空、霹雳一声飞，青天破。　　沧海句，凭谁和；春江泪，凭君堕。是毫端活现，才人坎坷。未免有情难遣此，呼之欲出斯其可。怪诸公、摹宋复摹唐，僵蚕裹。

他说那些"摹宋复摹唐"的诗人无非是"僵蚕"而已，很俏皮，也很锋锐，但更重要的是"本来面目"和"未免有情"这两句。只有使自己的性灵呼之欲出，才能"叫长空、霹雳一声飞，青天破"，踏上诗词的坦途。如此立论，堪称是旗帜鲜明了。在题写亡友词集的两首《贺新郎》中，他说："奈何他、古今常例，词场纱帽。传与不传原偶耳，传者岂皆绝调。只达士、付之一笑。如此奇才偏抹煞，想天涯、埋没知多少。布衣耳，有谁晓。""满纸白描秋水影，落笔山林气概。在秦柳、苏辛之外。不少旗亭同赌酒，奈词坛、从此无君派。"这些话其实也正是他的自我写照与审美追求，"词场纱帽"、"传者岂皆绝调"更是提出了文学史研究的大问题。"矮人看戏何曾见，都是随人说短长"，真正解会"满纸白描秋水影"之妙处的能有几人？

因为持这样鲜明的性灵观念，他的词风颇显劲直，把自己沉沦下位的际遇与郁郁不平的情怀一气吐出，《念奴娇》与《贺新郎》两首都很有陈维崧气概：

仰天不语,怪无端而笑,无端而涕。杯酒未干双剑跳,看尔悲歌斫地。锄下黄金,床前阿堵,短尽英雄气。不妨狂语,诸君浪得名耳。　　可怜豪竹哀丝,中年多感,坐作青毡计。斗大鹅笼愁闷煞,那得伸腰卧起。李贺心肝,刘郎髀肉,无限悲凉意。此中有恨,人生难得知己。

欲向秋风哭。叹人生、胸填块垒,酒浇不落。棋子从头成错著,不合苦将书读。把多少、心肠束缚。一树紫藤花馆里,十年前、同剪西窗烛。思往事,两眉蹙。　　当时曾谱《离骚》曲。有几篇、红兰碧杜,何堪三复。楚北楚南同作客,一样风尘鱼鹿。况此去、两人重复。真个竹林传雅号,算黄岗、竹又湘潭竹。新旧句,大家续。

他的小令也写得极好,《清平乐》流丽清亮,而又很耐人品味,几乎可以与被我称为"民国四大词人"之一的顾随媲美:

不茶不酒,松了衣双扣。心是梧桐身是柳,到得秋来都瘦。　　日间略可眉攒,一灯上过销魂。偏是天公无赖,近来只惯黄昏。

我衷心服膺"性灵说",曾经自称是袁枚二百年下私淑弟子,对于郭麐、赵庆熺乃至现当代的顾随、启功、许白凤一干性灵词人,我是极尽欣赏并极有亲切感的。

同样沉沦下位,同样工曲,同样性灵疏快的还有黄燮清(1805—1864)。黄燮清,字韵甫,浙江海盐人,道光十五年(1835)举人,以知县录用,多年未赴任。咸丰十一年(1861)太平军攻占海盐,黄燮清逃往湖北,就任宜都县令,调任四川松滋,不久去世。著有《倚晴楼诗集》《倚晴楼七种曲》,词集四卷,也以"倚晴楼"名之。

黄燮清也略有关注时事的篇章,如《齐天乐·题龙岩临清杀贼图,咸丰甲寅三月初七夜事》,但难免"敌视农民起义"的通病。《满江红·题施庭午茂才杞忧草》虽也称太平军为"贼",为"狼狈",主要的矛头则指向当局的"议防议战,总无全策"以及官兵的"军糈匮,还侵蚀;兵士悍,争剽劫",很见胆气。就总体而言,这样的作品比重较小,他真正擅长的还是抒写闲情雅致。《清平乐·当湖秋泛》是他很有名的作品:

旧游在否,零落双红袖。水阁疏廊仍种柳,柳是十年前有。　　一枝枝舻横塘,一声声笛邻墙。一点点蘋秋意,一丝丝蓼斜阳。

常见题目,却写得轻灵无比,新意自在。下片四句全用排比叠字,也是《清平乐》很少见的作法,这是很能看出才情来的。这种叠字非常吃功夫,李清照在《声声慢》中连用十四个叠字,后人不断效仿,但百分之九十九以上被人讥讽为"丑态百出"。比如元代后期散曲作家乔吉,他就专学叠字,但是没有学得好的,而黄燮清肯定比乔吉要好得多,叠字用得很有点神韵的味道。

对这种排比或曰复沓的手法,黄燮清很感兴趣,用得多而且好,显然是得力于曲的原因。比如《采桑子》的上片:"玲珑亭子分三面,一面回廊,一面红墙,一面栏干靠夕阳。"再如《浣溪沙·赠素秋》其六的下片:"新月三分谁管领,一分凉思一分愁。一分闲在柳梢头。"都是慧心慧笔。

对阳羡词派万树首创的"堆絮体"《苏幕遮》,黄燮清也觉得很合胃口,但不死学,而是赋予它一种灵动的变化:

客衣单,人影悄。越是天涯,越是秋来早。雨雨风风增懊恼。越是黄昏,越是虫声闹。　　别情浓,归梦渺。越是思家,越是乡书少。一幅疏帘寒料峭。越是销魂,越是灯残了。

碧云高,良夜静。楼在花阴,月在花阴等。燕子梦长吹欲醒。四面青山,对面青山应。　　艳情飘,幽绪警。各处黄昏,各样愁人听。未是秋来先已冷。一树垂杨,一树相思影。

第一首在"越是"二字复沓,第二首则重复"在花阴""面青山""各""一树",更有参差错落、令人目不暇接之感,这就把《苏幕遮》的"堆絮体"作法向前推进了一步,对其词体之美有更多的开掘和发扬,很值得赞赏。单凭这几首词,黄燮清就足以在词史上赢得属于自己的一席之地。

三、谭献的《箧中词》《复堂词》(附张景祁)

学界向有"晚清三大词话"之说,谓"白雨斋""蕙风""人间"是也,其实谢章铤与谭献也很值得重视。谢章铤论词不拘门户,虽对浙、常两派的词学观念都有所借鉴,但同时也对两派都提出过不同程度的批评。在我看来,他更多接续的是早已风吹云散的阳羡派。大体与其同辈的谭献则一般被认为是"常派"理论家,他在继承张惠言、周济词学思想的基础上又有所拓展深化,词作也值得一说。

谭献(1832—1901),字仲修,号复堂,浙江仁和(今杭州)人,同治六年(1867)举人,历知安徽歙县、全椒、合肥等地知县。谭献明确地说,自己治词学的目的是"衍张茗柯、周介存之学",自觉地归属于常州门庭。他曾经评点过周济的《词辨》,但不太著名,最著名的是他的选本《箧中词》,正编六卷,续编三卷,共选入清代词人四百家左右,词八百七十首左右。虽然选词不多,但覆盖面比较广,四百家入选词人几乎可以构成一部微缩版的清代词史了,而谭献对于词篇的品评也多有精彩之处,值得一看。谭献的论词文字散见于《箧中词》以及他的《复堂日记》中,后来由弟子徐珂辑录成《复堂词话》。他最著名的观点是"作者之用心未必然,而读者之用心何必不然",强调"寻其旨于人事,论作者之世,思作者之人"①。这虽然是孟子"知人论世"以至周济"有寄托入,无寄托出"等说法的老调重弹,但从作者、读者的关系入手讨论,还是有他特别的新意,可以算是一种比较成熟的接受美学理论。

严迪昌师对《复堂词》的评价不算高,又说他小令往往"藏而失真,陈而不新",长调"较有生气",所以长调胜于小令②。这看法是很精辟的,常派理论家往往追踪张惠言所称道的温庭筠一路,讲求把微言大义"藏"在宛转绮靡的物象之中,那就难免"陈而失真"。但谭献的《鹧鸪天》还算是好的:

> 绿酒红灯漏点迟,黄昏风起下帘时。文鸳莲叶成漂泊,幺凤桐花有别离。　云澹澹,雨霏霏,画屏闲煞素罗衣。腰支眉黛无人管,百种怜侬去后知。

这首词恐怕也没有什么特别的寄托,不过是以李商隐"无题"笔法抒写一段情事而已,但最后两句特别动人,堪称写情之妙笔。谭献的长调应该

---

① (清)谭献:《复堂词话》自叙,第19页。
② 严迪昌师:《清词史》,第533页。

以《渡江云·大观亭同阳湖赵敬甫江夏郑赞侯》为翘楚：

> 大江流日夜，空亭浪卷，千里起悲心。问花花不语，几度轻寒，恁处好登临？春幡颤袅，怜旧时、人面难寻。浑不似、故山颜色，莺燕共沉吟。　　销沉。六朝裙屐，百战旌旗，付渔樵高枕。何处有、藏鸦细柳，系马平林。钓矶我亦垂纶手，看断云、飞过荒浔。天未暮，帘前只是阴阴。

《渡江云》这个词牌有个地方很特殊：全篇都押平声韵，唯独在下片第二个韵脚转仄声韵，比如上面这首词的"枕"字。谭献这首词最好之处在起头三句，称得起沉郁悲凉。下片的"钓矶我亦垂纶手，看断云、飞过荒浔"两句也不错，把雄心壮慨付之荒芜的心态寄托得非常妥帖。叶恭绰在《广箧中词》中说："仲修先生承常州派之绪，力尊词体，上溯风骚，词之门径，缘是益廓，遂开近三十年之风尚，论清词者，当在不祧之列。"这种评价，从词学史来说，比较恰当，而谭献的词在当时只能称小名家，比谢章铤还是有一定差距的。

被谭献称为"早饮香名……吾党六七人奉为导师"的同乡张景祁，我们也可以简单谈谈①。张景祁（1827—1894），字蘩甫，号韵梅，又号新蘅主人，同治十三年（1874）进士，曾任福安、连江等地知县。晚年渡台湾，宦游淡水、基隆等地，历经战乱。所以谭献说他"中年哀乐，登科已迟……不无黄钟瓦缶之伤……（晚年）箛吹频惊，苍凉词史，穷发一隅，增成故实"②，总结得非常简要准确。

张景祁是薛时雨的弟子，在一定意义上也延续了薛时雨以"直"为贵的词风。尤其是晚年在台湾所写的篇章，更是难能可贵地"使中华版图完璧于词史上……为清词增添了光辉的一笔"③。他的《秋霁·基隆秋感》《曲江秋·马江秋感》《望海潮·基隆为全台锁钥……》《酹江月·法夷既据基隆……》等篇，"无论从情、事、理、景哪个角度看……都具有一层悲壮色调，不愧是……爱国主义的高歌，也是忧患深重的使命感谱成的心声"④。在

---

① （清）谭献：《复堂词话》，第50、51页。
② （清）谭献：《复堂词话》，第50、51页。
③ 严迪昌师：《清词史》，第527页。
④ 严迪昌师：《清词史》，第527页。

《齐天乐·台湾自设行省,抚藩驻台北郡城,华夷辐辏,规制日廓,洵海外雄都也,赋词纪盛》中,张景祁说"绝岛螺盘,雄关豹守,此是神州门户",这更是第一次以词的形式作出的惊人历史论断,足见他的眼光和襟怀。

张景祁的这部分词具有史料价值,也有史识,但就词而言,感发力量并不出色。他还有不少绮丽之篇,倒是写得很有味道。《采桑子》就颇为新巧而不纤仄:

当年人近天涯远,花是春心,月是秋心,一处相思两处心。 而今人远天涯近,焦了香心,断了琴心,两处相思一处心。

四、"善骂"的李慈铭及其《霞川花隐词》

清代有不少有才而狂放的文人,其共同特征之一是"善骂",汪中、龚自珍皆其尤者,然单以"善骂"而论,当推李慈铭声名最盛。李慈铭(1829—1894),字爱伯,号莼客,浙江绍兴人。光绪六年(1880)五十二岁才考中进士,官至山西道监察御史。长于经史,诗文负重名。著有《越缦堂文》十卷,骈文最精;《白华绛柎阁诗》十卷、《霞川花隐词》二卷;又有《日记》数十册,与《翁同龢日记》、王闿运《湘绮楼日记》、叶昌炽《缘督庐日记》齐名,并称"晚清四大日记"。时人评为"可继亭林(顾炎武)《日知录》之博",有"生不愿作执金吾,惟愿尽读李公书"之说。

与日记、诗文相比,词在李慈铭只是余力挥洒而已,但因为才大,还是诸多可观。特别是他那些因为怀才不遇而发的牢骚,也算是一种"雅骂"吧!比如他的《念奴娇·秋日读史》云"落水三公,坠车仆射,早冷人间齿。先生休矣,虽佳何与人事"——衮衮诸公,不过令人嗤笑而已。先生你算了吧,才华人品都好又能怎么样呢?——这是说得比较婉转的。在《贺新郎·京邸被酒感赋》又说:"算长安、衣冠物望,如斯而已。扰扰一群乌白颈,妄语便为名士。"一群白脖子乌鸦,靠几句胡说八道便成了名士!另一首《贺新郎·为伯寅侍郎题罗两峰当场出丑图,图中为毛延寿丑脚十人,皆元人院本中事也》说:"莫道当前真出丑,占尽人间头地。且漫问、王侯饿隶。衮衮相逢皆此辈,只笑啼、暂戴猴冠耳。谁竟识,真羞耻。"这些话真是破口大骂,够恶毒的了!

在我看来,他的《沁园春·乙卯秋夜,落一当唇牙,是相家所忌者,赋此解嘲》最是自嘲而兼骂世的佳作:

> 牙尔何为,唇吻之间,谁来抵巇。记免怀学语,常胶香饵;成童毁龀,屡系轻丝。拾慧难防,笑人易冷,深悔年来欠护持。金刚坏,便因风咳唾,珠玉参差。　　儿曹莫道吾衰,正开窦、容君出入时。只未经漱石,砺先难忍;倘逢骂贼,嚼竟何施。蔗渖功劳,蠹根身世,未报红绫已若斯。从今世,但投梭善避,不废歌诗。

多年以前,我曾有专文谈辛稼轩《沁园春·止酒》的接受史问题①,在搜检到的一部分受其影响的作品中,李慈铭这一首算是上上之作。

先注意题目中"是相家所忌者"一句。如果只是简单的"掉牙",那也就算了,加上这一句,立马就有冷嘲热讽之文章可作。所以他一开篇就是跟牙对话:"牙兄牙兄,你这是干什么? 你掉了,谁来撑持我的唇吻之间呢?"有这三句,浓郁的意趣一下子就跳出来了,我们完全能想象,后文肯定是异想纷披,妙语连珠。"记免怀学语,常胶香饵"是说"牙牙"学语的时候,动不动就被灶糖一类东西把牙粘住;"成童毁龀,屡系轻丝"是说到了换乳牙的时候,把掉下的乳牙用细线系上,或扔在房顶,或埋在地下。这是很多地方都有的换牙习俗。

到"拾慧难防,笑人易冷"这两句,锋芒渐渐出来了。"拾慧"就是"拾人牙慧",把"牙"字隐掉了;"笑人易冷",把"齿冷"的"齿"字隐掉了——自从牙长好了以后,有时候拾人牙慧,有时候笑话旁人太多,总露在外面,所以疏于保护,终于"深悔年来欠护持",把当唇的门牙给弄掉了。牙齿是身体最硬的部分,所以用"金刚"代之,佛家说"金刚不坏之身",现在到底坏了,从此后只要"因风咳唾",必然就露出一口参差不齐的坏牙了! 这样絮絮叨叨,一路写来,真是妙趣横生!

到下片更是步步深入,把诙谐进行到底。"儿曹莫道吾衰,正开窦、容君出入时",这里的"儿曹"不是对晚辈的亲切语,而是"尔曹身与名俱灭,不废江河万古流"那个"尔曹",是相当厉害的骂人话。"正开窦"一句,我们

---

① 马大勇:《辛稼轩〈沁园春〉"止酒"二首接受考述》,《中国诗学》第 13 辑,人民文学出版社,2008 年。

应该比较熟悉了,鲁迅《从百草园到三味书屋》说自己小时候背书"笑人齿缺曰狗窦大开"。鲁迅背的应该是《幼学琼林》,其实这个典故出自《世说新语·排调》。晋朝张玄之八岁了还没有牙齿,有大人跟他开玩笑说:"你的嘴怎么大开狗洞呢?"他马上回答:"正使君辈从此中出入!"[①]这个典故用在这里,何等妥帖而辛辣!

"未经漱石,砺先难忍"也是《世说新语·排调》的著名典故。孙楚对王济说自己想隐居,"我欲枕石漱流",一时口误,说成"我欲枕流漱石"。王济问:"流可枕,石可漱乎?"孙楚答:"所以枕流,欲洗其耳;所以漱石,欲砺其齿。"[②]"倘逢骂贼,嚼竟何施",这两句用的是文天祥《正气歌》中提到的颜杲卿骂贼的典故。当时颜杲卿痛骂安禄山,被叛军割了舌头,袁履谦在旁气愤已极,嚼舌自尽。李慈铭说:如果我碰上骂贼的情况,想嚼舌也没有牙呀!这两个典故看似用得滑稽,其实前者与"隐"有关,后者与"出"有关,真正想说的还是自己仕隐两难的困境,并不完全是铺张典故,炫耀腹笥。

再下句"蔗滓功劳"的典故不好理解。寒山《诗三百三首》其十三云:"东家春雾合,西舍秋风起。更过三十年,还成甘蔗滓。"黄庭坚《和孙公善李仲同金樱饵唱酬二首》其一云:"人生欲长存,日月不肯迟。百年风吹过,忽成甘蔗滓。"方回《用夹谷子括吴山晚眺韵十首》其七云:"迅速年华榆燧改,槁枯世味蔗滓残。"这几例都是岁月不居,沧海桑田的意思,与"功劳"二字不大能联系得起来,所以我觉得是用了朱彝尊《斋中读书》其十一中"譬诸芳蔗甘,舍浆噉渣滓"的意思,谦称自己不善读书,未得精华。

下句的"虀根"就是菜根、草根,用《菜根谭》"嚼得菜根,百事可做"的典故,比较通俗。可下一句"未报红绫已若斯"又不大好理解了。这个典故出自叶梦得《避暑录话》:"唐御膳以红绫饼餤为重。昭宗光化中,放进士榜,得裴格等二十八人……乃令太官特作二十八饼餤赐之,卢延让在其间。后入蜀为学士,既老,颇为蜀人所易。延让……乃作诗云:'莫欺零落残牙齿,曾吃红绫饼餤来。'"[③]所以,这几句的意思合在一起就是说:我清寒身世,读书这么多年,还没考中进士,牙就已经先掉了!说是滑稽自嘲,其实也够辛酸的。煞拍"从今世,但投梭善避,不废歌诗",是用《晋书·谢鲲传》

---

① (南朝宋)刘义庆:《世说新语》,浙江古籍出版社,1999年,第332页。
② (南朝宋)刘义庆:《世说新语》,第328页。
③ (宋)叶梦得:《避暑录话》,山东人民出版社,2018年,第130页。

的典故:"(鲲)邻家高氏女有美色,鲲尝挑之,女投梭,折其两齿……鲲……傲然长啸曰:'犹不废我啸歌。'"①还是与牙有关的著名事件。如此结尾,风流自赏,令人忍俊不禁。

这首词用典频密,颇不好懂,但当我们把典故一一寻绎本源,弄清含义后,又觉得别有一种阅读的乐趣。这是"学人之词"的高境,同时更在"掉书袋"过程中显现了作者冷峭严凛的傲世之情。从极无紧要之题目写出极有关系之人事,这乃是"止酒"之真精神。按一般眼光看,辛弃疾跟酒杯的对话又能有什么意义呢?但是雄心壮志、人格形象、性格特点,都在这里面凸显出来了。李慈铭这首词也应作如是观。

李慈铭以"骂世"著称,但正如其他骂世者一样,这种"骂"是"物不得其平则鸣",最大的驱动力往往是心里的苦楚与忧患,经过才华学问的发酵,转成愤怒冷峭的形态而已。其实李慈铭也有直言自己之心苦的作品,读来也很感人:

> 慈亦穷民耳。廿年来、孤儿寡母,艰难生计。旧产池阳都割尽,乞食凄凉京邸。更恸绝、横流乡里。宗族千人家八口,尽仓黄、乞命干戈里。天地酷,有如此。　　与君己丑生同岁。数衣冠、崔卢中表,旧家门第。等是飘零伤乱客,说甚成名难易。只肠断、今朝分袂。泥首马前无别语,但思亲、泪血烦归寄。生死托,君行矣。(《金缕曲·送珊士由海道入浙寻亲》)

词题中的"珊士"即与李慈铭同乡、并称"越中三少"的陈寿祺(另一为王星诚)。李慈铭对好友"薄宦未成家陷贼,负高堂、总被微名误"的不幸际遇深表同情,所以写了两首《金缕曲》为其寻亲之旅饯行,此处引者为其二。在这首词里,李慈铭因为"共情"的缘故,几乎把自己的"乱世家史"尽情吐露于纸上,"廿年来、孤儿寡母,艰难生计","宗族千人家八口,尽仓黄、乞命干戈里。天地酷,有如此",读到这些词句,就算我们生活在太平年代,也会忍不住动容的。

再比如他的《金缕曲·戊寅十二月二十七日,余五十初度先夕,姬侍辈为治具作暖寿筵,赋词两阕示之》的第一首:

---

① (唐)房玄龄等:《晋书》,中华书局,1974年,第5册,第1377页。

百岁平分了。谩相传、南人衰易,此年难到。更有萧家天子语,各半东西相祷。只未食、长生荼蓼。人鬼挤排终不去,有黄齑、百瓮供人咬。忧患窟,此中老。　　生来百药都愁夭。记当年、瑶环就塾,未离怀抱。历尽人间千万劫,转眼头颅都皓。只剩取、形单自吊。今日杯盘红烛影,算三生、留得枯禅稿。归去也,故山好。

五十岁是人生的一个重要节点,对古人来说尤其如此。李慈铭在知命之年"知"了什么"命"呢? 他回顾自己这大半生,不由得发出"人鬼挤排终不去,有黄齑、百瓮供人咬。忧患窟,此中老","历尽人间千万劫,转眼头颅都皓"的感叹,只能归去故山,"留得枯禅稿"了! 最后两句李慈铭加了一个自注"余前身为天台国清寺僧",这当然是无稽之说,但在"忧患窟"中倏然老去,又有什么可以自我安慰的呢? 从这无奈的叹息声中,我们看到了这位晚清"毒舌才子"另一个重要的心灵侧面。

五、清代第一女词人吴藻(附沈善宝、赵我佩)

清代词史夙有"女词人第一"之争。文学史上这类争论似乎显得有点无聊,因为文学史的所谓"第一",是没法像体育比赛一样量化的,见仁见智、公说婆说而已。但从另一方面来说,"第一"之争也确实需要一些理路和原则。就"清代女词人第一"而言,首先,因为其人之子虚乌有,我们要取消贺双卿的"参赛资格";其次,我以为顾太清的词"盛名之下,其实难副",说是满洲女词人第一没问题,冠于清代远远不够;再次,徐灿的水平很高,但闺阁气、脂粉气还是嫌重了一些①。我个人还是更欣赏那些格局比较开阔、气派比较豪迈、女性特征相对淡化的女性词作,依照这一思路,我支持胡云翼《中国词史略》中的意见,最终把这张冠军票投给吴藻。

吴藻(1799—1862),字蘋香,号玉岑子,浙江仁和(杭州)人,出身商人之家,由于门当户对的缘故,嫁给了同乡一位黄姓商人。她丈夫尽管不亲风雅,但也还算开明,比较支持吴藻的文学创作和文学活动。这一点,吴藻比身世类似的朱淑真要幸运一些。吴藻曾从陈文述学诗文词,列名"碧城

---

① 三者我皆有另文说之。

仙馆女弟子"中,陈文述更称她"前生名士,今生美人",一时间声名鹊起。或者是受这句评语启发的缘故,吴藻以男子装束自作《饮酒读骚图》小像,并写下独幕杂剧《乔影》,托名谢絮才,以感怀身世,抒写身为女性的不平之感。其中【北雁儿落带得胜令】一段最为精彩:

> 我待趁烟波泛画桡,我待御天风游蓬岛,我待拨铜琶向江上歌,我待看青萍在灯前啸。呀,我待拂长虹入海钓金鳌,我待吸长鲸买酒解金貂,我待理朱弦作幽兰操,我待著官袍把水月捞,我待吹箫、比子晋更年少,我待题糕、笑刘郎空自豪,笑刘郎空自豪。

如此明确而豪迈的"男性向往"背后隐含的是作为"第二性"的女性意欲冲破性别藩篱、获得全面解放的强烈呼声,体现出了空前未有的女性自觉意识。所以严迪昌师在《金元明清词精选》中慨乎言之:"女性的觉醒,大抵始自于婚姻问题,但仅止步于此,觉醒尚难有深度。吴藻的女性自觉,可贵的是对人生、对社会、对男女地位之别以及命运遭际的某些问题,都有初步的朦胧的思考,从而成为这种思索和悟解觉醒长途中值得珍视的一环。"[①]吴藻的两首《金缕曲》就是以词体发出的这种女性觉醒的声音:

> 生本青莲界。自翻来、几重愁案,替谁交代?愿掬银河三千丈,一洗女儿故态。收拾起、断脂零黛。莫学兰台愁秋语,但大言、打破乾坤隘。拔长剑,倚天外。　人间不少莺花海。尽饶他、旗亭画壁,双鬟低拜。酒散歌阑仍撒手,万事总归无奈。问昔日、劫灰安在?识得天之真道理,使神仙、也被虚空碍。尘世事,复何怪!

> 闷欲呼天说。问苍苍、生人在世,忍偏磨灭。从古难消豪士气,也只书空咄咄。正自检、断肠诗阅。看到伤心翻失笑,笑公然、愁是吾家物。都并入,笔端结。　英雄儿女原无别。叹千秋、收场一例,泪皆成血。待把柔情轻放下,不唱柳边风月。且整顿、铜琶铁拨。读罢《离骚》还酹酒,向大江、东去歌残阕。声早遏,碧云裂。

[①] 严迪昌师:《金元明清词精选》,凤凰出版社,2018年,第193页。

不仅声称要"收拾起、断脂零黛","愿掬银河三千丈,一洗女儿故态",而且还要以"拔长剑,倚天外"的豪情"打破乾坤隘";不仅要"把柔情轻放下,不唱柳边风月",而且昂然大言"英雄儿女原无别","声早遏,碧云裂"——这绝对是词史上没有过的专属女性的高亢宣言。单凭这一点,吴藻就不仅可以在女性词史占有重要一席,而且应该进入思想史、社会史的研究领域中去。

因为对女性身份的突破,吴藻比以往的女性词人更加广泛而深度地介入了男性文学圈,更与魏谦升(滋伯)、赵庆熹(秋舲)等名词人保持了一生的知心友谊。从《洞仙歌·题赵秋舲香销酒醒词集》《金缕曲·送秋舲入都谒选》《金缕曲·滋伯以五言古诗见赠,倚声奉酬》等词题就不难体会到他们之间密切而纯挚的友情。写给魏谦升的这一首尤其是吴藻杰作:

一掬伤心泪。印啼痕、旧红衫子,洗多红退。唱断夕阳芳草句,转眼行云流水。静夜向、金仙忏悔。却怪火中莲不死,上乘禅、悟到虚空碎。戒生定,定生慧。 望秋蒲柳根同脆。再休题、女嬃有恨,灵均非醉。冠盖京华看衮衮,知否才人憔悴。只满纸、歌吟山鬼。五字长城诗格老,子言愁、我怕愁城垒。正明月,屋梁坠。

词里还免不了有"啼痕""红衫"这样的女性标志,也免不了有中年学佛的诸多印记,但"上乘禅、悟到虚空碎。戒生定,定生慧"已经不纯是佛禅语,带了激切的味道,下片的"女嬃""灵均""山鬼"更是转而大发慨叹,至于"五字长城诗格老,子言愁、我怕愁城垒"这两句,完全表达出了魏谦升诗艺的超妙以及自己心弦的同频共振。在这里,我们几乎忽略了吴藻的性别,她几乎是以纯粹平等的同性视角在抒发自己的读后感。

最有意思的是吴藻还有一首《洞仙歌·赠吴门青林校书》,以女词人身份写给妓女的词似乎在历史上只有这么一首,就题材的特殊性而言,堪称"千古不能有二":

珊珊琐骨,似碧城仙侣。一笑相逢淡忘语。镇拈花倚竹,翠袖生寒,空谷里、相见个侬幽绪。 兰缸低照影,赌酒评诗,便唱江南断肠句。一样扫眉才,偏我清狂,要消受、玉人心许。正漠漠、烟波五湖春,待买个红船,载卿同去。

这首词的本事似乎没有详细记载,有人演绎出吴藻女扮男装,与"青林校书"眉目传情等桥段并没有根据。词里明明说是"一样扫眉才",并没有隐匿自己的性别嘛!哈佛大学学者刘朱迪据此将吴藻称为"中国历史上最伟大的女性同性恋者之一"恐怕也是误读、戏言成分居多。同性恋尽管不是现代人的专利,但这里显然不大有"恋"的成分,而是侧重于佳人空谷、翠袖生寒的品格与"赌酒评诗"的雅趣流连。吴藻的意思是说,你这样的佳人,我见犹怜,恨不得都要买一艘红船,把你载去五湖呢!如果真的是同性恋,吴藻肯定避之犹恐不及,怎么会刻入词集,天下流传,而她生前身后,也并没有"风流放诞"一类考语传出来呢?在我看来,这首词不过是吴藻又一次绝佳地表达了自己的"男性想象""男性认同"而已。

吴藻平静而略显凄凉的生活结束在咸丰十一年(1861)年底到同治元年(1862)年初这段时间。

咸丰十一年十二月底,太平军李秀成部从望江、候潮、凤山、清波四门攻入杭州外城,浙江巡抚王有龄自缢,一批高级官员同时毙命。《杭州府志》记载:"杭城既陷……居民六十余万,半已饿死。时严寒,被逐出城者、冻死江干及杀而死者,不可胜计。"这次劫难中,吴藻的老友魏谦升、周琴夫妇在城中万安桥下遇难;曾与吴藻一起参加东轩吟社唱和的陈瑛殉难于铁线巷;对吴藻极为推崇的陈嘉出城渡江后饿死。《国朝杭郡诗三辑》附"闺秀咸丰庚辛殉难者"名单五十余人①,在这场浩劫中,杭州女诗人几乎遭到"团灭"。吴藻的吟社同人张应昌在一首《南歌子》词序中云:"偶存吴蘋香女史旧赠词笺,追忆昔年香雪庐馆雅集。未几,皆罹劫难,女史兄弟并亡……"②再结合张景祁《香雪庐词序》"遭时不靖,去乡离家","玉玦捐而莫佩,黄钟毁而不鸣"等语③,基本上可以判断,吴藻与其二姐同时丧生于这次战乱之中④。

吴藻生前有《花帘词》《香南雪北词》之刻,合为《香雪庐词》,存词近三百首。这个数量在清代女词人中是排在前列的了。今人江民繁广泛搜罗文献,辑成《吴藻全集》,于近年出版。著名学者、词人段晓华教授新出了《吴藻词集辑校》。这两本应该是目前最全最好的本子,可以参看。

---

① (清)丁申、丁丙辑:《国朝杭郡诗三辑》,光绪十九年刻本。
② 江民繁校注:《吴藻全集》,浙江人民出版社,2019年,第230页。
③ 江民繁校注:《吴藻全集》,第38页。
④ 最早定吴藻卒年者为陆萼庭,张应昌词序为《吴藻全集》整理者、《吴藻词传》作者江民繁发现。

对于吴藻词,后人有两段评语值得注意。顾宪融《填词门径》云:"嘉、道而后,作者愈多,莲生以境胜,鹿潭以格胜,定庵以气力胜,频伽以情致胜,而蘋香女士呼吸清光,乃尽浙派空灵之能事。"①胡云翼《中国词史略》云:"她是道光年间的作者,当时词誉遍大江南北,为清代女词家中第一人。自此以后,我们便再找不到矜贵的浙派词人来了。"②

这两段评语都大有可取之处,胡云翼称吴藻为"清代女词家中第一人"更是很重要的词史判断,但他们共同把吴藻称为"浙派词人"则是"张茂先我所不解"。诚然,吴藻也是有一些咏物题图之作的,但这并不说明就可以把她归入浙派阵营中。我以为,浙派最大的特征是"密拗",而吴藻词很明显地呈"疏朗"风格;浙派后期最大的问题是匠气十足,真性情少,而吴藻很显然是以张扬性灵为旨归的。从这两点来看,吴藻与浙派的主旋律其实相去甚远。事实上,我们很难把她的流丽语和当哭长歌归入哪一家哪一派中,她是道、咸词坛上一个特殊的存在。

先来看她慧心自运的"丽语"。比如名作《浣溪沙》:

一卷《离骚》一卷经,十年心事十年灯。芭蕉叶上几秋声。　欲哭不成还强笑,讳愁无奈学忘情。误人犹是说聪明。

就风格而言,这首词最近于纳兰。比较一下纳兰的《忆王孙》:"西风一夜剪芭蕉,满眼芳菲总寂寥。强把心情付浊醪。读《离骚》,洗尽秋江日夜潮。"其中的"离骚""芭蕉"意象关系非常清晰,可是这样判断近于纳兰,未免太皮相了,真正酷似纳兰的其实在于那种疏快白描的手笔下那种折叠回旋的心绪。

开篇的"一卷《离骚》"与"一卷经"之间就已经形成了不小的张力:为什么从激切的牢骚转入平淡的佛禅?因为"十年灯"下独自揣摩的"十年心事"!网上流行语说"时光是把杀猪刀",自嘲的成分居多,但说得很对。随着时间的飞逝,有多少心绪会随之更变?因为绝望,转入无奈,只能手把一卷佛经了,可是真能六根清净、四大皆空吗?下片吴藻说:哭不能哭,只好勉强一笑;愁不能愁,学着忘却烦恼吧!想来想去,被这烦恼缠绕如此,根

---

① 顾宪融:《填词门径》,中央书店,1936年,第89页。
② 胡云翼:《中国词史略》,上海书店,1996年,第229页。

源不还是在于那一点"聪明反被聪明误"的"聪明"吗？

这首词不能作爱情词看，"忘情"的"情"并非男女风月之情，而仍然是不能突破闺闼、纵横驰骋的那种深深的遗憾与无奈，所以虽受了纳兰一些影响，最突出、最动人的还是她独具的慧心。

吴藻的"丽语"还有很多，诸如《乳燕飞·读红楼梦》《南乡子·迟云林不至书来述病状赋此代柬》都是名作，此不再赘。要补充的是，仅靠"丽语"是难以拔得一代女性词坛之头筹的。在吴藻词集中，虽然就绝对数而言，慷慨之长歌的比例并不算大，但意义非同小可。没有这部分作品，吴藻就不能超越"闺阁之秀"的身份与格局，不能成其"深"，不能成其"大"。

先看《水调歌头·孙子勤看剑引杯图，云林姊属题》：

长剑倚天外，白眼举觞空。莲花千朵出匣，珠滴小槽红。浇尽层层块垒，露尽森森芒角，云梦荡吾胸。春水变醽醁，秋水淬芙蓉。饮如鲸，诗如虎，气如虹。狂歌斫地，恨不移向酒泉封。百炼钢难绕指，百瓮香频到口，百尺卧元龙。磊落平生志，破浪去乘风。

这首词在吴藻笔下不算上品，煞拍更有"不走心"的敷衍之嫌，但笔路可观，全篇无一丝香弱气，"春水""秋水"和"百炼钢""百瓮香""百尺"的有意犯复也很见匠心。有两点注释：一、词题中的"孙子勤"名承勋，是吴藻"闺蜜"许云林的丈夫，《皇清书史》说他是"钱塘诸生，善书"，看来画也不错；二、"百瓮香"，有的版本作"百翁香"，不通。温庭筠《醉歌》云"拨醅百瓮春酒香"，可见出处。类似这样的错字，其实不用书证，单凭感觉也可以纠正，此之谓"理校"也。

金缕曲《题李海帆太守海上钓龟图》是吴藻题图的杰作：

放眼乾坤小。猛翻来、银涛万叠，海门秋早。一带沧溟云气涌，装点楼台七宝。算十丈、红尘不到。线样虹霓钩样月，让先生、散发垂纶钓。挥手处，复长啸。　　诗狂酒侠心难老。拂珊瑚、一竿才下，六龟齐掉。陡觉天风吹日近，望里蓬瀛了了。问仙骨、更谁同调。不信骑鲸千载下，有如来、金粟重留照。闲把卷，识奇表。

词题中的"李海帆太守"名宗传（1765—1840），海帆是他的号，安徽桐城人,姚鼐弟子,以举人历官知县,因为"征叛夷出奇有功"官至湖北布政使。有《寄鸿堂诗文集》,是桐城派成员之一。他的"海上钓龟图"确切来说应该叫"沧海钓鳌图",意境取自《列子·汤问》的著名想象:"而龙伯国之有大人,举足不盈数步,而暨五山之所,一钓而连六鳌……于是岱舆、员峤二山,流于北极,沉于大海。"当时名流多有题咏。比如继王昶之后主盟词坛的礼部侍郎陶梁就有一首《水调歌头》:

至理在观海,且作钓鳌看。沧桑几经变易,今古一渔竿。莫问惊涛万派,好趁长风万里,只手障狂澜。太白有奇句,嗣响在人间。　指蓬岛,云霞外,杳难攀。中流容与自在,此即是仙班。君有丝纶待用,定许垂虹天半,连六耸奇观。我亦悟秋水,妙绪起无端。

我特地把陶梁的词引在这里,目的是提供一个比较的文本。我们看到,无论从气魄、字句、学问、格局哪个角度,吴藻的词都不弱于陶梁,甚至还有凌驾之势。尤其是"诗狂酒侠心难老"一句,字法很漂亮,又很切合李宗传虽然"征叛夷出奇有功,然居恒时以计取伤仁,意不自慊"的心地。这就很有几分后人所称道的李清照"神骏"的意思了,远远超出了一般女词人的高度。

不仅"神骏",还有"沉慨",《满江红·西湖咏古十首》中的部分作品就很能见出吴藻读史阅世的广度和深度。如第一首《凤凰山宋高宗》:

雪窖刀环,只说道、两宫无恙。消领到、偏安世界,承平气象。御教场中罗绮队,钧容部里笙歌唱。凤凰山、山色似蓬莱,开仙仗。　灯火院,烟波舫;桂子落,莲花放。杨柳丝禁苑,翠华天上。尺五阜纱侬解战,十三玉版君能仿。笑官家、不是帝王才,西湖长。

自来讽刺宋高宗偏安江南、不思洗雪靖康之耻的诗词颇有一些,但如吴藻这一首讽刺入骨的还是非常少有。开篇几句就很辛辣:徽、钦二帝在极北的雪窖度日如年,生不如死,赵构却说他们"无恙"健在,自管自地享受"承平气象"去了。从"御教场"开始,全篇一大半都在铺叙半壁江山的奢靡和闲逸,到煞拍才卒章显志,照应开头:官家你做个管领西湖风月的富豪最合适了,做帝王可不是这块材料!这就把"皇帝的新衣"一下子扒了个精光。吴藻的结句可能受到郭麐吟咏南唐后主李煜的名句"做个才人真绝代,可怜薄命做君王"的影响,但郭麐诗更多的是对李煜的怜惜同情,吴藻词则侧重于冷蔑的嘲笑,也是自运匠心、自成机杼。

第三首《栖霞岭岳武穆王》又换了一副激切悲凉的笔墨:

> 血战中原,吊不尽、忠魂辛苦。纷纷见、旌旗北指,衣冠南渡。半壁莺花天水碧,十围松柏云山古。最伤心、杯酒未能酬,黄龙府。　　金牌急,无人阻;金瓯缺,何人补。但销金锅里,怕传金鼓。墙角读碑斜照冷,墓门铸铁春泥污。爇名香、岁岁拜灵祠,栖霞路。

《满江红》这个词牌最要紧处在于过片的四个三字句,这首词恰恰就在这里大做文章:"金牌急,无人阻;金瓯缺,何人补",这十二个字如疾风骤雨,咄咄逼人,几乎抵得上半部《岳飞传》,而后面又以"但销金锅里,怕传金鼓"两个"金"字"补刀",那就将大声疾呼和嗤之以鼻交融到了一起,愈显锋锐。

第四首《翠微亭韩蕲王》是写韩世忠的。与岳飞同为"中兴名将",韩世忠虽然运气好一些,没有遭遇风波亭冤狱,但晚年自号清凉居士,萧条退隐,闭门谢客,口不言兵,骑驴携酒,悠游西湖,别有一份悲凉心事。与其境遇相匹配,吴藻这首词也用了悠长的调门,下片以红粉青山、儿女英雄映射韩世忠夫妇的"擂鼓战金山"往事,沧桑感十分浓郁:

> 胆落强金,黄天荡、楼船飞绕。雨点样、打来征鼓,玉纤花貌。名并千秋思报国,狱成三字悲同调。几何时、绝口不言兵,无人晓。　　红粉瘦,青山老;儿女话,英雄笑。看清凉居士,骑驴侧帽。诗句翠微亭上梦,剑瘢春水湖边照。把中原、事业负东风,闲凭吊。

至于《满江红·谢叠山遗琴二首》吟咏的是谢翱,谢翱西台恸哭,挥竹如意击石,竹石俱碎,他的"遗琴"也就象征着遗民一辈身上背负的"天地之元气"。这两首词的风格就不仅是沉慨,而且渐入悲愤了:

> 半壁江山,浑不是、莺花故业。难回首、萧条野寺,凄凉落月。乡国烽烟何处认,桥亭卜卦谁人识。记孤城、只手挽银河,心如铁。　　才赋

罢,无家别;早殉此,余生节。尽年年茶阪,杜鹃啼血。三尺焦桐遗古调,一抔黄土埋忠穴。想哀弦、泉底瘦蛟蟠,苔花热。

怨羽愁宫,算历劫、沉埋燕代。恸今古、电光石火,人亡琴在。南国穿云谁挈去,西台如意空敲坏。剩孤臣、尚有未灰心,垂千载。 冬青落,花无赖;枯桐活,天都快。拭一弹再鼓,只增悲慨。凄烈似闻山寺泣,萧骚不减松风籁。叹伯牙、辛苦旧时情,知音解。

这些或飘逸神骏、或沉慨悲愤的作品即便出自昂藏男儿笔下,已经足够令人拊掌叫绝了,何况是在清代女性词坛虽然名家辈出但总体还显得荏弱的背景下?我前文之所以说徐灿不及李清照,是因为她缺少了李清照的"飞想"与"神骏",而吴藻显然不只补足了这一"短板",而且还有更多向度的拓展。即便置之整个清代词坛,吴藻也无愧于名家之论定,那么她的"清代第一女词人"的席位也就实至名归了。值得注意的是,对吴藻的这一判断现在还没有形成词学界的共识,还需要进一步去阐述和论证。

在清代女词人中,吴藻的"朋友圈"也堪称广大,仅据其词集看来,载入文字者就不少于三四十人。因为同声同气的缘故,其中也有两位女词人很可观。先说沈善宝。

沈善宝(1808—1862),字湘佩,晚号西湖散人,钱塘(今杭州)人。江西义宁州判沈学琳长女,十二岁时其父为同僚所诬,被迫自裁。长大后以自己诗画润笔所得支撑全家开销,不久,母亲、弟妹相继去世,境遇益窘,于是奔走四方,终于以售卖诗画的收入葬父母、弟妹及同族亲属。其孝心毅力为世称许,年近三十始归武凌云为继室。她与吴藻、顾春以及张琦之女张䌌英、蒋坦(《秋灯琐忆》作者)之妻关锳等都有比较密切的交往,晚年又收女弟子上百人,因而对当时女性文学创作了解比较深广,也就有条件写出《名媛诗话》十二卷。这部诗话大量采录了同代女性作者的生平、创作并加以评骘,留下很多宝贵的第一手材料,乃是清代颇具价值的女性诗话之一。

沈善宝出身官宦之家,家道败落后独立承担家庭重担,这些坎坷经历无疑使她比一般女性承受了更多的压力,但反过来说,也比一般闺阁女子增加了更多的阅历和思考。尤其对于当时女性的命运困境,她也是有发自内心的感性与理性认识的。《满江红·渡扬子江感成》也是由"擂鼓战金山"的梁氏(民间传说名为梁红玉)起兴发端,遥想她当年巾帼胜于须眉的

英姿,忍不住心中无限感伤:

> 滚滚银涛,泻不尽、心头热血。想当年、山头擂鼓,是何事业。肘后难悬苏季印,囊中剩有文通笔。数古来、巾帼几英雄,愁难说。　　望北固,秋烟碧;指浮玉,秋阳赤。把蓬窗倚遍,唾壶击缺。游子征衫挽泪雨,高堂短鬓飞霜雪。问苍苍、生我欲何为,空磨折。

当年黄景仁的《沁园春》开篇就是"苍苍者天,生我何为,堕地堪伤",后面感慨"邓曾拜衮""周已称郎",这几乎一模一样的哀叹现在传到饥驱四方的沈善宝口中了。历史流转的这条轨迹真令人感慨莫名! 正因为有这样的心境,沈善宝对吴藻词中"写不尽"的"离骚意"和"销不尽"的"英雄气"都感同身受①,两个人成为知音好友并非偶然。

吴藻的另一位好友是赵庆熺之女、魏谦升弟子赵我佩(生卒年不详)。赵我佩,字君兰,举人张上策妻。"家学渊源,九岁即能吟"②,有关文献说她"体至孱弱,工愁善病,然饮酒至豪,言论磊落,有不可一世之概。人恒怪之,殆非凡女子"③,但从词来看,"不可一世之概"并不鲜明,倒是有个特点不能不说,即纳兰第一"女粉"。赵我佩是女性词界最早一个"纳兰风"的强烈呼应者,其《碧桃仙馆词》颇多学步致敬之作。举几个例子:

第一,纳兰《金菊对芙蓉·上元》看词题似为一般节令词,但从"狂游似梦,而今空记,密约烧灯"等句看来,又杂有触景生情、忆念挚友的成分。下片云"楚天一带惊烽火,问今宵、可照江城",所念者当是康熙十八年(1679)秋赴任江华县之"异姓昆弟"张见阳。此番用心几乎全为赵我佩吸纳,于是用了同一个词牌写"秋感"寄其外妹汪薇。其下片"旧事追忆无凭。叹尘劳鹿鹿,水逝云行。任楼开弹指,幻想空惊。故园寂寞休回首,怅衔泥、燕垒难成。今宵残月,照人千里,两地离情"云云,非常近似纳兰风格。

第二,她的《采桑子》云"月钩斜挂云罗薄,秋思绵绵,却在谁边,辜负良宵又下弦。　　玉钗扣枕银屏掩,乍起还眠,残梦如烟,挑尽釭花夜似年",与纳兰的《采桑子》"彤霞久绝飞琼字,人在谁边,人在谁边,今夜玉清眠不

---

① 沈善宝:《满江红·题吴苹香夫人花帘词稿》。
② 邹弢:《三借庐笔谈》卷六,进步书局,1930年。
③ 程秉钊:《碧桃仙馆词序》,《清代稿本百种汇刊》,79,集部,文海出版社,1974年,第1页。

眠？　香消被冷残灯灭,静数秋天,静数秋天,又误心期到下弦"相似度极高。

第三,她的《太常引》"销魂人在画罗屏,着耳乍冬丁。已是不堪听,那更杂、蛩声雁声。　无边风雨,无聊情绪,触处乱愁生。拚却梦难成,任谯鼓、三更四更",已近乎纳兰同调词的重写,试比较纳兰原词"晚来风起撼花铃,人在碧山亭。愁里不堪听,那更杂、泉声雨声。　无凭踪迹,无聊心绪,谁说与多情。梦也不分明,又何必、催教梦醒",二者布局、用语,无处不似。

当然,赵我佩的功力比不上纳兰的"缠绵往复""情景兼到",但能奋翼追摹、取法乎上,还是值得称道的。我在《全注详评纳兰词》中以"附读"的方式选了六首赵我佩词附在原作之后①,这个数量足以说明她在"纳兰影响史"上的地位。

顺便说一点,纳兰词对女性词界投射的影响能量是相当惊人的,其身后三百年的女性写作大抵难以躲避开纳兰的身影,呈现出整体性的(而不是散点式的)"共情效应",这在一贯"自师其心而少师人,自铸其辞而少袭人"②的女性创作中相当罕见。总结其因由,约有三端:

第一,女性哀怨抑郁的原生情感与纳兰词"古之伤心人"的感伤基调发生同频共振;第二,纳兰浅语深衷的抒情路径与真纯清雅的美学风貌,恰可为以单纯明慧为特征的女性创作所摹效,进而成为她们"可靠的心灵和美感的养料"③;第三,纳兰的痴情公子形象固然是他赢取广泛异性青睐的重要筹码,但更为本质的是,施加在女性头上的"才命相妨"的谶语正与纳兰高才薄命的人生构成了镜像般的互文。所以,纳兰性德在狭窄幽暗的女性文学世界中,难能可贵地"浮出地表",成为显性的榜样词人,他在女性词界的长久风靡也就合乎情理、不难想见了。

（本文作者系吉林大学教授）

---

① 马大勇、赵郁飞:《全注详评纳兰词》,人民文学出版社,2023 年。
② 邓红梅:《女性词史》,山东教育出版社,2000 年,第 15 页。
③ 邓红梅:《女性词史》,第 16 页。

王韬《扶桑游记》成书考

潘德宝

内容提要 王韬《扶桑游记》据《东游日记》《东游缟纻录》两种日记修改而来，这是两种不同性质的文本，王韬更改日记成为游记，首先是体例之确立，时间大约在光绪五年四月底以前；然后将纪实备忘性质的日记文本，转化为仙窟艳遇故事，名为游记，实为游仙；最后在出版过程中，《扶桑游记》还受到了出版方的修改，文本经历了变革。

关键词 《扶桑游记》 《王韬日记新编》 王韬 黄遵宪 成书

王韬《扶桑游记》的文学性在过往研究中没有被充分认识。《扶桑游记》三卷，1879至1880年在日本东京报知社刊行；1891年，《扶桑游记》作为域外地理志，收于王锡祺所编《小方壶斋舆地丛钞》第十帙；至20世纪六七十年代，《扶桑游记》影印本又作为近代史料，收于沈云龙主编《近代中国史料丛刊》第62辑；1982年，《扶桑游记》作为中外交流史料，收于《走向世界丛书》。从这些收录《扶桑游记》的丛书定位来看，《扶桑游记》更多被作为史料而非文学作品来看待。

《扶桑游记》的文献性质以及王韬研究的定位和取向[①]，与学术潮流若

[①] 关于王韬研究述评，可参见吴以义《王韬研究所提示的中国近代史的复杂性——评忻平〈王韬评传〉和柯文〈在传统和现代性之间〉》(《新史学》2000年总第11卷第2期）。龚鹏程也指出王韬的小说好语怪、力、乱、神，体现了前现代的特性，而一般研究中喜"以开眼看世界、近代第一人"之类来看王韬，实因先有结论而从王韬书中找材料而已。关于王韬《扶桑游记》的研究述评，可参见徐兴庆《王韬的日本经验及其思想变迁》(徐兴庆、陈明姿编《东亚文化交流：空间、疆界、迁移》，华东师范大学出版社，2011年）。

合符节，自是学术史常态。现代《扶桑游记》研究，或以此书为线索，考察王韬的日本交游圈①，或从近代中日比较、中西文化交流这些宏大叙事的角度切入，讨论亚洲主义、中日关系等②，只有极少数论文从文学角度介绍、论述了游记本身的内容③。总之，作为文学文本的《扶桑游记》尚未引起足够重视，而《扶桑游记》的文学研究，建立在文本的考察之上。现在，田晓春辑校《王韬日记新编》的出版，为考察《扶桑游记》成书提供了条件。

《扶桑游记》之成书，最主要的原因当然是王韬受邀东游日本。王韬在《扶桑游记》的自序中说："今春寺田望南书来，以为千日之醉、百牢之享，敢不维命是听？于是东道有人，决然定行计。"而这一东游计划的缘起，则在于《普法战纪》一书。邀请王韬旅日的东道主之一栗本锄云在《王紫诠の来遊》一文中说得很详细，其子栗木贞次郎随大使岩仓具视出使欧洲，归航途经上海时（引者按，1873 年，《普法战纪》单行本刚刚出版），购书数部，其中就有王韬的《普法战纪》。栗本锄云未读其半，即认为此书于行阵之事、交战之迹，写得极为生动鲜活，至于中间所杂议论，不陈不腐，脱出汉人窠臼，于是公诸同好，不独朱批圈点，且计划在日本刊行④。《普法战纪》记载的小

---

① 如[日]布施知足《遊記に現われた明治時代の日支往来》（《東亜研究講座》1938 年第 84 辑），[日]实藤惠秀著，张铭三译《王韬的渡日和日本文人》（《日本研究》1944 年第 3 卷第 6 期），[日]增田涉《王韜について：その輪郭》（《人文研究》1963 年第 17 卷第 7 号），[日]中田吉信《岡千仭と王韜》（《参考書誌研究》1976 年总第 13 号），陶德民《明治漢文界における清代文章学の受容——星野恒编、王韜評〈明清八大家〉について》（浙江大学日本文化研究所编《江戸·明治期の日中文化交流》，东京农山渔文协，2000 年），易惠莉《日本汉学家冈千仞与王韬——兼论 1860—1870 年代中日知识界的交流》（《近代中国》第 12 辑，2002 年），徐兴庆《王韬与日本维新人物之思想比较》（《台大文史哲学报》第 64 期，2006 年 5 月）、《王韬的日本经验及其思想变迁》（徐兴庆、陈明姿编《东亚文化交流：空间、疆界、迁移》，华东师范大学出版社，2011 年），王晓秋《王韬日本之游补论》（林启彦、黄文江主编《王韬与近代世界》，香港教育图书公司 2000 年版）等文。

② 如[日]狭间直树《初期アジア主義についての史的考察》（《東亜》2000—2001 年总第 1—3 期），李朝津《儒家思想与清末对外关系的再思考——王韬与日本》（林启彦、黄文江主编《王韬与近代世界》，香港教育图书公司 2000 年版），薄培林《近代日中知识人の異なる琉球問題認識：王韜とその日本の友人を中心に》（《関西大学東西学術研究所紀要》2014 年 4 月总第 47 辑）。

③ 如王晓秋《议王韬扶桑之游》（苏州市传统文化研究会《传统文化研究》第 17 辑，群言出版社 2009 年版），李勇华《紀行文における風景とエロス——森鸥外の『独逸日記』と王韜の『扶桑遊記』を視野にして》（《日本漢文学研究》2010 年 3 月总第 5 卷），吕文翠《冶游、城市记忆与文化传绎：以王韬与成岛柳北为中心》（《中国文化研究所学报》2012 年总第 54 卷），潘德宝《王韬〈扶桑游记〉与日本冶游空间的建构》（《浙江师范大学学报》2018 年第 3 期）等。

④ [日]栗本锄云：《匏庵遗稿》，裘华书房，1900 年，第 392—393 页。

国普鲁士竟能数月间击败法国,以弱胜强,正可以作为日本面对西方列强时的借鉴。因此,《普法战纪》颇受当时日本学者的重视,平安西尾《扶桑游记跋》说:"余始读《普法战纪》,喜其叙事之明畅,行文之爽快。"①除了文章修辞之外,更主要的是,他们佩服王韬的卓识和海外经历,冈千仞《扶桑游记跋》中强调了王韬的见识:"《普法战纪》传于我邦,读之者始知有紫诠王先生之以卓识伟论,鼓舞一世风痹,实为当世伟人矣。"龟谷行《扶桑游记跋》强调了王韬的海外经历:"吾闻有弢园王先生者,今寓粤东,学博而材伟,足迹殆遍海外。曾读其《普法战纪》,行文雄奇,其人可想。"中村正直《扶桑游记序》也强调"先生博学宏才,通当世之务,足迹遍海外,能知宇宙大局,游囊所挂,宜其人人影附而响从也"。重野安绎后来还曾当面赞赏王韬说"(魏源)于海外情形,未能洞若蓍龟,于先生所言,不免大有径庭。窃谓默深未足以比先生也"。重野安绎、栗本锄云等人筹划邀请王韬赴日,目的即在于想通过思想家王韬进一步了解西方。而这正是《扶桑游记》成书的前提。

本文主要通过对比王韬《东游日记》《东游续纥录》和《扶桑游记》的异同,考察《扶桑游记》文本生成的过程,主要讨论以下三个方面的问题:一是《扶桑游记》体例确立的过程,二是《扶桑游记》对于日记的改写,三是考察《扶桑游记》成稿后,在出版过程中的修订。

一、撰写体例确立过程之推测

王韬启程之际,可能就有一个撰写萍踪浪影的初步计划。王韬在《漫游随录》自序中说:

> 古人编诗,往往一官一集,于宦游辙迹之所经,辄低徊俯仰而弗敢忘。诚以佳景当前而易忽,事后回思,如追亡逋;非有诗词以记之,图咏以传之,直付之飘风尘迹,梦幻泡影而已,不大可惜哉!此余《漫游随录》之所由作也。②

---

① 本文引《扶桑游记》据报知社初刊本。
② (清)王韬:《漫游随录·扶桑游记》,湖南人民出版社,1982年,第29页。

游记、诗词等,不只是人生经历的重要见证,对于文人而言,只有诉诸笔端,抵抗遗忘,人生经历才算真正完成,否则不过是梦幻泡影而已,甚至还可以大胆地进一步说,没有文字书写,人生无所附丽,价值无从呈现。王韬一生勤于日记,大概就是这种思想的表现。而日本之游,在个人生命史的意义之外,王韬还进而将它提高到中日文人交游的历史地位来理解,所以王韬在《扶桑游记》自序中说:

> 余多日东文士交,每相见,笔谈往复,辄夸述其山川之佳丽,士女之便娟,谓相近若此,曷不一游?又言:"至东瀛者,自古罕文士。先生若往,开其先声,此千载一时也。"聆之跃跃心动,神已飞于方壶员峤间矣。

东游日本,洵为盛事,"开其先声""千载一时"等引述中,王韬的心情跃然纸上。可以想见,王韬在一贯的日记记录之外,将另有写作计划。这一计划是从王韬日记稿本命名的变化中透露出来的。王韬一生的日记,有稿本多种存世,大多题为《弢园日记》或《蘅华馆日记》,光绪五年三月十五日(1879年4月6日)开始,王韬将日记改题为《东游日记》,自成独立单元,因此可见王韬的新写作计划。

但是,在光绪五年四月下旬以前,王韬似乎尚未明确具体的撰写体例,这可以从《扶桑游记》和王韬的日记稿本对比得到证明。国家图书馆藏王韬日记稿本多种,其中《东游日记》和《蘅华馆杂稿·东游缟纻录》两种,为《扶桑游记》的底稿和材源[1]。《东游日记》的内容可分两大时段,第一段自光绪五年三月十五日(1879年4月6日)至闰三月二十四日(5月14日),第二段自光绪五年四月二十五日(6月14日)至六月十四日(8月1日)[2]。《东游日记》所记时段与《扶桑游记》基本重合。《扶桑游记》始于光绪五年闰三月初七日(1879年4月27日),迄于七月十五日(9月1日)。两相对比,《东游日记》中间仅缺一个月,最末又缺一个月[3]。

---

[1] 现经田晓春点校整理,汇编为《王韬日记新编》(上海古籍出版社,2020年)。
[2] (清)王韬撰,田晓春辑校:《王韬日记新编》,第6、7页。
[3] 关于最末所缺一月内容,应该不是王韬未记,而是稿本未存。《王韬日记新编》搜集了目前所能找到的存世王韬日记稿本,《东游日记》至光绪五年六月十四日止,此后即为光绪七年(1881)日记,从《王韬日记新编》看,不止缺少一个月的内容,而是少了一年多的内容,应该就是稿本遗失了。

至于《东游日记》中间所缺一个月，另一种稿本《东游缟纻录》刚好补上了。《东游缟纻录》始于光绪五年闰三月八日（1879年4月28日），终于四月二十四日（1879年6月13日）。其中闰三月八日（4月28日）至三月二十日（5月10日）较简略，且中间多日略而不记，止于四月二十四日，正好可接《东游日记》第二部分的起始。从整体上看，仿佛《东游日记》在中间开小差拐弯，一变而为专著《东游缟纻录》，然后至四月二十五日再回到《东游日记》的旧轨道上来。

细读《东游缟纻录》，可以推测闰三月二十五日（5月15日，即《东游日记》第一段结束之次日），王韬至东京后，开始有了新的写作体例的构想，然后依此体例重新追溯补写闰三月八日以来的内容。我认为并不是撰写《东游日记》的同时，王韬从闰三月八日启程时开始，又增写另一种时段上重合、内容较简略、且中间有缺失的日记《东游缟纻录》。只有意在另立体例，事后补写、摘录的情况下，《东游缟纻录》才会呈现这种面貌。

具体而言，闰三月二十五日（5月15日），寺田宏自横滨迎王韬至东京，日本文人学者大宴于东台长酡亭，为王韬接风洗尘，出席达二十二人之多，一时名流云集，席间大概有不少推重赞誉《普法战纪》的话语。我们完全可以想象流亡半生的王韬深受感动的心情。王韬作该日日记时，可能一时福至心灵，计划从日记改撰成专书，设想的体例近于黄宗羲《思旧录》一类。这从"缟纻"一词可以推想。《左传·襄公二十九年》："（吴季札）聘于郑，见子产，如旧相识。与之缟带，子产献纻衣焉。""缟纻"后来用来表示一见如故的友谊。

以此日为契机，停下《东游日记》，回头从写定的《东游日记》或笔谈底稿中摘录所见人物，别题《东游缟纻录》。如闰三月九日（4月29日），集中记录竹添渐卿、品川忠道、津枝正信、笹濑元明等人，十二日（5月2日）仅录王也镜、王鹤笙两人生平，十四日（5月4日）记录神户领事廖枢仙、文案吴翰涛，以及张德澄、许友琴、卫铸生、胡小苹等人，但是极为简略。此后数日，未见新朋友，所以直接跳过未补。然后记二十日（5月10日）见石丸、森山茂、掘之孝、永见米吉郎等人，当然，也只是提一下名字而已。至二十五日（5月15日）记录了当时宴会中所有人的字号、年龄、住处以及生平简介等，较为详细。从这些记录的内容看，王韬可能据当时笔谈底稿录入。

不过，王韬很快放弃了这一写作体例。《东游缟纻录》一直延续至四月二十四日（6月13日），但从叙事风格上看，至闰三月底，王韬已经回到日记的旧体例上。首先,《东游缟纻录》的可读性极差,几乎是点名册、备忘录,毫无文学性可言。其次,王韬所见之人,除了冈千仞、佐田白茅等少数人生平颇为可观外,大多数为文人学者,甚至极为年轻,根本没有多少事迹可记。再次,随后王韬虽然也接触到了更多的中日文人学者官员,但是平常所见,交流往来频繁的,不过寺田宏、冈千仞、黄遵宪等少数几人,很多人慕名而来索书求字,对王韬而言,甚至是一种骚扰。最后,此后甚至也有质疑王韬、误解王韬者,王韬在《扶桑游记》里颇有大段的辩白之词,大概就是针对这些质疑和误解,这些人不能列入"缟纻"的名单之中。总之,《东游缟纻录》难以为继。

至四月下旬,王韬已经正式决定另起炉灶,放弃《东游缟纻录》式的体例,回到日记旧例。有两条材料可以说明这一转变。四月二十二日,《扶桑游记》载《致余元眉中翰》,末云:

> 崎阳如有志书,乞为代购,拟作游记,资考订也。

五月初一,王韬在致冈千仞的信(信末署"阳历六月二十日")中说:

> 阁下为史学之宗,弟所著日记将多所取正。有地志书,幸赐览一二。(如《大阪繁昌记》《两国桥志》之类)[①]

请特别注意这里提到的"地志书"。《东游日记》和《东游缟纻录》在四月底以前,都没有引述地志。而《扶桑游记》相较于《东游日记》,则增补了很多按语,这些新增的按语往往引述地志的内容。如闰三月十四日,按语介绍了神户的地理位置,十六日,按语根据地志介绍了凑川相关景点,十七日,介绍了大阪的地理数据,二十一日,介绍京都历史、地理、风土极为详尽,等等。从这些后来增补的引述和按语来看,王韬在借地志书时,已经对书写内容有了新的设想,而"拟作游记"的"拟"字,可以推定他已经确定了体例。另外,致冈千仞函中"所著日记"一语,大概可以推定王韬将采用日记体的形式。

上面关于体例确立时间的推测,需要对王韬多年后在《弢园著述总目》

[①] (清)王韬著,陈玉兰辑校:《弢园尺牍新编》,上海古籍出版社,2020年,第691页。

中的话略加解释:

> 己卯春,余为东瀛之游,日本诸文士以作日记请,遂排日编。①

"作日记请"发生于什么时候已经不能确考。如果是在光绪五年四月底以后,即是王韬已经确定为日记体游记,那么这与上文的推测并不矛盾。还有一种可能,即王韬赴日以前,日本方面就有"作日记请",尤其是《扶桑游记》后来又交给东京报知社刊行,稿费所得作为王韬旅东之费用,那么,王韬就需要极早定下写作的体例。读王韬归国后与冈千仞、黄遵宪等人的通信,可以知道王韬曾催要稿费及样书等,上述作日记刊行以酬旅日费用的想法不能成立。同时,从现存《东游日记》《东游䌷纻录》两种日记和《扶桑游记》对比看,光绪五年四月底以前,改编的幅度相对大一些,也从侧面说明了王韬此前并没有完全确立体例。而且,王韬致余元眉和冈千仞两函,则从侧面佐证了体例确立的时间。因此,赴日之前就确定体例的可能性比较小。而且,即便在赴日之前早就有"作日记"的想法,大概也是王韬一以贯之的日记,至于成为独立的专著,也需要斟酌另定。总之,根据《东游䌷纻录》的存在,我们可以推定,至光绪五年四月底,王韬已经有了明确的体例。所以他也就果断地结束了《东游䌷纻录》。

至于最后定题目为《扶桑游记》,并在日本印行,王韬离开日本前所撰的自序中也提到了:

> 前后小住江都凡百日,日所游历,悉纪于篇,并汇录所作诗文附焉。名曰《扶桑游记》,以畀栗本锄云先生,付诸手民,用示同人,不敢有忘盛惠也。光绪五年秋七月八日志于舟中,时将至长崎矣。

如果从文体的角度看,"扶桑"是题中应有之义。因为全书充满了三神山的想象,承继了中国古代仙窟艳遇故事的叙事模式。题目中著以"扶桑"一词,正可以突出这种仙乡的氛围,提示本书的道教文学传统中异世界体验的文体特色。

---

① (清)王韬著,朱维铮编:《弢园文新编》,生活·读书·新知三联书店,1998年,第376页。

二、《扶桑游记》对《东游日记》的变革

王韬基于对成书体例的设想,在《东游日记》《东游缟纻录》的基础上,作了大幅度的修改,将原始多义的日记更改为《扶桑游记》。为了突出《扶桑游记》的独立性、整体性和文学性,王韬主要有以下几个方面的修改:首先是整合《东游日记》《东游缟纻录》的内容;其次是调整叙事顺序,增加叙事的条理性,形成体例;最后是修订《东游日记》,使之成为自成首尾的独立之作。

(一) 整合《东游日记》《东游缟纻录》的内容

《东游缟纻录》闰三月二十五日前,以记人物生平为主,《东游日记》以记游历为主,两者所记时段重合,内容上互有异同,最后采入《扶桑游记》时作了整合。如闰三月十二日(5月2日),《东游缟纻录》仅数行而已,完全是只记人物:

> 至长崎,得见浙人王也镜、吴人王鹤笙。也镜设行贸易于长崎,鹤笙工于书法,挟其一技之长而作东游者。

《东游日记》则相对丰富,记人记事,此日所记已达六七百字:

> 清晨登岸,至理事府,见余君元眉,二年不见,絮谈旧事。顷之,梁缙堂亦至,偕乘车往访王也镜(浙人)、王鹤笙(吴人),同至衢市游览一周。也镜设泰记行,司贸易场中出入。鹤笙工于书法,挟其一技之长而作东游者。道经花街,即昔日之平康里,新毁于火。路渐高,曲折而上,乃至西洋酒楼。(下略)

至《扶桑游记》进一步修改,此日所记达1 300多字:

> 乘小舟登岸,至理事府见余君元眉。契阔两年,遭逢一旦,其喜可知也。絮谈旧事,竟晷忘倦。顷之,梁君缙堂亦至。余栉沐后,即乘车往访王也镜、王鹤笙。也镜,浙人,甬东杨氏设行于此,也镜为之主会

计。鹤笙,吴人,工书法,至仅二十余日。同往衢市游览,道经花街,即昔日之平康里,新毁于火。自此路渐高,舍车而步,由石梯拾级而上。四围树木蓊郁,映衣袂皆作青碧色,石径回环,颇觉曲折通幽。继至一西洋酒楼。(下略)

记日记是王韬一直以来的习惯,大多仅简单记事,并不太注意修辞,到了《扶桑游记》不只记人记事,而且还有抒情、评论,对读之下,整合润色之功非常显著。

另外,《东游缟纻录》往往将数人录于同一日记录之中,有类于点名册,而到了《扶桑游记》中,王韬有意将"点名册"打散到不同日期加以介绍。如《东游缟纻录》于闰三月初九将竹添渐卿、品川忠道、津枝正信、笹濑元明四人捏置一处,记录他们的身份信息。《东游日记》仅叙述与诸人相见事,未及诸人身份信息。而《扶桑游记》则将他们分别记于同月初七、初八、初九三处。《东游缟纻录》于闰三月二十五日记录了当时参与集会的二十二位日本文人,一并录下所有人的字号、年龄、住处以及生平简介等。而《扶桑游记》中则作了剪裁,闰三月二十五日游记中仅录姓名字号,相关生平则又分散录于其他见面日期,至于住处则删去不录。这些改动,显然是出于文章可读性的考虑。

(二) 调整叙事顺序,增加叙事的条理性

《扶桑游记》中修改最多的,就是增加叙事的条理性。因为日记随手所记,未必注意阅读效果,《扶桑游记》修订为严格按时序叙事的体例。如闰三月二十九日,日记和《扶桑游记》所述内容基本相同,《东游缟纻录》原文如下:

> 二十九日。雨。张鲁生副使遣马车来迓,招小饮也,偕寺田士弧同往,得见其少君绿筠、西席施□□。顷之,陈访仲、王漆园皆来,剧谈抵暮而归。鹿门偕河野通之来访,余已解衣睡矣。因重剪烛作笔谈,良久始去。是晨,寺田偕其友须川准来访。须川准住骏河台铃木町六番地。顷之,龟谷省轩至,出所著见示,为之评点而归之。须川,长崎县人,龟谷之高足弟子也。冈鹿门馈酒一瓶,谓风雨之夕,聊作消遣计。[1]

---

[1] (清)王韬撰,田晓春辑校:《王韬日记新编》,第538页。

《扶桑游记》则改为按时间顺序叙述：

> 二十九日（阳历五月十八日）。雨。晨，士弧偕其友须川准来访。须川，长崎县人，龟谷省轩之高足弟子也。冈鹿门馈酒一瓶，谓风雨之夕，聊作消遣计。午后，张鲁生副使遣马车来迓，招小饮也，偕士弧同往。陈访仲、王漆园皆来，剧谈抵暮而归。鹿门偕河野通之来访，余已解衣睡矣。因重剪烛作笔谈。旅中得此，殊破寂寞。

《东游缟纻录》原文先叙使馆的聚会，接着叙述归后所见鹿门、河野，最后才闪回到早晨寺田宏来访。大概此日张鲁生招饮和解衣后鹿门、河野来访，王韬记忆最为深刻，日记便以此为序随手记下。这也正是《东游缟纻录》和《东游日记》中常见的叙事次序。《扶桑游记》中，这一段最大的修改在于由晨、午后而至晚的时间次序，叙事显得条理清晰。当然，随着体例意识的明确，日记的叙事体例明显趋同于《扶桑游记》，也即《扶桑游记》下卷之中这一类修订、调整大幅度减少。然后删去"龟谷省轩至，出所著见示，为之评点而归之"，《东游缟纻录》中先须川准来访，再是龟谷省轩至，然后回头介绍须川，颇为凌乱。而《扶桑游记》直接删去此句，大概并不是龟谷未来相访，查1903年刊行的《省轩诗稿》中，的确留有王韬评点，也许当日王韬对龟谷省轩的诗文水平和文学地位尚未完全了解，待王韬完成《扶桑游记》时，则不愿再以指导者的身份出现。这一段的最后，还以"旅中得此，殊破寂寞"作结，使得此日文字自成首尾，颇具起承转合之观。经此修改，顿改旧观。

另外，日记中有时追记其他日期的内容，至《扶桑游记》中则还原至相应日期。如《东游缟纻录》于四月初九之末云："前日走笔赠栗本锄云七古一篇，漫录于此……"此诗《蘅华馆诗录》卷五题《偶访栗本匏庵口占七古一篇赠之》，诗长不录。《扶桑游记》中卷则将此诗还原录到"前日"，即四月初七。这是另一种叙事时间的调整。

这里特别要指出的是，这种日期调整的情况，可能跟王韬收集素材的过程有关。《扶桑游记》下卷七月初四留别宴会一节，提到"所咏古风，当以龟谷省轩为擅场"，并引录龟谷省轩全诗："人中之龙文中虎，弢园先生即同甫……"龟谷省轩于1903年刊行的《省轩诗稿》录此诗，题为《送王弢园》，有多处异文，诗后有王韬评语："雄鸷兀傲，有昂首天外之概。请写以赠弟，以壮行囊。"①其中"写以赠弟"一语,表面上看是求书索字,但同时也透露出王韬除了收集现场笔谈外,还有事后收集唱和诗作定稿的情况。

(三)突出仙境艳遇的叙事传统

《东游日记》《东游缟纻录》和《扶桑游记》形式上都是日记体,《扶桑游记》不同之处在于,整体上呈现出"仙窟艳遇"的叙事模式,即像刘阮天台遇仙一类的仙话,结构上形成"进入仙境—仙境艳遇—回归人间"这样的圆形结构,重点在于仙境淹留的描写。刘守华称这种叙事模式为仙乡奇遇、祁连休称为仙窟艳遇型故事、陈嘉玥称为淹留仙境型故事,等等②。王韬的日记稿本,是按自然日期顺序记下,一是并无圆形结构,二是虽有大量冶游的记录,但不太容易有仙境艳遇的联想。王韬对于日记这一层面的修订,文字数量不多,却往往具有点睛之效,使得"游日"一变而为"游仙"。

首先,《扶桑游记》始于上海出发,终于回到上海,首尾完整,形成圆形结构。而《东游日记》是从三月十五(1879年4月6日)抵达上海开始写,然后闰三月初又到苏州,至闰三月初六回上海,然后再启程东游。《扶桑游记》则直接从闰三月初七开始写,游历日本后,《扶桑游记》结束于七月十五日回到上海。《东游日记》的起始是自然日期的记录,而《扶桑游记》显然是有意地整合日记,删去启程前一大段内容,使得文本的圆形结构更为显豁。

其次,王韬借用"仙窟艳遇"的叙事模式,将冶游转化为游仙。最突出的例子是闰三月十日所记,《东游日记》提到一次艳遇:

> 同浴者有日本女子,能操西音,自谓从西人自香港、上海至横滨,今暂留神户。因邀至其家,室在山半,虽小亦甚精洁。春风一度,各自东西,亦可谓无端之嘉遇矣。③

而《扶桑游记》修改为:

> 登山浴温泉。有日本女子,能操西音,自言从西人自香港、上海至横

---

① [日]龟谷省轩:《省轩诗稿》卷一,光风社,1903年,第12页。
② 陈嘉玥:《中国仙境淹留型传说的空间建构研究》,华中师范大学2020年硕士论文,第2页。
③ (清)王韬撰,田晓春辑校:《王韬日记新编》,第530页。

滨,今暂留神户。因邀至其家,则室在山半,花木萧疏,庐舍精洁。小憩久之,期以他日再来践约。此何异刘阮误入天台而饱吃胡麻饭也。

增加了"刘阮误入天台而饱吃胡麻饭也"这一句点睛之笔。遇仙故事,自秦汉以来自成脉络,形成了一种叙事模式。这一模式到唐代发展出"仙窟艳遇"的次生类模式,《游仙窟》可谓其中的代表,更有演化成《会真记》,女主人公"完全脱却了女仙的外衣,而成为现实生活中的一个女性,只是在题目中还保留了'会真'即'遇仙'的痕迹"[①]。王韬以刘阮遇仙为喻,正是将日记中的艳遇文字,转化为遇仙故事,而东游日本也就转换成游仙了。

《扶桑游记》全书中这样的点睛之笔、突出淹留仙境的文字修改极多,如经常用日本"扶桑""三神山"等表示仙境的词汇来表示,《扶桑游记》中增录的诗中,尤多这一类用典,而有意删去日本文人时事性较强的诗作。又在《扶桑游记》中增加冶游的细节,附录赠送诸妓的诗歌,增加介绍妓丛福原等内容,都是这种转换的表现。从空间建构上看,王韬正是将日本建构为冶游空间[②]。从文本的角度看,从纪实性的日记文本变革为独立的游仙文本,继承仙窟艳遇的叙事传统,凸显了《扶桑游记》的文学性。

而支撑这一变革的,正是《山海经》以及道家的海外神山想象的地理知识。但是,想象的地理知识面对目击身经的现实日本,文学史上仙窟艳遇佳话受到现实的道德批评,修改日记文本并不容易。比如冈千仞即以"登徒佻达"来评价热衷冶游的王韬,引得王韬非常不满,致函辩白[③]。而王韬在致余元眉函中也以"日在花天酒地中作活,几不知有人世事"自嘲自解。文学传统与现实道德的矛盾,必须要从整体上解决,因此《扶桑游记》在出版时还有进一步的文本修订。

三、《扶桑游记》出版过程中的失控

《扶桑游记》完稿后立即进入出版程序。该书版权页标示上卷出版于

[①] 孙逊:《中国古代小说与宗教》,复旦大学出版社,2000年,第264页。
[②] 潘德宝:《王韬〈扶桑游记〉与日本冶游空间的建构》,《浙江师范大学学报》2018年第3期。
[③] 参见《扶桑游记》《东游日记》四月三十日(6月19日)相关内容,以及陈玉兰辑校《弢园尺牍新编》所收王韬致冈千仞第一函(上海古籍出版社,2020年,第690页)。

1879年12月15日,中卷出版于1880年5月12日,下卷出版于1880年9月29日,但实际出版时间可能有所延迟。黄遵宪1879年12月7日《致王韬函》提到"尊著《扶桑游记》闻尚未告竣"①。中卷大概刊于1880年7月25日,黄遵宪此日《致王韬函》中说:"前命索问《扶桑游记》中卷,函到之日,尚未刊刻。弟一再催问,今日始竣功,由锄云翁交十部来,今谨寄呈,幸察收。"②之所以有延迟,很有可能是因为出版过程中出版者对《扶桑游记》的润色修订。这些修订引起了王韬的不满,他后来在《弢园著述总目》中说:

> 己卯春,余为东瀛之游,日本诸文士以作日记请,遂排日编纂。既行,授之栗本锄云,为刻为报知社。然中言日本海防兵政军舰营垒处,悉被删去,纪游之作有涉于载酒看花者,亦经沈梅史州守所节:盖有所讳也。殊不满鄙臆,尚待重刊。③

不过,应该郑重指出的是,日记改为游记后,作为单行的著作,首先是王韬自己为《扶桑游记》的修订,即增加序跋等副文本,来解决前文提到的问题。王韬在《自序》开篇定下了游记的游仙性质:

> 余少时即有海上三神山之想,以为秦汉方士所云蓬莱诸岛,在虚无缥缈间,此臆说耳,安知非即徐福所至之地,彼欲去而迷其途乎?顾自此东瀛始通,文字书籍,由渐流入,其人之容貌音声、性情风俗,固有与中土相仿佛者。

"三神山""蓬莱"云云,显然是为《扶桑游记》定了基调,这样贯串起分散全书的三神山之用典。关于"日在花天酒地中作活,几不知有人世事"的道德评判,则通过冈千仞的跋文加以解释,而冈千仞则是按照王韬来函中辩白的话加以发挥,跋文曰:

---

① 陈铮编:《黄遵宪全集》,中华书局,2005年,第304页。
② 陈铮编:《黄遵宪全集》,第320页。
③ (清)王韬著,朱维铮编:《弢园文新编》,第376页。

先生口不说道学,议论不及当时,文酒跌宕,歌筵妓席,丝竹呕鸣,欣然酣畅,不复以尘事介怀。人或以学究条规规之,辄笑曰:"《国风》好色而不淫,《离骚》寄缱绻于美人,骚人韵士,何尝一日忘怀于此乎?"于是人皆曰:"先生儿女之情有余,而风云之志不足。"呜呼!是岂知先生者哉?盖先生慨欧人耽耽虎视,亲航欧洲,熟彼情形,将出其所得以施之当世,而未有所遇。于是遁迹海岛,俯仰感慨,举其郁郁不得于内者,托之声色豪华。信陵之于醇酒妇人,岂其所真溺爱哉?其心独苦也!余于先生,固悲其命穷矣!

虽出于冈千仞之口,但也是王韬自己的辩白。总之,王韬自序和冈千仞跋,作为副文本支持正文文本的"游仙"性质。

但是,重野安绎、龟谷省轩、平安西尾、中村敬宇诸人的序跋,在一定程度上与《扶桑记》的"游仙"性质形成一种背离之势,有一种抽离仙境回归现实之感。相较于王韬的精心设计,这真可谓失控的文本。而且,出版方重野安绎请沈梅史、黄遵宪润色《扶桑游记》,可以说是文本的进一步失控。黄遵宪《致王韬函》(1879年8月28日)中提到"《扶桑游记》,沈君略润色,仍即以交锄云山人"[①]。这里沈君(沈梅史)的修改,正是王韬《弢园著述总目》不满之所在。《东游缟纻录》四月初三附录"七古一篇":

天风送我东海头,共登千秋之高楼。振襟自有一世想,濯足更思万里流。滕王作赋吾宗事,片帆顷刻浮轻舟。世情变幻云中狗,人事苍茫水上鸥。东瀛清水何漪涟,愁教快着祖生鞭。外人久思逞戈镝,与国方欲修楼船。与其临事叹拮据,何如未雨先绸缪。东南何遽输西北?我欲上叩彼苍天。今朝欲雨又放晴,天意许我游东京。平生忠孝根恻怛,岂使龌龊留其名。功业未建著述在,蚍蜉撼树徒相轻。中宵起舞发壮志,听此喔喔非恶声。我来墨川游览新,佳人窈窕江之滨。繁弦渠善谱新曲,健笔我愧开阳春。即今上士尚草莽,岂独而我悲风尘?举杯慷慨不尽醉,我其于世为放人。

《扶桑游记》报知社初版上卷同样附录此诗,其中"何如未雨先绸缪"改成了

---

① 陈铮编:《黄遵宪全集》,第302页。

"绸缪未雨思绵绵","我欲上叩彼苍天"改成了"我欲上问彼苍天"。黄遵宪《致王韬函》透露了修改情况:

> 《扶桑游记》"何如未雨先缠绵"(改语句,调近俗且索然无味,弟与之争,即谓"谬"当作"绵")句,梅史改之,真乃点金成铁,精光顿减。当梅史下笔诗此语,弟尝与争。即其他云云,弟意亦谓应删不应改。先生天才秀涌,如海如潮,当其即席挥毫,文不加点,失于繁复,不及检核者亦容有之,偶加删简,未必不佳。至点窜字句,则人心不同,如其而然,即使老杜执笔,亦不可改谪仙人诗,况余子乎?此卷之欲加删简者,本未能免俗之见。举花柳冶游过于放浪者,稍稍律之可耳,何必及其他哉!故仆读是书,此节之外不敢赞一辞。其有旁及者,弟以欺锄云诸公意谓删诗不尽关郑风耳,盖世情可笑之甚者,谬谓精当,犹此意也。先生试取原本观之,弟有一语赞其改笔否?①

此函作于 1879 年 9 月 7 日,已是王韬离开日本之后了。诗句中的修改,点金成铁,王韬无能为力,真是"失控的文本",也难怪王韬不满。另外,1880 年 7 月底,黄遵宪《致王韬函》透露了两种修订情况:

> 大著《扶桑游记》第三卷,由栗本匏庵交重野氏转命弟删。弟先于日报中读之,旋告之曰:此文简古,如风水相遭,自然成文,其天机清妙,读之使人意怡,所载诗尤多名篇,可不烦绳削也。(上、中二卷,弟意谓其层出复见处,由于一时不及校读,此自可删;而梅史乃并及其他,仆当时即谓不可也。)而成斋述匏庵意,屡强不已。弟因取归再读,见"阶下小蛇"数语,乃知栗本之意在此也。盖家康主政,传之子孙垂三百年,深仁厚泽,极为其臣民所尊敬。而栗本氏为幕府旧臣,维新之后尚以怀恋旧恩,不忍出仕,彼读此戏语,心有不慊耳,因谬为删之。此外,唯高丽钟铭下,"此足见高丽之臣于明,不臣于日",亦为删去。缘高丽于日本,在隋唐之前有纳贡称藩之事,后即不尔。自丰臣氏一役之后,彼此往来皆以敌体,其为我藩属,日本人亦无不知之;而近年以威逼势劫,立通商约,内曰朝鲜为自主国,此为日人第一得意之笔。

---

① 陈铮编:《黄遵宪全集》,第 303 页。按,原文开头标点作《扶桑游记》何如?'未雨先缠绵'",误。

> 而论者犹或曰：彼明明中国属邦，何能认之为自主？若臣属日本之语，日本全国人无作此语者，此不须辨，故亦从删。①

因为《扶桑游记》由东京报知社刊行，首先面对的就是日本读者。日本出版者也就有关于日本史评价的修改要求。同时，黄遵宪出于外交官的职业敏感，也建议删去"高丽铭"评述中涉及有关国家主权的表述，以免引起误会。

对比田晓春辑校整理的《王韬日记新编》，我们可以确定王韬的《扶桑游记》虽然是日记体，但并非是他一以贯之的纪实备忘性质的日记，而是完全不同的独立篇章，而且，《扶桑游记》也不同于晚清使臣出使外国后以咨呈总理衙门的游记。经过王韬的修订整合，已经从日记转化为接续"仙窟艳遇"的叙事传统的"游仙记"。从文学史的角度看，这是游仙故事在地理尺度上的新探索。

（本文作者系浙江工业大学副教授）

---

① 陈铮编：《黄遵宪全集》，第 321 页。

论陆游与南宋士大夫的尚武精神*

邰贯虹　欧明俊

内容提要　陆游崇尚勇武,有独特的英雄观与浓重的英雄情结,少年许国,喜骑射、乐从军,不甘纸上谈兵,欲亲赴疆场,立北定中原、犁庭扫穴之功。陆游频频在诗词中勾勒的抒情主体为武士与侠客,皆形象鲜明,从中可透视其自况、自许与自期。中华传统文化、越中地域文化、南宋时代背景以及陆氏家学传承等因素,皆深刻影响其尚武精神。这种尚武精神并非陆游独有,实为南宋士大夫群体普遍崇尚的价值观和人格风范。内忧外患、国仇家恨激发了南宋士大夫的尚武意识与报国热情,令他们从军议兵、拚力救国、讴颂勇武,形成文人论兵的时代风尚与文化氛围。尚武精神不仅对南宋社会产生积极影响,也鼓舞后世致力救国者,具有重要的文化价值。

关键词　陆游　南宋士大夫　尚武精神　自我形塑　英雄情结

苏雪林称陆游为"中国第一尚武爱国的诗人"[①],认为其激昂慷慨的尚武精神在"犯而不校"的儒教系统中显得尤为可贵[②]。陆游渴望亲赴战场、从戎卫国,早年即敢于纵论兵事、喜言恢复,抒发杀敌报国的雄心壮志;入

---

* 本文为绍兴文化研究工程重大项目《绍兴宋韵文化研究》子课题"陆游与南宋士大夫精神文化研究"(项目编号22WHZD01-7Z)阶段性成果。
① 苏雪林:《陆放翁评传》,载苏雪林等著,陶喻之整理:《陆游评传三种》,浙江古籍出版社,2017年,第1页。
② 参见苏雪林:《陆放翁评传》,载苏雪林等著,陶喻之整理:《陆游评传三种》,第41页。

蜀后的诗作更表现出强烈的尚武精神,常描绘豪壮痛快的从军生活与行猎场面,颇具骁勇轻悍之气。其酒诗、梦诗以及咏物诗等,多写得意气轩昂、淋漓酣畅,宛然可见其昂扬勇武的精神风貌。目前学界对"尚武精神"的研究,多以朝代或地域为中心,探讨尚武精神的形成与流变[1];专论"陆游尚武精神"的,有高利华《论陆游蜀中诗的尚武精神》《放歌尚武,情结川陕——陆游蜀中诗谈》,其文由陆游蜀中诗切入,详析其尚武精神及成因,对蜀中诗以外的作品则未作探讨[2];苏雪林《陆放翁评传》[3]、林中明《陆游诗文的多样性及其幽默感》[4]等著作及论文,也分别从不同角度探究陆游的尚武精神,惜受篇幅所限,论述不够详尽,仍有可阐发的空间。上述研究或未对陆游尚武精神进行全面、深入的考察,或仅选取陆游部分诗歌作为研究对象,本文拟从陆游的英雄情结与政治理想、诗词中的自我形塑等角度,整体观照陆游的尚武精神,借以透视南宋士大夫尚武意识高涨这一文化现象,并论析南宋士大夫尚武精神的文化价值。

一、斩长鲸,射猛虎,洗胡尘:陆游的英雄情结与政治理想

陆游生于战乱,尚在襁褓中时,即随家人南渡避难,饱受战乱之苦,是以少年许国,不甘儒冠误身、皓首穷经,自小练习武艺,研读兵书,誓报国仇,一雪国耻。崇文尚武的价值取向与"上马击狂胡,下马草军书"[5](《观大散关图有感》)的政治理想,造就陆游独特的英雄观及浓重的英雄情结。

---

[1] 参见刘芳、任晓峰:《秦人的尚武精神》,载《周秦社会与文化研究——纪念中国先秦史学会成立20周年学术研讨会论文集》,2002年;曾超:《巴人尚武精神研究》,中央民族大学2005年博士学位论文;丁运霞:《浅谈西汉尚武精神》,郑州大学2006年硕士学位论文;张英:《敦煌曲子词里的尚武精神》,《社科纵横》,2008年第4期;黄朴民、诸葛瑞强:《从"尚武"到"崇文"——漫谈中华文化精神风貌之变迁》,《军事历史》,2018年第5期;高峰:《中国古代军旅诗歌的尚武精神》,《江苏社会科学》,2023年第1期;等等。

[2] 参见高利华:《论陆游蜀中诗的尚武精神》,《绍兴文理学院学报》,1997年第1期;《放歌尚武,情结川陕——陆游蜀中诗谈》,《古典文学知识》,1998年第2期。

[3] 苏雪林:《陆放翁评传》,载苏雪林等著,陶喻之整理:《陆游评传三种》,第1页。

[4] 林中明:《陆游诗文的多样性及其幽默感》,《中国韵文学刊》,2008年第4期。

[5] (宋)陆游撰,钱仲联、马亚中主编:《陆游全集校注》第1册,浙江古籍出版社,2016年,第318页。以下所引陆游诗文,皆据此书,仅注篇名,注释从略。

透过其对英雄豪杰的推重,以及对历史人物的臧否,鲜明可见其尚武精神。

何谓"英雄"?三国魏刘劭《人物志·英雄第八》云:"聪明秀出谓之英,胆力过人谓之雄。"①认为兼具智慧、勇力与胆识,方能称作"英雄",若不可得兼,则"英可以为相,雄可以为将"②。所论颇具代表性,但仅为"一家之言"。"英雄观"实际是一个较个人化的人物评判标准,受价值观、时代背景等因素影响,具有一定主观性,往往因人而异。泱泱历史长河,每当朝代更替,便有众多风云人物涌现,这些人物究竟能否称为英雄?成败得失且留待世人评说。陆游不以生前成败、身后声名论英雄,强调机遇、时运的重要性,慨叹"时来竖子或成名"(《冬夜读书忽闻鸡唱》),深觉"古来豪杰人少知"(《陵霄花》)。崇拜英雄,却不随众,自有其评判历史人物的标准。

陆游真正赞赏的往往是运筹帷幄的谋士、勇武过人的将领以及胆气雄豪的异士奇人,尤推崇忠义节烈之士,认为"千载鬼雄皆国士,直令穷死未须哀"(《狂士》)。在其形诸吟咏的历史人物中,李广、项羽、要离、荆轲等皆以勇武过人、胆识出众著称于世。陆游仰慕抗击匈奴、功业不朽的李广,有诗如"生希李广名飞将"(《江楼醉中作》),以诗明志,希望能亲自上阵杀敌,如飞将李广一般击退外敌。也为要离的豪举心折,甚至称"生拟入山随李广,死当穿冢近要离"(《月下醉题》),"愿乞一棺地,葬近要离坟"(《言怀》),引刺客要离为异代知己,愿死后同葬一处。他歌颂项羽的勇力,"八尺将军千里骓,拔山扛鼎不妨奇"(《项羽》);为项羽乌江兵败的结局唏嘘难已,谒项羽庙时有诗云:"若比咿嚶念如意,乌江战死尚英雄。"(《秋晚杂兴十二首》其十)将刘邦和项羽比较,一褒一贬间,尚武重节的英雄观昭然可见。

陆游钦佩诸葛亮的英雄气魄、深谋远略与凛凛忠义,诗中常咏及,如"英雄自古常如此,君看隆中梁甫吟"(《咏史》);"出师一表千载无,远比管乐盖有余"(《游诸葛武侯书台》);"躬耕本是英雄事"(《过野人家有感》)等。他盛赞诸葛亮出师北伐的壮举,认为"凛然《出师表》,一字不可删"(《感秋》),称"出师一表真名世,千载谁堪伯仲间"(《书愤》)。"谁堪"既是对建立不朽功业的英雄之呼唤,也暗含自我期许。陆游心怀恢复中原之志,歌颂率师北伐、克复故土的将军桓温、刘裕,敬仰抗金名将宗泽、岳飞,

---

① 梁满仓译注:《人物志》,中华书局,2014年,第115页。
② 梁满仓译注:《人物志》,第116页。

只恨"公卿有党排宗泽,帷幄无人用岳飞"(《夜读范至能〈揽辔录〉……作绝句》)。除这些留名青史的人物以外,相对不够著名的爱国将领、抗金义士,如姚平仲、赵宗印、成光延等,尽管兵败折戟,陆游毫不吝惜赞誉称赏之辞。陆游写诗歌颂古今名将,却不以成败视之,实际上是为了呼唤能身赴国难的英雄,体现其对军事宣传的重视[1]。

陆游所吟咏的英雄大多未得善终,或勋业卓著,老而不侯;或武功盖世,功败垂成;或捐躯报国,壮志未酬。他们是世俗意义上的失败者,却因豪情壮举为陆游所注目,令他扼腕长叹"算英雄成败,轩裳得失,难如人意"(《沁园春》),向悲情英雄深致同情。高利华指出:"陆游不以成败论英雄,认为身赴国难者虽败犹雄,陆游对力战勇武之士的赞赏,也是尚武精神的一种体现。"[2]所言甚是。陆游的英雄情结滋养尚武精神,尚武精神又铸成其英雄情结,尚武精神与英雄情结相伴相生、相辅相成。

英雄情结是一种文化心理,长存于文学、艺术甚至日常生活中,成为中外文艺作品表现的永恒主题。荣格认为:"一个原型的影响力,不论是采取直接体验的形式还是通过叙述语言表达出来,之所以激动我们,是因为它发出了比我们自己的声音强烈得多的声音。"[3]人类崇拜英雄,赞颂英雄,呼唤英雄,不仅因为传承自祖辈的民族心理扎根于潜意识中,对崇高存在心理期待;还因为现世苦厄,脱身无望,希望有人施以援手;更因为内心隐秘的自我期许,需要通过审视英雄的生命历程与人生抉择,来完成对理想的追寻,从而摆脱某种精神或现实危机,实现自我疗愈。对陆游来说,英雄是一种精神参照,对功成名就英雄的崇拜也包蕴着自我体认与期待,仿佛在平行时空中对生命进行预设。他再三申明己志:"犹当出作李西平,手杖旄钺清旧京。"(《长歌行》)看英雄当己所不敢当,为己所不能为,完成自己在现实中未能实现的理想,顿觉郁意稍豁。而失意英雄的形象正与自身相契,不禁产生共鸣,可借此一抒生不逢时、功业未成之隐痛。

在远离前线、有志难伸之时,陆游虽"颇思从李广",也只能"小猎聊吐气"(《排闷》),借行猎疏解胸中的冲霄豪气与苦闷失意。他尚勇喜猎,曾"呼鹰古垒,截虎平川"(《汉宫春》),诗词中常有"射虎""刺虎""斩鲸""掣

---

[1] 参见欧明俊:《陆游研究》,上海三联书店,2007年,第309页。
[2] 高利华:《论陆游蜀中诗的尚武精神》,《绍兴文理学院学报》,1997年第1期。
[3] [瑞士]卡尔·古斯塔夫·荣格(Carl Gustav Jung):《论分析心理学与诗的关系》,载《现代西方文论选》,上海译文出版社,1987年,第236页。

鲸"之壮语,颇具英雄气概,也反映出对南宋朝廷前途命运的关注。乾道八年(1172),陆游于南郑王炎幕下任干办公事兼检法官,带领当地驻军三十人,刺杀恶虎,为民除害。他在《十月二十六日夜,梦行南郑道中,既觉恍然,揽笔作》一诗中回忆刺虎壮举:

> 耽耽北山虎,食人不知数。孤儿寡妇仇不报,日落风生行旅惧。我闻投袂起,大呼闻百步。奋戈直前虎人立,吼裂苍崖血如注。从骑三十皆秦人,面青气夺空相顾。

诗人自恃武功,不畏猛虎,"奋戈直前"的举动与从者的"面青气夺"对比鲜明,愈显英勇无畏,打虎英雄形象神态毕现。"虎人立""血如注"则渲染紧张气氛,笔力雄健,气势豪壮。这段独自与虎搏斗的经历,也一直在陆游的梦寐中、回忆中反复呈现,有诗如"挺剑刺乳虎,血溅貂裘殷。至今传军中,尚愧壮士颜"(《怀昔》);"玄熊苍兕积如阜,赤手曳虎毛毿毿"(《闻虏乱有感》);"刺虎腾身万目前,白袍溅血尚依然"(《建安遣兴六首》其六)等:流露出对往日峥嵘岁月的追念。《史记》中记载李广射虎之事,陆游一再追述杀虎经历,也寄寓对前贤尚武遗风的憧憬与向往。虎为百兽之王,陆游既能单枪匹马将其猎杀,可见身手非凡。诗人追忆捕杀猛虎一事,不仅表达对南郑军旅生活的怀念,也是对自己剑术、骑术、箭术的自得与夸耀,尽显尚武精神。

"刺虎"为纪实,"斩鲸"则虚写。唐刘知幾《史通·叙事》曰:"论逆臣则呼为问鼎,称巨寇则目以长鲸。"①独孤及《季冬自嵩山赴洛道中作》以"鲸"喻叛军、巨寇,"斩鲸"即谓平叛、破敌。陆游沿用此义,诗云:"一朝斩长鲸,海水赤三月……国家未灭胡,臣子同此责。"(《剑客行》)一抒抗金复土之志。"醉斩长鲸倚天剑,笑凌骇浪济川舟"(《泛三江海浦》)句,与李白"安得倚天剑,跨海斩长鲸"②(《临江王节士歌》)句同一机杼,慷慨激昂,英气毕现。陆游怀有出将入相、建功立业的政治理想,渴盼能如历代英雄豪杰一般,亲往疆场"斩长鲸""洗胡尘",收复沦丧日久的中原地区,常言"丈夫不虚生世间,本意灭虏收河山"(《楼上醉书》);"但使胡尘一朝静,此身

---

① (唐) 刘知幾撰,张振珮笺注:《史通笺注》(上),中华书局,2022 年,第 300 页。
② (唐) 李白撰,安旗等笺注:《李白全集编年笺注》,中华书局,2015 年,第 1441 页。

不恨死蒿莱"(《病中夜赋》);"自期谈笑扫胡尘"(《追忆征西幕中旧事四首》其一)。奈何南宋朝廷偏安一隅,不思恢复,纵使诗人怀才抱器、满腹兵略,也只能"白头漫倚诗豪在,手掣鲸鱼意未平"(《睡起》)。

南宋王朝金瓯有缺,靖康之耻与南渡之恨成为时代隐痛,扎根于南宋人的心灵深处,亟需拯时济世的英雄人物挽社稷之危。时代呼唤英雄,朝廷需要良将,陆游亲抵抗金前线,更切身体会到这一点,因此英雄情结愈深,不仅敬仰英雄,也渴望成为英雄,故大声疾呼"安得英雄共著鞭"(《蜀州大阅》),"安得英豪共此功"(《闭门》);嗟叹"丈夫穷死由来事,要是江南有此人"(《北望》)。呼唤英雄人物涌现,与己共襄壮举、共建勋业。宋在与金的交锋中常处弱势地位,将才匮乏,武备松弛,士气低靡,导致无法抵御强敌,唯有提升军事实力,方能在战争中取得胜利。深知武力的重要性,陆游崇尚勇武便顺理成章。南宋小朝廷风雨飘摇,佞臣当道,忠良贤能之人屡遭排挤,难得重用,在此局面之下,陆游、辛弃疾等南宋士大夫能以如此昂扬向上的豪壮气魄歌颂英雄、崇尚勇武,亦是对现实追求不可得的一种情感寄寓。

二、武士与侠客:陆游的自我形塑

陆游的英雄情结与政治理想在很大程度上影响他在诗词中对自我形象的塑造,其笔下勾勒的抒情主体武士与侠客形象鲜明,极富尚武精神。可从陆游的自我形塑透视其自况、自许与自期。

(一) 武士形象:从挥戈草檄到神驰边关

陆游兼备文武,自幼喜读兵书,练武习剑,立志于主帅帐中画策、三军阵前执兵。后西行入蜀,南郑从戎,获得全新的生命体验。他每以"塞上长城"自期,常言"安得龙媒八千骑,要令穷虏畏飞腾"(《叹息》),"不然万里将天威,提兵直解边城围"(《书感》),"何时拥马横戈去,聊为君王护北平"(《秋怀》),渴望成为卫国戍边的将领。他在诗词中常刻画自己横戈盘马的武士形象,如"荷戈老气纵横在,看剑新诗欸唾成"(《蓬莱阁闻大风》);"当年万里觅封侯,匹马戍梁州"(《诉衷情》);"破虏谁持白羽扇,从军曾拥绿沈枪"(《秋思》)等。及至东归,仍抚今追昔,追忆从戎岁月,表现出强烈的壮士情怀。

南郑是陆游难以回归的梦想之乡,见证其军旅生涯,承载其理想抱负,渐渐升华为精神家园与灵魂憩所。陆游虽然只在南郑前线生活短短八个月,但这八个月的经历却成为他取之不竭的灵感源泉。壮岁从戎的陆游由此对军旅生活有了切身体验,这令其诗词沾染上兵戈之气与血性之勇。《出塞曲》云:

> 佩刀一刺山为开,壮士大呼城为摧。三军甲马不知数,但见动地银山来。长戈逐虎祁连北,马前曳来血丹臆。却回射雁鸭绿江,箭飞雁起连云黑。清泉茂草下程时,野帐牛酒争淋漓。不学京都贵公子,唾壶麈尾事儿嬉。

此诗作于淳熙四年(1177)初春,陆游时在成都,想象出兵塞外、射猎北疆的情景。首四句摹写远景,展现壮阔的战争场面,运笔如椽,豪气激荡;次四句聚焦人物,写将士逐虎射雁的矫健身手;末四句用典,将驱除胡虏、凯旋而归的英雄与贻误国事、不思恢复的朝臣对比,讽喻深刻。诗中驰骋疆场、勇猛无畏的武士,融入诗人亲身经历,正是其自我形塑。诗所言军威壮盛、军容整饬,也可从中窥见陆游南郑生活之印迹。《忆山南二首》其一则于建安(治今福建建瓯)怀想南郑,诗云:

> 貂裘宝马梁州日,盘槊横戈一世雄。怒虎吼山争雪刃,惊鸿出塞避雕弓。朝陪策画青油里,暮醉笙歌锦幄中。老去据鞍犹矍铄,君王何日奏肤功。雁来不得中原信,抚剑何人识壮心。

此时陆游已离开南郑六年,怀想"梁州日",昔时风发意气犹历历在目。诗人围绕"一世雄"择取从军、射猎时的典型画面描摹,塑造自己南山刺虎、弦惊鸿雁的雄健形象,又于末句点明自己宝刀未老、精神矍铄,尚念"何由效唐将,八十下辽东"(《初冬至近村》),随时可横戈跃马,为君驱驰。

从陆游其他诗作中也可看出他的自我定位。"夜拥雕戈度穷漠"(《初冬风雨骤寒作短歌》)以及"铁衣上马蹴坚冰"(《江北庄取米到作饭香甚有感》)等行军描写,用大段笔墨追叙在南郑前线度过的峥嵘岁月,不仅体现诗人对从戎生涯的怀恋,也可见出在其心目中,自己"壮心未与年俱老,死去犹能作鬼雄"(《书愤五首》其二),是可以"赤手曳虎毛氉氉"(《闻虏乱有感》)、"直斩单于衅宝刀"(《雪中忽起从戎之兴戏作四首》其二)的战士,而非"百无一用"的文弱书生。

陆游对"武士"身份极为认同,常道"投笔书生古来有,从军乐事世间无"(《独酌有怀南郑》);"长城万里英雄事,应笑穷儒饱昼眠"(《送霍监丞出守盱眙》)。多篇诗作都提及"戎衣窄""束戎衣""暗戎衣"等语①,亦存"髀肉复生"之叹②,不再合身的戎衣寄托其上阵杀敌的陈年旧梦,表达远离沙场、无地报国的怅惘之情。

陆游虽一生郁郁不得志,却自认为有将帅之才,在多篇诗作中提及自己"夜读兵书",如"孤灯耿霜夕,穷山读兵书"(《夜读兵书》);"晓过射圃云藏垒,夜读兵书雨洒灯"(《叹息》);"八月风雨夕,千载孙吴书"(《夜读兵书》)等。两首《夜读兵书》的写作时间相隔三十余年,可见诗人数十年如一日苦读兵书,孜孜不倦,从未间断。因通晓兵略,救国心切,陆游喜谈兵事,自云"少年论兵实狂妄,谏官劾奏当窜殛"(《晓叹》),提出一些军事主张,也险因论兵招致祸患,却依旧究心兵学,不泯素志。

除研读兵书外,陆游也常常遍观舆图、实地侦察,思考救国良方。他阐说经略关中的重要性,提出"经略中原,必自长安始;取长安,必自陇右始"③。吸取张浚的经验教训,认为中原沦陷日久,取道江淮,鞭长莫及,未占形势之利,不易战胜金兵,而关中为咽喉锁钥之地,形势险要,若以此为"本根",兵出秦川,北定中原、还于旧都将指日可待。《山南行》《归次汉中境上》《送范舍人还朝》等诗作,皆提及其以关中为"本根",直取长安、经略中原的战略主张。再由《观大散关图有感》《观长安城图》《夜观秦蜀地图》《观运粮图》等诗,以及《代乞分兵取山东札子》《贺薛安抚兼制置启》等文,见出其阅历丰富,长期揣摩疆域地形及布防,确实对用兵形势、战略布局有独到见解。

陆游既以将帅为志,自然也很重视习武练兵,认为唯有兵强马壮,武力强盛,方能抵御敌侮,恢复中原。因此,其诗集中以"阅兵"为题者众多,有

---

① 分别参见陆游"衰迟罢试戎衣窄,悲愤犹争宝剑寒"(《书愤二首》其二),"晓束戎衣一怅然,五年奔走遍穷边"(《蜀州大阅》),"征尘十载暗戎衣,虚负名山采药期"(《岁暮感怀》)等诗句。
② 参见陆游"每因髀肉叹身闲,聊欲勤劳鞍马间"(《双流旅舍三首》其三),"节旄落尽羁臣老,髀肉生来壮士悲"(《九月三日同吕周辅教授游大邑诸山》)等诗句。
③ (元)脱脱等:《宋史》,中华书局,1977年,第12058页。

《八月二十二日嘉州大阅》《蜀州大阅》《成都大阅》《严州大阅》等,直至年逾花甲,仍坚持观阅兵,可见其对勇武的崇尚。此类诗作慷慨磊落、意气昂扬,足见诗人厉兵秣马、枕戈待旦之状态。

陆游自我刻画的武士形象也不尽是身手不凡、老当益壮的,也有缠绵病榻却依然壮志不渝的。《十一月四日风雨大作二首》其二云:"僵卧孤村不自哀,尚思为国戍轮台。夜阑卧听风吹雨,铁马冰河入梦来。"其时诗人已年近古稀,即便困卧病榻,依然斗志昂扬,犹存为国征战之心。虽身在乡野,神思却早已越过关山,追随大散关的铁马秋风驰骋万里。

因现实阻遏,陆游少有亲赴前线的机会。梁启超《读〈陆放翁集〉四首》其二称其"辜负胸中十万兵,百无聊赖以诗鸣"。陆游虽以武者自期,却只能将从戎卫国、恢复旧疆的心愿托于梦寐,付诸纸笔。有时"梦驻军河外,遣使招降诸城"(《九月十六日夜……觉而有作》);有时"梦从大驾亲征,尽复汉唐故地"(《五月十一日,夜且半……乃足成之》);甚至"三更抚枕忽大叫,梦中夺得松亭关"(《楼上醉书》)。每借梦中大捷聊泄忠愤。在诗人想象中,王师军威赫赫,势如破竹;将士战意勃发,所向披靡。梦中犹言北伐、恢复之事,可见其尚武精神已深入骨髓。即便于枕上听闻秋虫唧唧、叶落簌簌、风声萧萧等种种季节衰败萧条之声,陆游也未接续前人"悲秋"传统,反而联想到秋天是作战的季节,唱出一首首高亢嘹亮的战歌,如在"草罢捷书重上马,却从銮驾下辽东"(《秋声》)的战歌声中,他仿佛看见王师大捷,慨然北进。

梁启超《读〈陆放翁集〉四首》其一云:"诗界千年靡靡风,兵魂销尽国魂空。集中什九从军乐,亘古男儿一放翁。"[①]此处"兵魂"即军人的尚武精神,包含勇于战斗、不畏牺牲等精神;"国魂"则指一个国家的民族精神与尚武意识。陆游以扛鼎之力振起诗风,诗中鲜明可见其"兵魂"。在国家存亡之秋,消蚀殆尽的"国魂"正亟需这种"兵魂"填补,以重燃民族的斗志与信念,来对抗外部威胁。因此,梁启超给予陆诗高度评价,呼吁时人从陆诗中汲取精神力量,期望涌现出如陆游一般英勇无畏、充满血性的"亘古男儿"。"什九从军乐"为诗家语,虽有所夸张,但也在一定程度上反映陆游对尚武从军的执着追求。梁启超评道:"中国诗家无不言从军苦者,惟放翁则慕为

---

① 梁启超:《饮冰室合集·文集》第16册,中华书局,2015年,第4页。

国殇,至老不衰。"①陆游经历过"铁衣卧枕戈,睡觉身满霜"(《鹅湖夜坐书怀》)的艰苦军旅生活,却从不言"从军苦",反而常道"从军乐事世间无"(《独酌有怀南郑》),即便"白发萧萧卧泽中"(《书愤二首》其一),仍壮心不改,矢志不渝,依旧怀有高昂的战斗意志,这与其自我定位为"武士"密切相关。在疆场上,陆游的自我价值、生平素志得以实现,遂慷慨忘身,纵然马革裹尸、为国捐躯,也觉死得其所,"飞霜掠面寒压指,一寸赤心惟报国"(《江北庄取米到,作饭香甚有感》),是以甘冒堕指寒、彻骨冷、餐风饮露,衔枚度碛,亦不改其乐。

"武士"是陆游诗词中最常出现的抒情主体形象,也是最能代表其志向的自我形象。"武士"形象常因时、因地、因事而变,或颓唐消沉,困顿失意;或踌躇满志,意绪振奋;或功名未立,苦泪滴觞;或豪气干云,慨然而歌,皆是诗人某特定阶段心态的真实写照。这些武士形象,无论是按剑欲发,敢为国殇,远征平房,抑或是僵卧孤村,壮心未改,冰河入梦,都彰显其鲜明的尚武精神。

(二) 亦儒亦侠:书剑天涯,诗情侠骨

侠客的高强武艺、冲霄豪气、忠肝义胆以及扶危济困的行事风格、张扬恣意的生命情调,皆令文人心驰神往,形于吟咏。一些文人纵使无缚鸡之力,也爱在作品中勾勒"以武犯禁"、快意恩仇的侠客形象,实别有襟抱。陈平原指出:"千古文人的侠客梦,实际上可分为两大类:一以侠客许人,一以侠客自许。"②陆游颇具勇力,又有豪侠气概,常以侠客自喻,彰显自由、尚武之本性。

陆游在蜀中结识不少江湖豪杰,如剑客独孤策以及隐者师浑甫、宋道人等,皆为旷世奇士,与其志同道合,交游唱和,肝胆相照,惺惺相惜。他回忆蜀中旧游,"忆昔西游变姓名,猎围屠肆狎豪英。淋漓纵酒沧溟窄,慷慨狂歌华岳倾"(《忆昔》),对昔日纵饮狂歌、策马江湖的岁月念念不忘。陆游本就不拘小节,遇酒能狂,入蜀后更沾染江湖习气,追慕燕赵游侠的凌云豪情。除结交豪杰以外,他亦以豪侠自居,《对酒叹》称"惟有一片心,可受生死托。千金轻掷重意气,百舍孤征赴然诺",将自己重义轻利、言出必行

---

① 梁启超:《饮冰室合集·文集》第16册,第4页。
② 陈平原:《千古文人侠客梦》,北京大学出版社,2010年,第10页。

的侠客风度刻画得淋漓尽致。写行侠仗义、了结恩仇,"袖中出剑秋水流,血点斑斑新报仇"(《寄邛州宋道人》),穿梭于剑影刀光中,手刃仇敌,干净利落,何等恣意张扬!写魏阙与己遥遥相斥,故"不愿峨冠赤墀下,且可短剑红尘中"(《次韵和杨伯子主簿赠》),何不酒隐市肆,逍遥快活!陆游"少年喜任侠,见酒气已吞"(《村饮》),众多诗作都以任侠尚武的侠客为抒情主体,塑造有怨报怨、爱憎分明的豪侠形象。壮年时有"醉到花残呼马去,聊将侠气压春风"(《留樊亭三日,王觉民检详日携酒来饮海棠下,比去花亦衰矣二首》其二)的风流洒脱;至年迈多病时,依旧侠气未减,从"勿笑山翁病满躯,胸中侠气未全无"(《醉题》)中仍可见曾经的勃发英姿。陆游喜将自身塑造为仗义轻生、武艺高强的侠士。

"剑"是侠客行侠之倚仗,常伴其左右。陆游读书习剑,其诗常将"书"与"剑"意象并置,侠气纵横,如"当年书剑揖三公,谈舌如云气吐虹"(《感旧》),"一生书剑遍天涯"(《秋思六首》其二),"书剑万里行翩翩"(《忆荆州旧游》)等诗句,将一身诗情剑胆展露无遗。"书"是文才,"剑"是武艺,书与剑一文一武,一柔一刚,刚柔相济,构成陆游人格形象的多元底色。无书,难称风雅;无剑,则略输豪气;有书亦有剑,才算得文武双全。文能提笔安天下,武能上马定乾坤,这是陆游的自我期许。因此,陆游塑造自我形象时,特以"书剑"作衬,既显儒士之能文善辩,又有游侠之潇洒落拓,颠覆书生的文弱形象,平添豪侠之气。

剑作为"百兵之君",是兵器中的君子与王者,在文化传承与发展中,渐由兵器向礼器演变,除防身外,还可修身、健体、养性、守德,兼具实用功能与人文精神。供君子佩用,助英雄行侠,成为传统文化中不可或缺的文化符号。陈平原认为:"宝剑不但能斩金切玉,而且本身就是'武'的象征。书房中悬一把剑,或者诗文中点缀'剑'的意象,都是'尚武'精神的体现。"[1]陆游频繁引"剑"意象入诗,在《宝剑吟》《长歌行》《书志》等诗中,他有时以剑自喻,曲表心迹,有时咏剑书志,自宽自慰,将剑作为感性化身与情感寄托。除剑以外,刀、枪、戟、箭、戈、槊等军事意象,在陆游诗词中亦俯拾即是,反映其英雄豪气与尚武心态。兵器是战争的象征,也是武力的象征,陆游既以兵器自指,并将情感熔铸于神兵利器中,见出其勇力崇拜与勇猛气概。

---

[1] 陈平原:《千古文人侠客梦》,第78页。

身为侠客,不仅需长剑随身,还得精通剑法。陆游多次自陈学剑经历,如"我壮喜学剑"(《高安州宅三咏》其二《剑池》),"学剑惯曾游紫阁"(《狂吟》)等,报国心切,惟叹"学剑四十年,虏血未染锷"(《醉歌》)。由其诗可推测,诗人自弱冠之龄便开始习剑,经多年潜心苦修,在剑术上应有较高造诣。虽藏剑匣中,未有出鞘、饮血之机,但陆游仍钟情剑术,讴颂勇武。《融州寄松纹剑》刻画剑侠般精湛绝伦的剑法与出神入化的身法,寄寓诗人对剑术的浪漫想象,诗云:

> 十年学剑勇成癖,腾身一上三千尺。术成欲试酒半酣,直蹑丹梯削青壁。青壁一削平无踪,浩歌却过莲花峰。世人仰视那得测,但怪雪刃飞秋空。老胡畏诛奉约束,假息渔阳连上谷。愿闻下诏遣材官,耻作腐儒长碌碌。

此诗题为咏剑,实借剑兴怀。融州(治今广西融水)盛产名剑,北宋时即有黄钢剑"惟融人能作之"的说法。周去非《岭外代答·器用门·舟楫附·融剑》载:"梧州生铁最良,藤州有黄岗铁最易。融州人以梧铁淋铜,以黄岗铁夹盘毁之,遂成松文,刷丝,工饰,其制剑亦颇铦。"[①]融剑用材百炼取精,锐不可当,扬名四海。诗人时在成都,诗所言"松纹剑",即沈括《梦溪笔谈》所言"鱼肠剑",此处或泛指融州名剑。首八句以夸张手法展现自身超凡武艺,诗人想象化身为剑术大成的剑侠,于酒半酣、胆气张之际,竟凭虚跃上高峰入云霞处,行走峭壁危岩,如履平地,可见其潇洒自如,豪放不羁。"世人"二句侧面凸显剑侠的神秘莫测、行踪飘忽、剑法卓绝,世人甚至无法看清其身形,唯见雪亮剑光。诗末点明不愿做碌碌无为的腐儒,希望能尽其才,建功立业,报效君主,方不负此等好身手。全诗熔诗情剑胆于一炉,奔放飘逸,情感浓郁,笔意酣恣,颇有太白遗风。诗中抒情主体形象兼具侠客的神秘勇武与儒士的报国情怀,身怀绝技,行事随心,有侠骨、侠风,也存济世之志,堪称儒、侠结合之典范。

章太炎彰扬"儒侠",认为:"然则任侠岂异于儒哉!以儒兼侠,自无逾

---

① (宋)周去非撰,查清华整理:《岭外代答》,载朱易安、傅璇琮等编《全宋笔记》,大象出版社,2019年,第207页。

轨之事矣……救弊之道,必以儒侠相附。"①将儒与侠的精神相糅,侠的尚武、刚烈、果决为表,儒的仁爱、忠义、守礼为里,两相结合,成为"儒侠"。用"儒侠"来概括陆游诗中塑造的侠客形象再合适不过。《野外剧饮示坐中》云:

悲歌流涕遣谁听,酒隐人间已半生。但恨见疑非节侠,岂忘小忍就功名。江湖舟楫行安在,燕赵风尘久未平。饮罢别君携剑起,试横云海剪长鲸。

侠客自持操守,虽"酒隐人间",却并未不问世事,仍为"风尘未平"牵肠,愿提剑而起,凭势单力薄的一人一剑,剿杀声威浩大的胡虏。这样的侠客形象,胸怀家国大义,心有黎民百姓,满腔热血,崇尚勇力,是以儒为核心的。

陆游崇拜侠、吟咏侠、自称侠,不止为"豪气一洗儒生酸"(苏轼《约公择饮是日大风》),也与其英雄情结密不可分。侠客分很多种,陆游对"剑客"形象可谓情有独钟。这些剑客身怀绝技,勇力超群,万死不辞,虽名剑客,更与刺客相类。可见陆游在塑造自我形象时,显然参照了先秦时期各著名刺客的种种英雄壮举,并进行艺术性想象。他尊崇荆轲、专诸、要离等刺客,为他们的赤胆忠心、牺牲精神所折服,并常常想象自己化身刺客,于千军万马中取得敌将首级,报效君王。《剑客行》云:"国家未灭胡,臣子同此责。浪迹潜山海,岁晚得剑客。酒酣脱匕首,白刃明霜雪。夜半报仇归,斑斑腥带血。细仇何足问,大耻同愤切。臣位虽卑贱,臣身可屠裂。誓当函胡首,再拜奏北阙。逃去变姓名,山中餐玉屑。"诗人赋予自我形象超凡之能,大肆渲染其英勇无畏。诗中的剑客心怀天下,不仅仅是行侠仗义的符号,更成为忠心为国的象征,所报之仇也由私仇上升为国仇,报国仇即是剑客的责任与使命。待大仇得报,剑客献上胡虏首级后,却既不邀功请赏,也不欲留名于后世,反而隐姓埋名,遁入深山,餐风饮露,想见其清操高节。陆游勾勒出的自我形象,在任侠尚武的同时,延续唐人诗中之侠"事了拂衣去,深藏功与名"②(李白《侠客行》)的行事作风,再增添几分家国情怀,堪称"侠之大者"。

---

① 章太炎:《菿汉三言　菿汉昌言》,上海书店,2011年,第102—103页。
② (唐)李白撰,安旗等笺注:《李白全集编年笺注》,第142页。

陆游为何钟爱歌咏刺客？在另一首《剑客行》中可找寻答案。作为主战派，陆游"力说用兵"，也曾画策枢庭，提出军事策略，他在《山南行》中自陈以汉中为"本根"，兵出秦川、徐图中原的战略主张，惜不见用，没有实践机会。受限于南宋的防御性国策，手中也无兵权，陆游深知无法完成亲自率军北伐、收复中原的宏愿，这让他长久处于苦闷之中，故而为刺客"一身独报万国仇"（《剑客行》）的救国行为所深深吸引，塑造出孤身入敌营从事暗杀活动的自我形象，聊寄衷肠，抒情明志。因受国仇驱使，陆游内心与同处民族危难中的先秦刺客产生共鸣，相似的时局影响其价值选择，是以其诗中常出现凭借勇力突入敌营手枭敌军的自我形象。这类自我形象寄托文士对上阵杀敌的夸张想象，颇具个人英雄主义，承载陆游的报国热情，体现其尚武任侠、血性赤诚。虽是愤慨中的一腔孤勇，但激人热血，读来也觉痛快淋漓、荡气回肠。

三、陆游尚武精神的形成原因
——兼论南宋士大夫的尚武精神

华夏民族自古就有"尚武"传统。《左传·成公十三年》云："国之大事，在祀与戎。"[1]其中，"祀"是维护王朝正统并昭示统治合法、合理性的重要仪式；"戎"则指朝廷军事事务，是抵御外侮、维系统治的基本保证，也是王朝政权稳定的关键。将"戎"与"祀"并列作为朝廷的头等要事，可见当时社会对军事和武力的重视与崇尚。《论语·宪问》云："君子道者三，我无能焉；仁者不忧，知者不惑，勇者不惧。"[2]孔子从仁、智、勇三方面塑造自己理想中的君子人格，勾勒君子的精神风貌，其中"勇"与"尚武"的意义有重合之处，属于君子应具备的品质。儒家经籍对兵事地位的明确，以及儒家思想中对"勇"德的推重，皆深刻影响陆游等士大夫的"文武兼备"观念。

梁启超《论尚武》一文追述秦、汉抗击匈奴以及唐败突厥时的尚武遗风，又回顾宋代以来的"武力脆弱"与"民气懦怯"的景况，以证卑斯麦所言"立国者苟无尚武之国民，铁血之主义，则虽有文明，虽有智识，虽有众民，

---

[1] 郭丹等译注：《左传》，中华书局，2018年，第974页。
[2] 陈晓芬、徐儒宗译注：《论语 大学 中庸》，中华书局，2015年，第175页。

虽有广土，必无以自立于竞争剧烈之舞台"①，阐明尚武精神的重要性。中华民族的"尚武"并非好斗逞凶、兴兵攻伐，而是在遭遇强敌压迫时敢于抵抗回击，强化了人类的自卫本能，具有原始正义性。因此，受尚武精神及自卫意识影响，"报仇雪耻"成为民族受辱时对仇敌还击的具体手段，渐渐上升为一种社会性行为，化作中华传统文化的一部分。周武王伐纣灭商、伍子胥助吴破楚、越王句践卧薪尝胆等②，皆是复仇文化的典型代表。这种复仇意识融入尚武精神，成为陆游等士大夫的文化基因，令其牢记国仇，苦思恢复。

放翁为越人，其性格、观念之形成，必然有赖于越中地域文化的滋养。《越绝书》载句践语："锐兵任死，越之常性也。"③句践身为越王，对越民性格有较准确的概括。《汉书·地理志》云："吴、粤（越）之君皆尚勇，故其民好用剑，轻死易发。"④指出越人深受国君尚武精神影响，由是形成尚勇轻死、剽悍善战的风气与传统。陆游生长越中，濡染当地民风习气，思想中自然镌刻尚武之印记。

陆游爱剑、咏剑，也与越中的铸剑文化以及剑崇拜息息相关。越地有悠久的铸剑历史。越人勇武，初以尚武求生存，开疆拓土，抵御敌侮；后以尚武谋发展，守土安邦，成就霸业。在与吴国互相征伐期间，这种尚武精神愈加凸显。在冷兵器时代，无论是开疆或守土，都需要先进的兵器制造技术作为支撑。越民因是长于金属冶炼，善铸锋锐兵器，现藏于各地博物馆的越王句践剑、越王者旨於睗剑、越王不光剑、越王州句剑等古越剑是其有力佐证。相传越国铸剑名匠欧冶子铸"纯钧"时，"赤堇之山，破而出锡；若耶之溪，涸而出铜。雨师扫洒，雷公击橐，蛟龙捧炉，天帝装炭，太一下观，天精下之"，遍采天下良材，并以超凡技艺佐之，"因天之精神，悉其伎巧，造为大刑三，小刑二：一曰'湛卢'，二曰'纯钧'，三曰'胜邪'，四曰'鱼肠'，五曰'巨阙'"⑤。欧冶子的铸剑过程达到神乎其神、天地交感的境界，引动天下异象，终铸成"钘观其钘，烂如列星之行，观其光，浑浑如水之溢于塘；

---

① 梁启超：《论尚武》，载《饮冰室合集》第3册《新民说》，第108页。
② "句践"，又作"勾践"，作"句"和"勾"时均读"gōu"。通行版本多作"勾践"，两种写法皆无误。本文参照中华书局1982年版《史记》以及浙江古籍出版社2013年版《越绝书》，故写作"句践"。
③ （东汉）袁康、（东汉）吴平著，徐儒宗注释：《越绝书》，浙江古籍出版社，2013年，第51页。
④ （汉）班固：《汉书》第6册，中华书局，1964年，第1667页。
⑤ （东汉）袁康、（东汉）吴平著，徐儒宗注释：《越绝书》，第70页。

观其断,岩岩如琐石;观其才,焕焕如冰释"①的名剑,堪称传奇。剑本凡铁,欧冶子所铸之剑竟能请动雨师、雷公、天帝等神灵相助,这样的传说极尽夸张之能事,侧面体现古越民族对宝剑的神化与尊崇。"越剑"与"吴钩"齐名,后逐渐取代吴钩的地位,越王句践剑等越剑至今寒光湛然,凛若秋水。以铸剑神话与铸剑技艺为代表的剑文化,为水乡的温柔中注入刚劲之气,流淌在越人血脉中,承传久远。每当陆游思报国而不可得时,与勇武、杀伐、复仇相伴相生的宝剑,便成为其情感载体与精神寄托。诗中"看剑""抚剑""拂剑""弹剑"等举动②,以及名剑蒙尘、剑鸣匣椟的悲叹,皆是其尚武精神的极佳佐证。

特殊的时代背景是造成陆游尚武意识强烈的主要原因。宋在与金交战中屡遭败绩,让陆游明白,唯有提高军事实力,才能救国、复土,这令其愈发斗志昂扬、崇尚武力。受时代、时局影响,陆游的尚武精神时常裹挟鲜明的复仇意识,耿耿不忘"天下仇不复,大耻何时祛"(《禹祠》),这种深入骨髓的复仇意识是越王句践胆剑精神之嗣响。《史记·越王句践世家》载:

  吴既赦越,越王句践返国,乃苦身焦思,置胆于坐,坐卧即仰胆,饮食亦尝胆也。曰:"女忘会稽之耻邪?"③

句践忍辱负重,卧薪尝胆、养精蓄锐十载,终亮出寒芒,击败吴国,夺得霸主之位,一雪前耻。宋、金之间也如当年吴、越一般战火频仍。北宋国祚日衰、江河日下,终为金所灭,徽、钦二帝被俘,蒙受靖康之耻,同当年句践落败亲事吴王何其相似。陆游随家中长辈南渡避难,垂髫之龄便亲历战乱,东避西藏,饱受苦楚,又受家中长辈及其友人的爱国情怀影响,对金人埋下切齿之恨。家国遭遇令陆游、辛弃疾等无数爱国士大夫终生无法释怀,常将杀身报国、恢复失地的宏愿付诸纸笔。陆游"要挽天河洗洛嵩"(《八月二十二日嘉州大阅》),愿剑指洛、嵩,洗净久蒙胡尘的北宋故地,报仇雪耻,这

---

① (东汉)袁康、(东汉)吴平著,徐儒宗注释:《越绝书》,第69页。
② 分别参见陆游"酒酣看剑凛生风,身是天涯一秃翁"(《病起书怀二首》其二),"雁来不得中原信,抚剑何人识壮心"(《秋思》),"醉中拂剑光射月,往往悲歌独流涕"(《楼上醉歌》),"呼鹰小猎新霜后,弹剑长歌夜雨时"(《猎罢夜饮示独孤生三首》其一)等诗句。
③ (汉)司马迁:《史记》,中华书局,1982年,第1742页。

种对外敌的仇恨以及对复兴大业的渴望,是对句践卧薪尝胆的复仇精神的自然承继。句践韬光养晦、一鸣惊人的复仇事迹,逐渐融入越人文化基因,成为越中地域文化中不可或缺的部分,以致王思任《让马瑶草》称"吾越乃报仇雪耻之国"①。陆游复仇精神与句践同工异曲,复仇为目的,尚武是手段,其复仇之志因崇尚勇武更添几分血性。陆游"王师北定中原"的愿望最终落空,国仇未报,越中刚柔相济的胆剑精神却传延不断,勉励后世。

除地域因素、时代背景外,陆氏先祖的尚武精神也对陆游产生深远影响。陆游祖父陆佃为王安石门生,接受、传承荆公新学"富国强兵"思想,既晓兵法,也通武学,著《鹖冠子解》三卷及《武学策问》。陆佃重视治军,也注重将才的选拔与培养,提议修改武学学制及规模,对军事人才的培养做出一定贡献。陆游《〈闻鼙录〉序》云:"元丰初,置武学。先太师以三馆兼判学事,今学制规模多出于公,而策问亦具载家集中。"②所言非虚。陆佃上《乞立武举解额札子》,建议有司制定法令,通过类省试选拔武学人才。取消"保举"制,减少因官员"知旧论荐"而影响选拔公平的情况,让出身贫寒的人能凭借自身的出众武艺,公平地取得入仕机会。陆佃知晓"国家承平百年,兵习久安而惰骄,民非素教而惮怯"③,朝廷无将帅可用,故而寄希望于改革武学学制,严格把控武学人才的遴选,直指问题之关键。陆佃深知治军的重要性,认同《鹖冠子》"人道先兵"的观点,将军事置于首位。《鹖冠子》曰:"兵者,百岁不一用,然不可一日忘也,是故人道先兵。"④认为不可轻忽军事,纵使海清河晏、天下太平,也不可废弛武备,应居安思危,厉兵秣马,以备不时之需。陆佃《武学策问》云:"问兵者,百世不一用,不可一日忘。"⑤几乎完全转引《鹖冠子》语句,可见推崇备至,深以为然。《武学策问》对选拔兵将、用兵之法皆作探讨,也对当时的战略形势予以评说,集中体现陆佃的武学思想。陆佃《依韵和毅夫新栽梅花》云:"老夫幸未疲,腰剑犹能舞。"⑥也侧面体现其尚武精神。吴自力考察陆氏家族的武学传承,指出陆佃虽只从理论上阐发军事,陆佃四子陆寀却将其父军事理论运用于实

---

① (明)王思任著,李鸣校注:《王思任小品全集详注》,北京联合出版公司,2018年,第45页。
② (宋)陆游撰,钱仲联、马亚中主编:《陆游全集校注》第14册,第152页。
③ (宋)陆佃撰:《陶山集》第2册,中华书局,1985年,第107页。
④ (战国)鹖冠子撰,黄怀信校注:《鹖冠子校注》,中华书局,2014年,第112页。
⑤ (宋)陆佃撰:《陶山集》第1册,第44页。
⑥ (宋)陆佃撰:《陶山集》第1册,第5页。

践,于靖康之际展露不凡的军事才能,紧随其后的陆游则是陆氏家族文学、武学传承的集大成者①。他从家族传承层面,对陆游军事思想、武学才能、尚武精神的来源进行了溯源与评价。

据于北山《陆游年谱》,可知陆游六岁时曾随其父陆宰赴东阳(今属浙江)避乱,归附于地方武装首领陈宗誉。陈宗誉为抗金义士,领导当地百姓从事抗金斗争,陆游在其护佑下度过三载,至绍兴三年(1133)方返回故里山阴②。陆游尚武精神的形成,应与这段独特的经历有关,其性格富有侠义之气,也受此影响。高利华从心理学角度分析陆游个性特征,并阐论其尚武精神的形成原因。认为陆游至情至性的品质,是其尚武精神形成的内在基础,而陆游"自我实现"的需求,令其尚武从军、敢为国殇③。

综上可知,中华传统文化、越中地域文化、两宋时代背景、陆氏家学传承以及陆游的个性特征等,皆对其尚武精神的形成与发展起到重要作用。

文人士大夫的尚武之风由来已久。君子"六艺"即礼、乐、射、御、书、数,其中的"射"与"御"皆和武艺有关。孔子射、御俱佳,是文武全才,并主张"仁者必有勇"④,并非一般印象中的文弱书生,可见儒家不仅重视提高道德修养,还讲求对"勇德"的培养。在动荡的时代,文武兼备成为众多士大夫之理想,故而诗中常蕴慷慨昂扬的尚武意识,如"带长剑兮挟秦弓,首身离兮心不惩"⑤(屈原《九歌·国殇》);"捐躯赴国难,视死忽如归"⑥(曹植《白马篇》);"宁为百夫长,胜作一书生"⑦(杨炯《从军行》)。以文人身份从军报国的也比比皆是,如班超"投笔从戎",范仲淹挂帅出征等,不胜枚举。无论是形于歌咏或亲身实践,皆体现文人上阵杀敌、为国分忧的强烈愿望。

士大夫是士人、官僚的结合体,既是王朝政治的直接参与者,又是社会上层文化、艺术的创造与传承者,受社会环境、科举制度等影响,宋代士大

---

① 吴自力:《陆佃研究——一代刚直博学的经儒之杰》,暨南大学2006年硕士学位论文。
② 参见于北山:《陆游年谱》,上海古籍出版社,2006年,第17页。
③ 参见高利华:《论陆游蜀中诗的尚武精神》,《绍兴文理学院学报》,1997年第1期。
④ 陈晓芬、徐儒宗译注:《论语 大学 中庸》,第164页。
⑤ (汉)刘向辑,(汉)王逸注,(宋)洪兴祖补注,孙雪霄校点:《楚辞》,上海古籍出版社,2015年,第101页。
⑥ (三国魏)曹植著,赵幼文校注:《曹植集校注》,中华书局,2016年,第613页。
⑦ (唐)杨炯著,谌东飚校点:《杨炯集》,岳麓书社,2001年,第15页。

夫的政治地位、整体面貌、价值观念皆与宋前士大夫有不同之处①。北宋以儒立国，重振儒学，士大夫"以天下为己任"，多怀有"仕以行道"的社会责任感。钱穆《国史大纲》将宋代士大夫匡时济世的理想概括为担负天下重任的"自觉精神"，典型代表是"先忧后乐"的范仲淹。钱穆认为，这种自觉的担当精神不是范仲淹所独有的，已成为一种时代精神②。因这种"自觉精神"与忧国恤民的情怀，士大夫参政议政的主动性显著提高。尤其在南渡后，在内忧外患的刺激下，民族情绪高涨，文人论兵成为时代风尚。在北宋时因"崇文抑武"国策而式微的尚武精神重获推崇，爱国尚武也成为南宋士大夫咏叹的突出主题。

具体而言，南宋士大夫的尚武精神主要体现在两方面：一是文人在诗文中表达对勇武的崇尚，二是文人论兵习气蔚然成风。与陆游极为相似，李纲、张元幹、辛弃疾、文天祥等士大夫所作诗词中，刀、剑等兵器意象俯拾即是，凛冽的兵戈之气欲破纸而出，以表其杀身报国之心迹。如"光铓郁郁冲牛斗，斩尽妖魔若发铏"③（李纲《试剑石》）；"倚高寒、愁生故国，气吞骄虏。要斩楼兰三尺剑，遗恨琵琶旧语"④（张元幹《贺新郎·寄李伯纪丞相》）；"醉里挑灯看剑，梦回吹角连营"⑤（辛弃疾《破阵子·为陈同甫赋壮词以寄之》）；"青山是我安魂处，清梦时时赋大刀"⑥（文天祥《览镜见须髯消落，为之流涕》）等。以肝胆为弦，奏响时代强音，诗风振起，气壮山河，与北宋大不相同。

南宋文人谈兵论武，究心兵事，积极为朝廷军政要事建言献策，是历史上颇为特殊的文化现象。王军营指出，南宋文人论兵的时代风潮不仅影响国家军政决策，还对文人统军挂帅起促进作用，不但提振民众的尚武意识并发挥其爱国精神，而且推动南宋军事学术的繁荣⑦。李纲、陆游、辛弃疾等士大夫，面对南宋危局，或试图以出众的谋略思维救国，或亲自挂帅出征。他们在兵论文中提出战略主张，如辛弃疾献《美芹十论》，分析敌我形

---

① 参见郭学信：《宋代士大夫文化品格与心态》，天津人民出版社，1997年，第24—25页。
② 参见钱穆：《国史大纲》（下册），商务印书馆，2017年，第558—559页。
③ （宋）李纲撰，阮堂明等校点：《梁溪先生文集》（上册），北京大学出版社，2020年，第61页。
④ 邹艳、陈媛编著：《张元幹全集：汇校汇注汇评》，崇文书局，2017年，第1页。
⑤ （宋）辛弃疾著，辛更儒笺注：《辛弃疾集编年笺注》，中华书局，2015年，第823页。
⑥ （宋）文天祥撰，刘文源校笺：《文天祥诗集校笺》，中华书局，2017年，第1251页。
⑦ 参见王军营：《南宋文人论兵风尚与社会影响》，《光明日报》2023年7月31日，第14版。

势,提出详细的作战方案与收复策略,劝孝宗早为备战之计,上《九议》,向宰相虞允文阐说"恢复之道""战之道"以及人才任用相关提议等,皆为朝廷用兵作战提供了参考,并推动了兵学思想的繁荣。更可贵的是,南宋士大夫积极从军议兵、拚力救国的种种举措,即便未取得成功,也在当时社会产生广泛影响,其尚武之风与爱国精神,也铸成南宋全体军民的铮铮傲骨与不屈气节,乃至于崖山一役,十万军民跳海殉国,君民共存亡,展现了宁死不屈的民族精神。他们功败垂成、可歌可泣的事迹,也成为宝贵的民族精神文化遗产,激励后世致力于报国、救国、复国的仁人志士。

结　　论

陆游有浓重的英雄情结,却不以成败、得失论英雄,赞赏丹心赤胆的忠臣良将、胆气雄豪的奇人异士。陆游崇拜英雄,也符合其自我体认与期待,通过审视英雄的经历,为现实中无法实现的理想找寻精神参照,从而摆脱精神危机。陆游与功败垂成的失意英雄产生共鸣,每每形诸吟咏,暂时宽解有志难伸、生不逢时之隐痛。更重要的是,陆游等南宋士大夫深知时代需要英雄,故而在诗词中讴颂英雄,彰显对勇武的崇尚。

受英雄情结与政治理想影响,陆游在诗词中常将自我形象塑造为武士与侠客,体现出鲜明的尚武意识。陆游对"武士"身份的认同,令其反复回忆、吟咏在南郑度过的军旅生活,诗词中身手矫健、勇猛无畏的武士,是最能代表其志向的抒情主体形象。陆游为侠客飞檐走壁的高强武艺、扶危济困的行事风格以及张扬恣意的生命情调所心折,喜将自身塑造为仗义轻生、武功高强的侠客,借以抒情明志。诗中的侠客形象身怀盖世武功,具有牺牲精神与报国豪情,堪称儒、侠结合之典范。

陆游尚武精神的形成,得益于中华传统文化、越中地域文化的滋养,也与南宋时代背景密切相关;陆氏家族的家学传承以及个人人生经历等因素,也对其产生重要影响。尚武精神在南宋士大夫精神文化中具有重要价值。南宋士大夫常在诗中使用刀、剑等兵器意象,见出对勇武的崇尚。尚武、爱国精神提振了南宋诗风,昭显士大夫群体的家国情怀与担当意识。南宋士大夫究心兵事,积极从军议兵,为朝廷军政要事建言献策,文人论兵的风尚盛极一时,在一定程度上推动了兵学思想的繁荣,也激发了民众的尚武意识和爱国精神。南宋士大夫群体的尚武精神,成为宝贵的民族精神文化遗产而流传后世,鼓舞有志救国的忠臣义士。

(本文作者邰贯虹系福建师范大学文学院博士;
　　欧明俊系福建师范大学文学院教授)

变调与新声：董元恺山水词论略

郭树辰　陈玉兰

内容提要　清代董元恺的山水词，在吸收融汇前代山水词艺术经验的基础上，以开阔的表现视野、新异的叙写方式、精细的艺术手法，形成了自具特色的山水词创作风貌。其山水词不仅从地域上突破了宋代以来山水词偏重江南一隅的书写传统，将北地风光与奇异之景纳入山水词的审美视野，开拓出一片山水词抒写的新天地。同时又参以诗文笔法，推进了山水词叙写方式之转变。其精细繁复的艺术笔法，增强了山水词的艺术表现能力，为山水词的创作增添了新的活力。

关键词　董元恺　山水词　江南

董元恺（1630—1687），字舜民，号子康，江苏武进人。清顺治十七年（1660）举人。后因"奏销案"被黜，一生湖海飘零，终老布衣。其佗傺抑郁、激昂哀感之情，悉寓于词，著《苍梧词》十二卷。该集共收词693首，其中山水词99首，占总量的14%，数量之丰沛，在历代词人中可谓卓然颖脱，故沈雄《古今词话》载潘眉论其词集命意云："其所以游历燕、赵、秦、晋、齐、鲁、魏、宋、越、楚以及三江、五湖、七闽、百粤诸名胜，尽入奚囊。故小词亦以苍梧名之，殊有山川郁葱之概。"[1]注意到了董元恺南北漫游之人生际遇与其集中山水篇什特丰之关系。而董元恺足迹踏遍中国，一方面概由于"奏销案"对其心灵所造成的难以磨灭之阴影，"叩丹霄而无路，

---

[1]（清）沈雄：《古今词话》，唐圭璋编：《词话丛编》，中华书局，2005年，第1册，第1044页。

攀紫闼以谁阶"①,功名既已无望,遂自我放逐,飘然远游,于自然山川中求得精神的解脱与慰藉;另一方面,则又如曹亮武所云:"舜民年未三十,即踪迹遍山川,其探奇好古之念,得之于性,非他人所能学也。"②其山水之癖盖得于天性所成,故能竭力穷幽探险,全面、深刻地把握山水之灵妙,举凡登临览观之乐,山川风物之美,无不援笔而赋,光彩四溢。于是,董元恺之漫游,便如其《金浮图·登慈恩寺浮图》所自言:"看取雁塔留题,天许闲人,到处容吾放。"③其中未尝没有一种"天许闲人"之牢骚忧愤,而其结果,却又恰合词人热爱山水之性情,而有"到处容吾放"之欣然,二者交合,适造成董元恺山水词创作的繁富。其山水词题材之丰富,描写地域之广阔,表现对象之多样,在山水词史上诚可谓卓然独立。而其词作为"阳羡词风之一翼"④,则又自然地在其山水词创作实践中融入了阳羡词派的审美宗尚与词学理念,使其山水词具有雄放高举、慷慨使气之致,并能在吸收融汇前代山水词艺术经验的基础上,大力拓开词境,融入诗文笔法,使山水词写作突破词体文学之拘限,终而形成其自具特色的山水词创作风貌。

一、阳羡词风之透入:董元恺词学宗尚与其山水词创作之关系

董元恺山水词创辟成就之取得,盖首先得益于其词学宗尚之趋同阳羡词派。虽其本人无具体词论以资探讨,然观其集中与阳羡词人群体交往唱和之词与其创作实践,庶几可见一斑。如其《瑞龙吟·陈其年属题乌丝词》一词,大发意气相倾之语,称许陈维崧其人"英声籍籍,沾沾可喜",其词则"挥毫落纸,渊渟岳峙",纯然一片知心感慨之言。其《满江红·怅怅词,和陈其年韵》《齐天乐·暮春送别潘原白之京,和陈其年韵》《爪茉莉·客中秋

---

① (清)陈维崧:《苍梧词序》,冯乾编校:《清词序跋汇编》,凤凰出版社,2013年,第1册,第297页。
② (清)董元恺:《法曲献仙音·曹溪六祖袈裟》,(清)董元恺:《苍梧词》卷六,清康熙刻本,第18叶。
③ (清)董元恺:《金浮图·登慈恩寺浮图》,南京大学中国语言文学系全清词编纂研究室编:《全清词·顺康卷》,中华书局,2002年,第6册,第3323页。
④ 严迪昌:《清词史》,人民文学出版社,2019年,第73页。

病,和陈其年韵》诸词,慷慨激昂,诚属心摹手追之作。故陈维崧《水调歌头·读董舜民苍梧词题后》将其引为同调,称其词"力压古謷叟,气慑万獠奴"①,流露出英雄相惜之感。而再观其《苍梧词》中处处可见之次韵东坡、唱和稼轩诸作,如《念奴娇·登金山,再用坡公韵》《满庭芳·题邓长鲁山水图,用东坡韵》《忆旧游·登琼花观高阁眺望感怀,用辛稼轩韵》《永遇乐·过虎牢关,用辛稼轩韵》,自然也就不难理解其所推崇远绍者,乃在于劲健开张之苏、辛词风,而与"效法苏、辛,唯才气是尚"②之阳羡词派的词学主张若合符契。此种词学主张的形成,一则由于时代风气之濡染,由"江村唱和""广陵唱和"所推动的稼轩风之广泛传播,使清初词坛之创作渐变晚明以来推举《花间》《草堂》之习尚,呈现出对于稼轩豪放词风的续接,而董元恺所处的江苏武进,则又恰为江南词坛重镇,其与阳羡诸人之过从往来,自然使其涵濡阳羡词派之词学观念,并形之于具体创作实践。一则由于"奏销案"所引发的郁勃难遣之悲哀愤懑,必借由词以发之始能稍得宽解,慷慨高唱、雄健豪放之稼轩词,自然成为其师法对象。

然阳羡词派之词学主张,对董元恺山水词创作影响更为深透之处尚不在表层词风的转变,而在于词体体性之体认。阳羡宗主陈维崧《词选序》所鼓扬的"为经为史,曰诗曰词,闭门造车,谅无异辙也"③之词学观,以摧陷廓清之力,对词体进行了高屋建瓴的论述,从根本上树立起了词之品格与地位。其对词体功能特性所作出的本体性论断,呈现出明显的反拨传统词学"小道"之意识。故清初词坛稼轩风之复吹,其实质乃是清初词人词学观念一次自我革新之蜕变,他们绝非简单地从风格层面沿承着辛弃疾的豪放词风,而是于词之本体特质、审美价值等方面嗣武着苏、辛所创辟的道路,将词从小道之中彻底解放而出,赋予词开阔的空间容量,并流转以丰沛之情思,从而使词之创作能在不断变化之中获得新的拓进。因此,董元恺在自觉接受阳羡词派词学观念的同时,亦使得其山水词创作与诗文相契融汇,遂有尤为突出的"破体"之势。如其《洞仙歌·善权洞》一词,陈维崧评曰:"张公二洞,擅奇千古,而绝无名记相配。舜民以小词写尽,是不当以诗余

---

① (清)陈维崧:《水调歌头·读董舜民苍梧词题后》,南京大学中国语言文学系全清词编纂研究室编:《全清词·顺康卷》,第7册,第4055页。
② 蔡嵩云:《柯亭词论》,唐圭璋编:《词话丛编》,第5册,第4908页。
③ (清)陈维崧:《词选序》,冯乾编校:《清词序跋汇编》,第1册,第61页。

观,当作游记读。"①即鲜明地指出其词叙事性之扩充与趋近游记文学之倾向。又如其《菩萨蛮慢·龙虎山道中》一词,王士禛评曰:"老杜北征诗,五言之变也。至退之《南山》而极。移以入词,更为怪伟矣。此种定推舜民独绝。"②则又是指其词吸收借鉴了韩愈《南山》诗光怪陆离、铺张雕绘的艺术笔法,而有雄奇纵恣之感。于斯可见,董元恺山水词有意突破了词体文学轻柔婉约的限制,而展现出一种巉刻劲健之笔力,其笔下的山水词,已从普遍意义上褪去了词体音乐属性的约制,而成为一纯粹文本形式之古典格律诗体。因此,其山水词于创作层面与诗之写作乃有趋同之势,正如陈维崧评其《贺新郎·庐山空生阁》一词所云:"舜民每于山水中用大手笔,千古不易得。当写一通,置之座右,则一切柔靡纤弱之气自尽。"③其以扫除纤柔的大手笔作山水词,加之清初稼轩风之复吹所导扬起的解放词体观念之影响,董元恺山水词乃由此转入"无可无不可"的境地,展现出种种新异之姿。

二、江山之助:山水词审美视野之延展

　　董元恺一生游迹遍于四方。"奏销案"后,他亦曾赴阙讼冤,然终而无果。功名无望,遂绝意仕进,失意远游,"西出秦关,东走粤峤,登大梁之城,泛小孤之渚"④。此种失意漂泊的人生经历使之得以饱览祖国各地山川风物,其笔下的山水词乃与此"慷慨出门去,万里恣遨游"⑤之行迹相追匹,呈现出缤纷的色彩。其山水词写作完全突破词体文学"狭深"之限制,全面地展现了祖国各地的山水风貌,历代山水词中被反复吟唱的太湖、西湖、洞庭,在词人笔下依然是天光云影,摇曳多姿。而山水词中向所罕觏的北地风光与奇奥山水的涌现,更是开拓出一片山水词抒写的新天地,使得山水词的创作表现出了新的构思、新的情境。

---

① (清)董元恺:《洞仙歌·善权洞》,(清)董元恺:《苍梧词》卷六,第7叶。
② (清)董元恺:《菩萨蛮慢·龙虎山道中》,(清)董元恺:《苍梧词》卷十,第12叶。
③ (清)董元恺:《贺新郎·庐山空生阁》,(清)董元恺:《苍梧词》卷十二,第11叶。
④ (清)尤侗:《苍梧词序》,冯乾编校:《清词序跋汇编》,第1册,第298页。
⑤ (清)曹亮武:《水调歌头·题董舜民苍梧词》,南京大学中国语言文学系全清词编纂研究室编:《全清词·顺康卷》,第12册,第7182页。

(一) 搜奇揽胜：江南山水词之深化

唐宋以来的山水词，就其描写地域而言，往往集中于清丽优美的江南地区。如白居易的《忆江南》组词，首开以词写西湖山水之风气。而后如晚唐五代赵崇祚所编之《花间集》，今人言之，每标举"艳情相思"为其主要题材，然集中以疏旷之笔写江南山水清丽之美的词作，如欧阳炯《南乡子》（嫩草如烟）、孙光宪《渔歌子》（泛流萤）、李珣《渔歌子》（柳丝垂），则不仅度越集中衽席闺闱之题材，显出一种清新的风神与情致，而且关键之处在于，这些以江南地理为创作背景的词作，已于无形之中逐渐形成了山水词史上一种稳固的审美风尚与自觉的艺术追求，即以轻柔婉约之词体表现绰约幽美之风物。延及宋代，尽管山水词的数量与质量较之唐五代有了很大的发展，但总还是表现着江南地区之山光水色，尚未进一步拓展山水词之地域空间。金元时期，山水词才逐渐出现以北方山水为描写重心的词作，但其数量不多，山水词的创作仍然是以南方山水景物为主。山水词的这一创作传统，典型地体现了词所具备的"南方文学"[1]之特性。

董元恺的山水词，亦充分地承继着山水词这一抒写"范式"，以清丽流美之笔展露着江南山水的迷人风姿。如其《双调望江南·西湖曲十首》咏写西湖之水月雨雪，"翠聚两峰眉黛蘋，碧含一水眼波明"[2]，"银汉直垂千顷碧，琉璃冷浸一天秋"[3]，"几处楼台迷倒影，满溪烟树失高峰"[4]，"白尽青山绿鬓改，银装琼砌玉楼寒"[5]；《三台令·洞庭杂兴》写洞庭山水之"万顷平湖似镜，千峰列嶂如环"[6]，"锦泛千层桃浪，光摇万树梨花"[7]，无不清旷

---

[1] 杨海明《唐宋词史》一书从词的"产地"、词人的籍贯和经历、词与前代文学的承继关系三个方面论述了唐宋词的"南方文学"特性的形成，总结了词的柔美性特征，即词境的柔媚性、词情的香艳性、词风的软弱性。参见杨海明：《唐宋词史》，天津古籍出版社，1998年。

[2] （清）董元恺：《双调望江南》，南京大学中国语言文学系全清词编纂研究室：《全清词·顺康卷》，第6册，第3259页。

[3] （清）董元恺：《双调望江南·其二》，南京大学中国语言文学系全清词编纂研究室编：《全清词·顺康卷》，第6册，第3259页。

[4] （清）董元恺：《双调望江南·其七》，南京大学中国语言文学系全清词编纂研究室编：《全清词·顺康卷》，第6册，第3260页。

[5] （清）董元恺：《双调望江南·其十》，南京大学中国语言文学系全清词编纂研究室编：《全清词·顺康卷》，第6册，第3261页。

[6] （清）董元恺：《三台令》，南京大学中国语言文学系全清词编纂研究室编：《全清词·顺康卷》，第6册，第3230页。

[7] （清）董元恺：《三台令·其四》，南京大学中国语言文学系全清词编纂研究室编：《全清词·顺康卷》，第6册，第3230页。

秀越，极显江南山水清隽之风韵。此外如《秋霁·镜湖秋泛，用陈后主韵》《声声慢·芙蓉湖采莲》《隔浦莲近拍·醉后入滆湖，和陆放翁韵》诸作，亦皆以江南柔润圆莹之山水为摹绘对象，而能状其和谐静美之风姿，堪称江南山水词之典型。

然而，上述之江南山水词在董元恺山水词创作总体格局上并不十分突出，董元恺江南山水词深化的重要表现实则在于他能以搜奇揽胜之笔，求新寻异之情，将山水词之触角深入山水内部，寻绎吟玩，备写山川幽胜之美，以全方位、立体化的视角，对具体山水丘壑作微观精细之描摹，进而于山水游历之中，抉发自然山水内在之神韵，使山水词进入了一种以山水本身形质状貌为表现中心的纯美境界。如同写庐山，宋代词人笔下的庐山如晁补之《尾犯·庐山》、周紫芝《朝中措》、张辑《临江仙·望庐山》，多以泛览远望的视角对庐山进行概括式描绘。这些词，虽能以泼墨大笔传出庐山奇秀之风神，然却未能深入山水内部以穷其幽奥。而董元恺笔下的庐山山水词则能出以具体生动之山水视境，将庐山山水的秀美层层托出，而自别于前此诸作。如其《泛清波摘遍·玉帘泉》一词，状庐山玉帘泉瀑布：

丛篁列障，断涧浮梁，复阁崚嶒穿石罅。阁中凿孔，阁外鸣泉向空挂。当檐洒。一条匹练，万缕游丝，千仞淙淙喧日夜。咫尺波涛，倏忽烟云，如幻如化。　　惊湍泻。小坠飞珠溅雪，大响奔雷轰瓦。遥映绝壁青红，乔林低亚。虹桥跨。远合马尾砰訇，近逐龙潭喷射，终古帘垂不卷，冷光高下。[①]

据方志记载，玉帘泉最初隐于榛莽，邃谷密林，人迹罕至，而不为世人所知悉，后经明代僧人蠡云开辟创构，导人游观，遂为庐山诸瀑之冠。词之上阕即纵笔摹写玉帘泉之飞洒飘荡，状其烟云灭没、水气氤氲之姿态。下阕承上，"小坠飞珠溅雪"二句，先写目之所见之玉帘泉坠潭玉飞珠溅之状貌，又接以耳之所闻之泉激石底之声响，极尽视听之感。其后镜头拉远，又以峭立崖壁衬出玉帘泉之轻盈高悬，词笔灵巧跳跃，诚能写出玉帘泉飘逸悠扬之貌。全词紧扣玉帘泉的声势状貌，笔法细腻，以一个游览者的视角写出

[①]（清）董元恺：《泛清波摘遍·玉帘泉》，南京大学中国语言文学系全清词编纂研究室编：《全清词·顺康卷》，第6册，第3356页。

了真切可感的山水姿态,通过多方面的摹绘形容,凸显了玉帘泉瀑布奇绝秀逸之美。又如《三姝媚·三叠泉》一词,一路使气到底,"见三级、银河低泻。累累贯珠,袅袅游丝,从天而下。二级悬空喷射,溯初级溟濛,雪飞涛洒。赴壑冲波,却龙潭汇注,如奔万马"①,视角频繁转变,紧扣庐山三叠泉层叠而下之景观特色,词笔层层皴染,极能状出三叠泉之轻盈跃动,读之自有一种跌宕飞扬的美感。此外如其《贺新郎·庐山空生阁》《过涧歇·文殊台瀑布》等作,亦皆以灵巧之笔收摄目所绸缪的匡庐胜景,充分展示出庐山山水的缤纷异彩。

故其笔下的山水词,实已摆落一般山水词唯以整体印象取照的特点,而能充分地掘发山水之真切状貌,以视听之实境,构成山水词审美视野之宏阔。如其以江苏宜兴善权、张公二洞为对象所作之《洞仙歌·善权洞》《洞仙歌·张公洞》二词,以轻巧之词体状溶洞之幽深峻秀,前者状善权洞"敞层霄、云气结就重楼,楼高下,风动悬崖激溜。耸身穿诘屈,随下危梯,丝竹清音杂鼯鼬"②之云雾缭绕、曲径仄斜之景。后者以"炬光迷近远,线缕萦盘,侧厂飞梁度空碧。出鸟道枝撑,仰头峥嵘,愁颠坠、低头踞踏"③之语勾勒出张公洞之幽冥晦暗、险仄深邃,皆能写出前此江南山水词中罕觏之景象,而别具一种新意。董元恺山水词的这种抒写倾向,不仅意味着其山水词表现能力之提高,能够充分地展示出多样化的山水风光,进而拓展传统江南山水词的题材范围。而且更为重要的是,其对于山水视境的灵动再现,已然透射出其山水词之抒写渐趋山水诗之迹象,即素以营构空明澄澈之境,表现词人恢廓胸襟见长的山水词,亦能转入如山水诗一般以具体丘壑山峦为抒写对象之审美境界。即此而言,其山水词之创作亦已突破词体文学之制约,而达于"无意不可入"之境地,至若其以北国山川为吟写对象的山水词,以恣纵笔调抒写多样题材,则更属其自觉创变之产物。

(二)纵横万里:山水词的多向拓展

从山水词发展历程来看,以险峻雄放的北地山川为直接描写对象的山

---

① (清)董元恺:《泛清波摘遍·玉帘泉》,南京大学中国语言文学系全清词编纂研究室编:《全清词·顺康卷》,第6册,第3334页。

② (清)董元恺:《洞仙歌·善权洞》,南京大学中国语言文学系全清词编纂研究室编:《全清词·顺康卷》,第6册,第3303页。

③ (清)董元恺:《洞仙歌·张公洞》,南京大学中国语言文学系全清词编纂研究室编:《全清词·顺康卷》,第6册,第3302页。

水词实以金元词为嚆矢,如赵秉文《梅花引·过天门关作》、元好问《水调歌头·与李长源游龙门作》《水调歌头·赋三门津》、李齐贤《水调歌头·过大散关》,皆能以豪宕之笔写出北国山水之雄莽旷远。董元恺的北国山水词,在赓续金元词所导扬的以词写北国浑厚重朴山川的传统之上,又以更为宏放开阔的视野进一步对北国山川作高声歌咏,进而恢拓着山水词之审美视域。北地高峻雄浑的山川高谷与江南逶迤舒展的丘陵低山划然有别,以之入词,便呈现出一种迥异传统江南山水词之美学风貌,如《胄马索·过太行山天井关》:

> 上太行,脊立坤舆势磅礴。崎嵚磴道,盘盘诘屈羊肠恶。险界二州,峰蟠三晋,蹄折轮摧凌垠崿。陟层巅、截断云霞,杳嶂悬崖费锤凿。　磽确。岚开玉甃,天低碧井,突兀雄关趁寥廓。遗迹相传回车处,古殿巍然丹雘。侧身回望,豁眼中原,黄河一线穿林薄。计两程、崎岖历尽,翠竹幽光正盈握。①

起首两句,骤然而来,以健拔之笔力突写太行山之巍然雄伟。接写登山中途所见所感,将太行山行路之艰难尽数浓缩于"崎嵚磴道,盘盘诘屈羊肠恶"二句之中。其后则以俯视之视角,从地理形势角度写出太行山"险界二州,峰蟠三晋"的地理位置重要性,更以"截断云霞""雄关趁寥廓"等俯视镜头的组合,烘托太行天井关之突兀险峻。结尾以登临绝顶的姿态自山巅下视,视野再度阔开,"黄河一线穿林薄"一句,笔力奇横,突出了太行山俯视周遭的雄伟气势。特定的自然地理环境、山川风土深刻地影响并塑造着诗人之审美理想。董元恺飘零漫游北地之经历,自然使其笔下之山水词呈现出与其所徜徉之山水所相似之美学风格,上述《胄马索》一词即已可见一斑,又如其度居庸关作《高山流水·度居庸关,过弹琴峡》:

> 雄关巀嵲壮神京。插层霄、环峙重城。连峰列嶂纵横。随高下、睥睨斜倾。孤光迥、蜿蜒玉龙万丈,映日晶荣。却歇鞍地底,马首乱云生。②

---

① (清)董元恺:《胄马索·过太行山天井关》,南京大学中国语言文学系全清词编纂研究室编:《全清词·顺康卷》,第6册,第3357页。
② (清)董元恺:《高山流水·度居庸关,过弹琴峡》,南京大学中国语言文学系全清词编纂研究室编:《全清词·顺康卷》,第6册,第3360页。

"孤光迥、蜿蜒玉龙万丈"数语,极磅礴壮伟之象,真有包容天地之概。结尾二句,化入李白《送友人入蜀》之"山从人面起,云傍马头生",奇险之中复饶飞动之韵,不作正面铺饰,而居庸关之陡壮高耸,却已了然于目前。

感雁门关之险峻苍茫,作《永遇乐·度雁门关,再用辛稼轩韵》:

> 千仞雄关,挥鞭曾过,雁为门处。象偶苍鹰,堕儿飞将,往事风吹去。盘盘鸟道,峨峨雉堞,阅尽轮蹄难住。陟层巅、旌旗摇曳,壁垒深屯貔虎。①

词境阔大,气象郁勃,雄宕豪健之笔挟北地幽燕之气而来,"象偶苍鹰"诸语,深蕴一种历史兴亡无常之悲凉感慨。而如《镇西·逾黄芦岭,度金锁关》:

> 汾阳西指,有插天垠崿。亘石栈、冈峦纷错。蹑芒屩。看峰回径转,亥磴螺盘,羊肠路恶。两崖去天如削。②

则又充分捕捉到黄芦岭、金锁关山峦峭硬险绝之特质,造景精确,笔力劲健。"插""亘""盘""削"诸词,精准深刻,数语之间,刻画出关岭险仄之状。

若从中国山水词之主体角度而言,则山水词之"山水",概始终与江南有着密不可分之关系。要眇宜修之词体适足以表现江南山水清隽之风韵,而江南山水之婉约幽秀又恰能映发词体之芬馨悱恻,两相凑泊,遂成异彩。因此,尽管金元以来山水词中出现了以北地山川为主要审美对象之词作,但代不多见,并未成其主流。而董元恺边塞山水之作则能以健举之气力,拓宽山水词之抒写容量,并以之充分容纳抒情主体的饱满情思。于中国山水词史来说,其北地山水词之创获不仅是题材方面的进一步发现与拓进,而且其词之悲抑慷慨,雄奇豪放,则无疑又深刻地表明其既能收摄北地山水之莽苍气象,又能融乎自我真实心绪。如其《沁园春·登白羊城,望兔水有怀》一词,上阕写登白羊城眺览所见之"泉飞百折,流声呜咽,旗飘千雉,

---

① (清)董元恺:《永遇乐·度雁门关,再用辛稼轩韵》,南京大学中国语言文学系全清词编纂研究室编:《全清词·顺康卷》,第 6 册,第 3352 页。
② (清)董元恺:《镇西·逾黄芦岭,度金锁关》,南京大学中国语言文学系全清词编纂研究室编:《全清词·顺康卷》,第 6 册,第 3299 页。

堞势嵯峨。莺甾连营,鹅沟列戍,莽莽晴天一雁过"①的苍茫景象,下阕则抒见李陵碑、昭君墓遗迹颓败之感伤情怀,而歇拍轻点一笔之"江南游子,相对婆娑",则透出其所感伤者,当然不只是一般地感叹历史变迁之无常,而是于怀古之中深涵伤今之意。概"奏销案"所造成之仕途无望,使其终怀一种无以消解之哀怨,故面对北地苍茫阔远之山川风物,其心中所涌起者,则不仅是对于人事代谢、古今转换的惆怅感伤,更有自我沉沦莫展、浪迹南北之悲凉。于是,其集中如《永遇乐·过虎牢关,用辛稼轩韵》《贺新郎·左卫城楼望昭君墓,用辛稼轩韵》等作,皆表明其开拓着山水词表现题材的同时,又自觉地承续着怀抱独抒、排奡激荡的稼轩词风,赋予了山水词真气流转之内蕴,而与清初词体抒情功能之回归同构,使得山水词写作与词人情性紧相贴合,体现出山水词艺术生命力之所在。

三、创变笔法：山水词叙写方式之新异

从山水词之叙写传统来看,唐宋以来山水词多采取凝神观照之势,词中山水多为词人静观远取之对象,故山水词所表现的乃是词人与无限广袤之大自然的神交契合,词人将自我之心灵向宇宙深处升华超引,在澄澈杳洁的山水清境中,涤除个体之私心尘念,消融人与物、人与自然之间的疏离隔阂。换言之,宋代以来山水词所把握的多乃词人纵目泛览之当下一瞬,山水词每就空间维度作多层次展开,而缺少时间向度的延伸。然山水文学之展开实与士人游览山川具有紧密关系,如果说传统山水词侧重于静态之"览",那么董元恺笔下的山水词则以动态之"游"而显出其独特品格,其山水词将山水书写与词人践履山川之游历相结合,使山水词之脉络与词人之游程行迹紧相贴合,山水词遂具有时间维度之连续性,其叙写方式的新异,最终即突出地表现为游记笔法之渗透。试看其《倦寻芳·游林屋洞》一词：

洞天第九,一穴三门,包山山麓。外若建瓴,其内形如曲屋。跣而登,偻而入,天风篏砑惊双烛。更探奇,路隔三江底,水深泥浊。　　似

---

① （清）董元恺：《沁园春·登白羊城,望兔水有怀》,南京大学中国语言文学系全清词编纂研究室编：《全清词·顺康卷》,第6册,第3364—3365页。

儿童、蛇行扶服,青乳垂肩,丹梯摩腹。玉柱金庭,何处遂堪容足。欲尽灵威十七日,片时幽壑悲潜伏。问山君,又何如,高飞鸿鹄。①

全词以词人游览林屋洞的行旅历程展开描写。起笔五句,总括远望之景。"跣而登,偻而入"数句,词人开始进入林屋洞内部游览。下阕写词人行于洞穴内部之所见所感,构成全词最为核心的部分,"青乳垂肩,丹梯摩腹"二句,不见取象运思之奇巧,唯有一种赋笔纪实之写真,生动地传达出了艰险惊颤的攀陟体验。可以看出,董元恺的这首词完全以自我游览线路为依据,逐步展开对所见风物的描写。较之宋代山水词习见的创作手法,这首词并未将自我凝定于一个视角或观察点去描绘所见景物,而是通过对自我游览经历之复叙,在变换流动的进程中去展现自然之山光水色,具有明显的空间位移感。它体现了一种新异的山水词抒写模式,即通过对游程之描述来展现富有变幻感的山水之美。又如其《满庭芳·入罗岕马上作》一词:

麦浪初翻,烟容乍洗,乱峰急雨新晴。小桥幽硼,细响玉琤琤。万树松篁蔽日,闲点缀,竹屋柴荆。扪萝葛,山川映发,身在画中行。　峥嵘。惟一径,青天崒嵂,翠嶂纵横。更莺声低唤,流水相迎。徙倚茂林之下,野人进、碧涧香羹。挥鞭去,断云飞雾,常傍马头生。②

既能绘出纵目舒眺的山水图卷,又深得溪山行旅移步换景之妙。而"麦浪初翻""竹屋柴荆"之语词所描绘的村野生活,既有山水游历之趣,又写出人间烟火况味,其风土人情之渗入与亲切朴素之美质,正可窥见清初山水词之创变。

董元恺笔下的纪游山水词,于其他山水文学而言或许并不怎么具有新意,山水游记自不必言,以山水诗而论,像谢灵运笔下之《舟向仙岩寻三皇井仙迹》《登江中孤屿》《从斤竹涧越岭溪行》,即已表现出游览与山水之密切关系。然就山水词而言,其对山水游踪的关注与把握,使山水词摆脱了宋代山水词所习见之意境营造与体道抒写,自然地也就使其山水词失却了

---

① (清)董元恺:《倦寻芳·游林屋洞》,南京大学中国语言文学系全清词编纂研究室编:《全清词·顺康卷》,第6册,第3328页。
② (清)董元恺:《满庭芳·入罗岕马上作》,南京大学中国语言文学系全清词编纂研究室编:《全清词·顺康卷》,第6册,第3325页。

宋代山水词所渗透着的哲理之思与生命意识,然其山水词真正地做到了"身即山川而取之"①,其抒写理路与表现方式上的游记笔法,鲜明地体现出其山水词向诗、文靠拢之意识,反映出山水词表现能力之提升与词体文学功能之演进。

此外,唐宋以来之山水词,受制于词体轻柔纤细的特点,往往不以刻绘形容见长,而以意境营构为其擅胜之处。而董元恺的山水词,则能以精细繁复的笔法勾勒摹绘,展现出山水真切可感之姿态,达到极尽山水状貌声色之效果。

首先,董元恺的山水词善于敏锐细腻地捕捉眼前山水的独特姿容,并且使其层次复沓,进而构成具有真切实感、空间形象的山水视境。如其《一寸金·游大小龙渚》一词:

> 一柱玲珑,万象谁驱巨灵凿。或人而伛偻,兽而蹄啮,连而弭伏,踈而腾跃。大小盘空攫。昂然跱、两龙拼角。窈而曲、如奥如堂,石势参差转楼阁。②

词笔纵横突驰,不涉抒情与哲理的感发,只是致力于抉发大小龙渚的奇绝与险怪。"人而伛偻,兽而蹄啮","昂然跱、两龙拼角"等描写,生动新奇,在不断的转换之中,刻画出一幅光怪陆离的山水图卷,令人读之如履其境,亲见此景。又如《过涧歇·过三十九涧,逾襄王岭,入罗岕》一词:

> 山叠叠,溪流曲曲。大似雷轰,细似琮琤,碎玉声声续。天际倒悬三峡,波漾千竿竹。石齿冷,入手寒香沁新绿。 更耸身直上,鸟道清泉,羊肠翠麓。扶杖云生足。小憩松风,看摘春纤,轻携碧篓,村火几处茶初熟。③

摆落典实之束缚,使山水景物之展开随词人心目自然延展,在徐徐转进之

---

① (宋)郭熙:《林泉高致》,江苏凤凰文艺出版社,2015年,第34页。
② (清)董元恺:《一寸金·游大小龙渚》,南京大学中国语言文学系全清词编纂研究室编:《全清词·顺康卷》,第6册,第3357页。
③ (清)董元恺:《过涧歇·过三十九涧,逾襄王岭,入罗岕》,南京大学中国语言文学系全清词编纂研究室编:《全清词·顺康卷》,第6册,第3298页。

中,展现出山水景物之况味。山峦层叠,溪水潺潺,竹林摇曳,采茶人忙,一片素朴亲切之山川风光。这类山水词,全以呈现山水的自然面目为表现重心,一改宋代山水词中所渗透着的词人对自然山水所进行的"道德企望、人格追求、情感投入、哲学探索"①等多层次的精神求索与解读,实现了山水词向山水本身的回归。

其次,董元恺山水词每融入赋体文学铺彩摛文之创作方式,对其所欲表现的对象作穷形尽相之描绘,予人以目眩神迷之审美体验。如其《菩萨蛮慢·龙虎山道中》一词,一连运用七个比喻形容龙虎山山石之各异姿态:

> 或象鸣鸡远势,立而如跱。或蹲如狮子,直欲搏人,怒而相格。或似排空剑戟。或盆罂如覆,星罗如奕。或飞流瀑布,泛若波涛。或积翠层楼,窈如窟宅。或画长蛾,倏忽阴晴金碧。②

这一连串铺陈排比,均以或字领起,不仅结构整饬,而且以铺张扬厉的方式穷形尽相地描绘了龙虎山千姿百态的山林之景,笔势飞动,想象幻妙。尤其是最后"或画长蛾"二句,以仕女修长之蛾眉喻山,写山峦光色之变化不定,如同仕女新妆,倏忽之间,金碧明灭,诚可谓巧妙贴切,故陈维崧评曰:"直作一首昌黎南山诗读,一读一叫绝。"③此外又如其《绕佛阁·云岗石佛寺》一词,写山西大同的云冈石窟,词之中段着力描写石窟佛像的造型艺术,通过"偏袒""露顶""跏趺""叉手""奋袂""舒肘""并肩""曳踵"等富有动感的语词,写尽云冈石窟佛像的各异姿态,将云冈石窟佛像之精湛表现得淋漓尽致。

董元恺山水词这种细腻繁复的艺术表现手法,鲜明地体现出其山水词实已超越词体音乐性之束缚与约制,进而表现出一种与宋代山水词委婉幽远词风迥异的审美风貌。我们再看其《木兰花慢·雨中度梅岭,和罗弘载韵》一词中"梅花香谷路,大庾岭,插天中。正沓嶂崔巍,崩崖崒

---

① 王晓骊:《比德·抒情·体道——论宋代山水词及其内在意蕴》,《中国韵文学刊》2007年第4期,第78页。
② (清)董元恺:《菩萨蛮慢·龙虎山道中》,南京大学中国语言文学系全清词编纂研究室编:《全清词·顺康卷》,第6册,第3354—3355页。
③ (清)董元恺:《菩萨蛮慢·龙虎山道中》,(清)董元恺:《苍梧词》卷十二,第12叶。

崿,峭壁巃嵷"①联边修辞的使用,即可更为明白其山水词创作与诗文相契融汇的"破体"之法。这一方面反映出词体内质之嬗变,即自元代以还,词乐失传,词遂由"倚声"之歌词转入"按谱"之文词,而成为另一种讲究格律的诗歌文体。另一方面,则当然亦是在清初稼轩风之复吹影响下,董元恺词风之创进。

董元恺《苍梧词》中山水篇什特出的原因或正如曹亮武《水调歌头·题董舜民苍梧词》一词所云:"曾数蜀峰秦树,听尽峡猿陇鸟,山水白人头。董子兴遄发,落笔舞吴钩。"②"奏销案"所带来的失意落魄,促成了董元恺南北漫游的人生经历,其万里遨游所见之山水,遂无不成为其抒发郁怀之媒介。而其又在自觉推崇阳羡词派风格的基础上,进一步参以稼轩自由变化、无所束缚的创作手法,使得其笔下的山水词能够充分地展现出山水之姿容神韵,呈现出焕然一新之面目。故正如王士禛《居易录》所云:"舜民乐府自成一家。洞庭、阳羡、西泠诸山水,居庸关、白羊城、虎牢关诸边塞之作,尤为奇特。"③董元恺山水词"奇特"的原因,即在于他摆落了传统山水词程式化的抒写方式,能充分地运以诗文笔法,以灵巧之笔刻画出溪壑峰岭的瑰丽奇异,并且能够大力拓宽山水词的表现视阈,进而推动着山水词新貌之生成。从山水词流变视角观之,清代山水词并非简单地复古趋归于宋代山水词之审美典型,而是始终伴随词体的发展,在流动进程中逐渐开拓着山水词抒写的天地。董元恺山水词的这种创变风貌,鲜明地体现出了清代山水词较之宋代山水词的发展与创新,无怪乎严迪昌先生誉其为清代山水词卓有成就之一家④。

(本文作者郭树辰系浙江师范大学硕士;
陈玉兰系浙江师范大学教授、江南文化研究中心主任)

---

① (清)董元恺:《木兰花慢·雨中度梅岭,和罗弘载韵》,南京大学中国语言文学系全清词编纂研究室编:《全清词·顺康卷》,第6册,第3344—3345页。
② (清)曹亮武:《水调歌头·题董舜民苍梧词》,南京大学中国语言文学系全清词编纂研究室编:《全清词·顺康卷》,第12册,第7182页。
③ (清)王士禛:《居易录》卷四,清康熙四十年刻本,第1—2叶。
④ 严迪昌:《清词史》,第73页。

江南学术与文献

王韬晚年主纂《洋务辑要》始末

田晓春

内容提要 《洋务辑要》,一名《洋务丛书》,是王韬晚年主持编纂的大型西学与洋务丛书。本文以王韬致盛宣怀70通尺牍为主线,辅以张之洞、盛宣怀、杨楷、钟天纬、陈庆年、傅兰雅诸人档案、电报、年谱、函札、日记、报纸等史料,考述《洋务辑要》编纂始末。此书是王韬应湖广总督张之洞之邀,始纂于光绪十六年(1890),次年成初稿,纂辑者涵括王韬、叶耀元与傅兰雅、布茂林等8位中外精英,光绪十八至二十二年,经张之洞幕僚杨楷、陈庆年等十余人两度补译重辑,定名为《筹办夷务类要》,进呈光绪帝御览。今传世有初稿、修改稿等226册,于晚清洋务要员及两代士人西学与洋务认知的异同深浅及思想嬗变轨迹之考察,有可深入抉发之价值。

关键词 《怀柔图略》 张之洞 盛宣怀 杨楷 陈庆年

光绪十年(1884)春,王韬结束香港二十三载遁迹生涯,归老沪渎。次年秋,出任格致书院山长,首尾十三年(1885—1897),他对于书院的定位与理想是"格致为洋务之发轫,亦精华之所萃,枢纽之所存"[1],盛宣怀评价格致书院"实是造就人才之地"[2],钟天纬赞称"实为后日维

---

[1] 光绪十四年(1888)四月廿五日王韬致盛宣怀书札,(清)王韬著,陈玉兰辑校:《弢园尺牍新编》,上海古籍出版社,2020年,第569页。
[2] 光绪十三年(1887)七月十一日盛宣怀致王韬信札,2015年保利拍卖"简素文渊——香书轩秘藏名人书札"第2595号。

新之基"①。在清末上海滩,格致书院与广方言馆、江南制造局并称为"三个输入西洋学术的机关"②,推动西学在中国的传播,开一代之风气,王韬与有力焉。

王韬晚年有两部大书《四溟补乘》《洋务辑要》,关系西学与洋务甚巨,他自己也颇重视,光绪二十年(1894)正月二十五日,在他逝世前三年致盛宣怀信中谈及两书:

> 即如《四溟补乘》一书,日有所裒,月有所益,搜采事实,广集见闻,几至五百卷。香帅命译之《洋务丛书》,凡分十有二门,亦二三百卷。拙著卷帙之繁重,未有如二书者。③

《四溟补乘》于次年删订为二百四十卷:

> 是书上下五千年,纵横数万里,于泰西之情事形势尤惓惓致意焉,拟亟为醵赀排印,以质诸当世之谈海外掌故者,庶或开风气之先声而于教养之良规、富强之大略未始无裨焉。④

日本友人岸田吟香、北条鸥所赞誉此书为"千秋之宏业,不朽之盛事"⑤。因无力付梓,曾求助于盛宣怀、胡家桢、吴大澂诸达官,终于无果,以至散逸不传。

《洋务丛书》是王韬晚年主纂的另一部大著作,周振鹤先生曾撰文《王韬晚年未完成的一件大工作》《洋务辑要初编为何没有出版?》⑥,予以绍介,然于此书编纂始末之未尽处尚多,而有关王韬晚年的第一手资料向来

---

① 钟镜芙:《钟鹤笙征君年谱》"光绪十年甲申",《刖足集》附录,《清代诗文集汇编》第742册,上海古籍出版社,2010年,第772页。
② 《上海市通志馆期刊》第2年第2期,《近代中国史料丛刊续编》第39辑,文海出版社,1977年,第75页。
③ (清)王韬著,陈玉兰辑校:《弢园尺牍新编》,第615页。
④ 《著述待销》,《申报》1895年3月25日,第4版。
⑤ 光绪十二年王韬日记:"岸田吟香、北条鸥所来访,谓'西国近事,日人最多纪录,但华文与日字相间,译之殊易。君所著《四溟补乘》,欲广采取,当助成之,此固千秋之宏业,不朽之盛事'。"(清)王韬撰,田晓春辑校:《王韬日记新编》,上海古籍出版社,2020年,第611页。
⑥ 分别刊载于2001年3月3日、2002年12月13日《文汇读书周报》。后收入周振鹤:《知者不言》,生活·读书·新知三联书店,2008年,第24—29页。

匮乏,《弢园尺牍续钞》①、《蘅华馆诗录》重订本所收分别止于光绪十四年（1888）、十六年（1890）五月二十九日前,《弢园鸿鱼谱》65 通书札多撰于 1890—1894 年间,《王韬日记新编》有光绪十四至十六年（1888—1890）的雪泥鸿爪,香港中文大学影印《近代名人手札真迹》有王韬致盛宣怀尺牍 73 通②,其中有 70 通撰于光绪十年至二十三年病逝前一月（1884—1897）,将这批书札系年,辅之以张之洞、盛宣怀、杨楷、钟天纬、陈庆年、傅兰雅诸人的档案、电报、年谱、尺牍、日记等相关史料,可大略拼贴出王韬主持编纂《洋务辑要》的始末。

王韬致盛宣怀信函中曾述及《洋务丛书》编纂缘起：

> 九月初旬,两粤制军张香帅从粤东两次电报到沪,拟延韬翻译新得西书,谓赴粤面行商订后即可携回沪上,韬以病不能往,婉词谢之。③

所言即光绪十五年（1889）九月,两广总督张之洞（香涛、香帅、文襄公）两度电邀王韬赴粤面商编纂《洋务丛书》,韬以病辞。王韬日记中有"王心如书",当是对第一封电报的回复,其时张之洞将由两广总督调任湖广,王韬以昔年丁日昌延请他编纂《地球图说》的先例,希望在沪上寓所从事纂辑之事：

> 弟自今年春夏以来,无日不在病中……迩来抱病刻书,恐一旦先犬马填沟壑,一生著述,随化烟云而消灭为可惜也……乃不谓香帅谬采虚声,远烦征辟,承命翻译西书,此固平生之所好。惟是久病不痊……安东之招,敬谢不敏。
>
> 抑弟有请者：香帅节麾赴鄂,当必取道申江,孱躯稍健,或可执贽往谒。若非粤中书局中书,随地可译,或以译本,或以原书,授弟删述,自能报命,又何必跋涉长途,再劳往返。曩者丰顺丁中丞命弟改削《地

---

① （清）王韬著,陈玉兰辑校：《弢园尺牍新编》附录所收表二"《弢园尺牍》《弢园尺牍续钞》各篇受信人及撰作年份表"、表三"《弢园鸿鱼谱》各篇受信人及撰作年份表"大多有系年,而"其他散见尺牍"未有系年。第 724—740 页。
② 此 73 通书札收入《弢园尺牍新编》"其他散见尺牍·王韬致盛宣怀书信",第 561—630 页。
③ （清）王韬著,陈玉兰辑校：《弢园尺牍新编》,第 597 页。

球图说》,亦于腩下闲居,执铅椠以从事,盖在家则心志不纷,出外则酬应必广也。如能以此意婉达之香帅之前,感荷靡量,特复电音……①

十月下旬,广州电报局总办沈嵩龄(小园)代张之洞发来电报,同意王韬在沪纂辑,并言及体例、采录范围、人员安排、馆所经费等,请王韬拟定办法,酌定经费,寄示广东。丛书体例分十二门,当出于张之洞意旨:

> 帅意拟辑《洋务丛书》,分疆域、军制、刑律、税则、学校、国用、官制、商务、工作、邦交、教派、礼仪十二门,或采近作,或译新书,欲得熟悉此中情形而明其体要者,非公莫属。拟即在沪纂辑,沪有西儒能操华语者亦可延致襄理。仰资考证,应用翻译,由粤选派,馆所经费,均可措办。公得怡情著述,兼资颐养,谅所乐从。如属可行,请拟办法,酌定经费寄示,仰便转禀。弟嵩龄顿首。②

《洋务丛书》编纂始于光绪十六年(1890)正月,王韬为总纂,两位英国传教士傅兰雅、布茂林司翻译之职,初稿完成于光绪十七年(1891)七八月间,有八十余册,详见光绪十七年八月二十九日、七月十四日王韬两通信札,分致理雅各、盛宣怀:

> 去年正月,两湖督宪张香帅命译《洋务丛书》,以韬总纂,译者俱为英国儒士,一为傅兰雅,一为布茂林(前在福建厦门传教,系伦敦教会中人),今秋译事已毕,而增订修饰尚有所待……③
> 炎埃毒日中杜门不出,终日握铅椠以从事香帅命译之书,至此草创甫就,尚须补辑,加以润色。全书衷然盈八十册,亦可谓洋务之大观。至于搜罗富备,厘订精详,则视乎力之所能至而已。一俟缮呈清本,当尘钧览。④

---

① (清)王韬撰,田晓春辑校:《王韬日记新编》,第729—730页。
② 沈嵩龄电报附于王韬致盛宣怀第33札后,末有"此广州电报局总办沈小园太守代香帅发来电音"系王韬标注,(清)王韬著,陈玉兰辑校:《弢园尺牍新编》,第597页。
③ (清)王韬著,陈玉兰辑校:《弢园尺牍新编》,第682页。
④ 此信见上海图书馆藏"盛宣怀档案",(清)王韬著,陈玉兰辑校:《弢园尺牍新编》,第640页。

据光绪十六年(1890)闰二月十五日傅兰雅致王韬书信可知：王韬为主纂，实掌稿酬分配与稿件审核之大权。瞿鹤翁之引荐与稿酬，皆由傅兰雅居中转致。瞿鹤翁翻译"通商"一门之稿件，经傅兰雅转交王韬审核是否合乎体例：

> 蒙掷下银两，照数点收，多谢费心之至！外寄瞿鹤翁一缄，亦已面交。所译"通商"一门之稿，瞿君前已奉上，谅蒙青睐矣！如有违式之处，即请直言无隐，以便后译，照意检翻以副厚托为慰。按此役初创，弟深愿公同料理尽善，以冀香帅盛兴。①

瞿鹤翁即瞿昂来(鹤汀)，宝山人，与傅兰雅同在上海制造局翻译西书②。

另有一札，可知布茂林亦系傅兰雅所荐，同年闰二月二十四日至四月十四日之间，王韬有信致傅兰雅，起因是与布茂林为租房何处和租金多少发生纠纷，闹得不太愉快，请傅氏出面调解：

> 韬待布君，悉照合同行事，局设韬寓，由韬作主。合同中并未明言译书之馆若何高大，若何华美，若何冬暖夏凉，若何幽深寂静，即当时未立合同之前，早经领看此屋，未有异言。昨布君与叶子成所看之屋，韬亦往观，其屋仅上下两间，且系西向，日落时回光返照，比韬屋更热，必至以后仍有烦言，且搬迁之后，诸多为难，诸多不便，韬需时时前往，以年老有病之人，殊难堪此。况一经搬迁，即合同已废，一条不行，则诸款亦可不行，韬所深虑者此也。韬意即在布君所居之屋，贴还房租十两或八两左右，赁一翻译房，则彼住屋与译书馆一气相连，不至馆中要书则在寓所，寓所要书则在馆中，以致有稽翻译之功，惟不可不写一专条，此系万不得已权宜之举，不以合同为例，即以后布君住屋搬迁，房租增大，所贴亦止此数。既为布君住屋，则一切桌椅，布君当自陈设，与译馆无预也。未识布君以为可行否？正书至此，叶子成有书见

---

① 赵一生等：《香书轩秘藏名人书翰》，第891页。
② 见韦力藏《洋务辑要》："邦交门，傅兰雅译，瞿昂来笔受。……瞿君，宝山人，略通西国语言文字，在制造局翻译《西国近事汇编》……"

示,云昨暮布君屡次催促赁屋之事,今刻复力促,转达数语,见其盛怒填胸,气不可遏,谓九号洋房已租定,于西六月一号起租,须即迁去,每月租金十八元,且其语多枝节,谓韬受教中之益数十年,教中牧师谁不知之。尚有数语,难形笔墨,无非污人名节。韬未尝开罪于布君,且由阁下一力推荐延请译书,若此丛兴谤言,韬何面目与之日相对耶?前由阁下推荐,今仍由阁下排解,伏请贲临,敬具小酌以待。①

丛书的编纂人员,除了王韬、傅兰雅、布茂林、瞿昂来之外,尚有王韬的两位门人:吴县叶耀元(子成)、无锡邹弢(翰飞)。另有两位,一为周姓沪人、一粤人。

根据上图所藏107册稿本,以及原藏陈庆年家、2013年由西泠印社公司拍卖的45册稿本的书影②,可以知道部分门类的分工,如布茂林负责翻译"疆域"、"学校"、"刑律"等门类,后者由布氏口译,吴县叶耀元修述;傅兰雅负责"邦交"等门类,粤人独力翻译并缮写《泰西出使章程》三册,前引王韬致傅兰雅尺牍中谈到"商务"一门:

"商务"一门,数目太多,然加以阁下所译《通商专论》、布君所译《各国物产考》及近日添译《通商为富国之本》,并韬所辑撰《泰西各国通商原始考》《泰西各国互相通商立约考》《英国与各国通商源流考》,及叶子成所撰《通商总论》,约订四本,而后添入各表,似可敷衍。以后但求其勿译书目,专译事实论说、规制条例、源流沿革,俾成大观。即阁下所拟各门纲领,亦求早经脱稿,寄呈香帅一观,俾得译书时有所遵循。

"商务"一门成于众手,由王韬、傅兰雅、布茂林、叶耀元分撰,主纂王韬则对初稿加以校阅、补辑、补译,光绪十八年壬辰(1892)八月前后,王韬犹在"力疾"③补辑重译修订,而作为出资方的张之洞,对王韬这部大著作的评

---

① (清)王韬著,陈玉兰辑校:《弢园尺牍新编》,第706—707页。
② 另有藏书家韦力先生所藏稿本74册,尚未寓目。
③ "壬辰八月十有四日,天南遁叟力疾雠校一过,头目眩晕,几不能支。"王韬朱笔书于《洋务辑要》之"军制门·泰西各国军制五","初次改本存稿"左侧,见2013年西泠印社拍卖稿本。"壬辰八月十有七日,天南遁叟力疾雠校一过。"王韬朱笔书于《洋务辑要》傅兰雅译"邦交门",书于"邦交卷二下"右侧,见孔夫子旧书网如斯书店拍卖稿本。"壬辰秋八月二十七日,天南遁叟力疾亲自雠校。"朱笔书于"刑律门·英国律例摘要",见上海图书馆藏稿本第67册。

价是"繁而不杀,无当著作之林"①。王韬这部大著作交稿之后,两度被删改修订,先后主其事者为杨楷、陈庆年。

光绪十八年十月,杨楷料理完母丧,应张之洞之聘,二十五日由无锡启程,十一月十三日抵鄂,着手重辑工作,他认为王韬的文稿"大抵鄙秽冗杂,毫无体例"②。张之洞的另一位幕僚、盛宣怀的门人钟天纬其时亦在武昌,任自强学堂监督,本年冬也被委派校勘《洋务丛书》,他建议添加"格致"(科学)一门,未被采纳:

> 公乃贡议,谓书分十二门类,政治、风俗等而独无格致,夫科学为泰西富强之源,制造学问悉由于此,中国师西法,亦师其科学而已,舍本不图,虽日讲议院之制,倡自由之说,无益也。书上不省。③

光绪十九年(1893)正月二十五日杨楷致盛宣怀信中,对王韬主纂的初稿深致不满,并谈到修订之思路:

> (香帅)又属重辑王韬所编《洋务书》,与家范甫兄、诸君同承是役。前稿鄙秽芜杂,可采处十不三四,又当伐毛洗髓,就其语意另作文章,方能有用。日来悤恩帅座将各国往来先行条约、关税,招人译出,以备择要编入,可与中国各条约章程可对镜参观,利弊显然共见,实为办理洋务至要之端,帅意深以为然。可惜前已靡费巨款,此时终限于财力,此外未能再多译取,又未能自慊者也。④

杨楷主持重辑工作,纠合其五兄杨模(范甫)在内的诸人:王镜莹、华世芳、汪康年、秦坚、叶瀚,将王韬原稿删削,所存不足十之三四,且认为王韬等纂辑初稿已"靡费巨款",此刻财力已捉襟见肘,不能多加翻译增补。

---

① 钟镜芙:《钟鹤笙征君年谱》,"光绪十八年壬辰",第773页。
② 杨曾勖:《柳州府君年谱》,"光绪十八年壬辰","曾勖谨案:南皮初缉《洋务书》,系由王韬主之,文稿大抵鄙秽冗杂,毫无体例,于是始有重缉之议"。民国铅印本。
③ 钟镜芙:《钟鹤笙征君年谱》,"光绪十八年壬辰",第773页。
④ 杨楷致盛宣怀函,光绪十九年正月二十五日(1893.3.13),陈旭麓等:《汉冶萍公司(一)盛宣怀档案资料选辑之四》,上海人民出版社,1984年,第48页。

中国社会科学院近代史研究所图书馆藏"张之洞档案"中有杨楷函件,各门分纂人员如下:礼俗、刑律、国用(杨模);学校、军制、商务、工作(王镜莹);疆域(华世芳);邦交(杨楷);税则(汪康年);教派、官制(秦坚、叶瀚),并与蔡钧商定:"先译英国现行各种商约及日本条约,并日本新定刑法,补入邦交、刑律,俟此数月功夫,尽力做去,多寡总有益处。"①

光绪十九年(1893)五月初七,杨楷从武昌致书盛宣怀,称改纂《洋务辑要》为"劳而无功之事":

> 楷株守如恒,书院近始开课,风气久窒,几无佳卷。又与家五兄诸君编辑王韬洋务前稿,皆劳而无功之事。②

光绪二十年(1894),杨楷《上张文襄公书》云:

> 书大致就绪,增入中国条约并现行各章程数约三四卷,不致多费工夫,应仍遵钧指,作小结束。俟"军制"一门译竣,所有译出各国条约,尽数补入,以后即行截止,排比缉合,不过数月,即可竣事。

不久,杨楷服阕晋京,九月到部,分发福建司学习③。重辑的工作由陈庆年接手。

光绪二十二年(1896),陈庆年致其师缪荃孙的信中说:"《洋务辑要》须大加整顿,方可写定。"次年七月十一日,陈庆年"早起,至南皮师处,送已成《洋务书》十门"④。同年十月二十一日,张之洞犹发电报催促时在上海时务报馆的汪康年:"'律例'一门,何日寄鄂,盼汇齐成书,切恳。"

1896年恰逢张之洞六十寿辰,他的门人袁昶撰《壶公师寿言节略》说张香帅:

---

① 转引自北京大学2011年陆胤博士学位论文《近代学术的体制内进路——张之洞学人圈考论》,第70页。
② 杨楷致盛宣怀函,光绪十九年五月初七日(1893.6.20)武昌,陈旭麓等:《汉冶萍公司(一)盛宣怀档案资料选辑之四》,第64页。
③ 杨曾勖:《柳州府君年谱》,"光绪二十年甲午"。
④ 明光:《〈横山乡人日记〉选摘》,第200—201页,《近代史资料》总76号,中国社会科学出版社,1989年。

编纂《筹办夷务类要》一书,分门列表,成数百卷,将以呈进,备乙览焉。得失利病,憭若指掌。

知张之洞编纂此书目的,原是准备呈献给光绪皇帝的,如此看来,傅兰雅是很懂得大清官场的规则的,他的担忧不是空穴来风:

此举多译西学诸书,梓行问世,以垂久远,如仅译成稿本,徒供一二人之用,未免可惜,故能于香帅阅过即行刻板为最善也,尊意以为然否?①

此书初名《洋务辑要》或《洋务辑要初编》,王韬书札中称为《洋务丛书》②,张之洞、杨楷、钟天纬径称《洋务书》,至此定名《筹办夷务类要》,将要进呈御览。

无独有偶,几乎与王韬主纂《洋务辑要》的同时,另一位洋务要员盛宣怀也在招揽精通西学者,酝酿着编纂一部有关洋务的大书《怀柔图略》,"以备进呈御览"。此书初始委派钟天纬(鹤笙)纂辑,钟氏极力推辞,自陈缘由:其一,"天纬于学问粗涉藩篱,本无根柢,但可与洋人翻译传达其意,实不能自为论说,附于著作之林","夫子既知其长,当知其短,此事实不能胜任";"天纬非但有译事分身,兼有别事分心",故"实不能稍效指臂,伏祈原宥"。其二,"窃料此书既备进呈,必须体例尽善,编葺谨严,非一年不能蒇事,非十人不能分任,非万金不敷"。他推荐汪洵、杨楷二人为主纂:"有汪子渊、杨仁山两先生已足胜任。"分纂之人,则"沪上如姚子让孝廉、张敬甫明经、范荔泉广文、葛子元茂才均堪充选";作画则推荐"沪上画家以吴友如为第一手"③。

光绪十五年(1889)十二月廿八日杨楷致盛宣怀函,言及此书的编纂:

---

① 光绪十六年(1890)闰二月十五日傅兰雅致王韬书,赵一生等:《香书轩秘藏名人书翰》,第891页。
② 光绪十五年(1889)十月末至十一月初之间,王韬致盛宣怀第31札:"昨张香帅由粤东发来电音,拟在沪设局,衷辑《洋务丛书》,别类分门,凡十有二,而延韬为总纂。"(清)王韬著,陈玉兰辑校:《弢园尺牍新编》,第594页。
③ 钟天纬致盛宣怀函,上海图书馆藏盛宣怀档案,索取号047217。

《怀柔图略》一节，前与鹤笙言，略如尊旨，渠论每卷起首作论一篇，叙述大意，以下逐段详叙事迹。所议甚合，渊丈亦以为然。鹤笙方有利国之行，议于途中拟定凡例，回沪等上，未知已呈览否？照此编辑，将来即有纂改，当不费事也。①

此书由盛宣怀拟定主旨，钟天纬与杨楷商定凡例，汪洵首肯。光绪十六年(1890)六月初，杨楷奉盛宣怀之命南下辑《洋务节要》一书，期以年内成书，拟仿《策学纂要》体例，分别门类，择要列入，以简明为主。同年冬，《洋务纂要》告成，原定名《洋务节要》，比成，始易今名，凡采取史书杂志、案牍纪事、翻译各书，以至日报新闻纸等共四百余种，汇为二十八卷②。从《洋务节要》至《洋务纂要》，书名有所变化，主纂者始终是杨楷，此书疑即《怀柔图略》之异名或简编本。

光绪十七年(1891)正月初七日，王韬致盛宣怀信，回覆盛氏咨询商务、邮政两事，许诺将翻译成书，供其采择，预计本年六七月间将为张之洞纂成《洋务辑要》一书，并自荐为盛宣怀编纂《怀柔图略》：

承询商务、邮政两事，敬当翻译成书，以备采择。书名《怀柔图略》，似可仍旧，惟内分八门，无论与香帅之书略有所复，且"皇舆"、"圣谟"两门似属客气，余亦有难于著笔者。鄙意须别立门户，自出机杼，与香帅之书可相辅而行，而绝不犯复。著书之初，先分上、下二编，上编专纪中外交涉之事，其目曰上谕，曰奏议，曰始通，曰交兵，曰结约，曰通商，曰传教，曰分界，曰属藩，曰遣使，曰杂事，曰杂议；下编专纪泰西各国之事，分英、法、俄、德、美诸邦，各为列传，附以象纬、舆地、职官、兵刑、食货各志，更附以民数、宗教、师船、鄙远诸表，仪器、船炮各图，区类分门，详载无遗，如此庶得别开生面，使香帅见之，亦当首肯，无剿袭之弊而有特创之观。惟上编须求觅官场公牍，非可托之空谈，否则巧媳难为无米之炊。近闻津门刊有通商条约新书，具载事之始末，约十有六本，阁下谅必见之，可供采撷，借作蓝本。

香帅之书，今岁六七月间可以蒇事，弟当从事于阁下之书，兹先译

---

① 王尔敏等：《盛宣怀实业朋僚函稿》，中研院近代史研究所，1997年，第1819—1821页。
② 杨曾勖：《柳州府君年谱》上卷，"光绪十六年"。

出一二种,以观大凡。

王韬建议《怀柔图略》上编"专纪中外交涉之事",此乃王韬深以为傲、自以为擅场者:

> 弟于中外交涉之故,每喜穷原竟委,远瞩高瞻,于其前后情势,了如指掌,故所言往往不幸而中。①

王韬之议是否为盛宣怀所采纳,《怀柔图略》后续如何,未见有史料详载,惟于光绪十九年(1893)正月十九日王韬致盛氏信中见有一鳞半爪:

> 闻今岁在津门拟开书局,其为《怀柔图略》欤?抑重订《皇清经世文续编》乎?此亦不朽之宏功、千秋之盛业也!韬不禁心焉往之。②

光绪二十二年(1896)六月初一,王韬又有致盛宣怀信:

> "学校"一门共得六本,计布茂林所译尚不及一本,余皆韬采自他书,辑自近闻,此外搜取,尚可得二本,特未成定本也。……第亦有在《洋务辑要》中取材者。③

所言"学校"一门六本,布茂林所译不足一本,余皆王韬辑录,且又从已交付张之洞的《洋务辑要》中就地取材,同年六月十四日王韬致盛宣怀一札,内云:

> 《洋务丛书》已令钞胥先行缮录一分,后当陆续呈上。今奉上"邦交纲领"一本,略见一斑。见写"商务",四手传钞,当易竣事。④

---

① 光绪十年(1884)四月二十日致盛氏,第2札。(清)王韬著,陈玉兰辑校:《弢园尺牍新编》,第565页。
② 夏东元:《盛宣怀年谱长编》,上海交通大学出版社,2004年,第402页。
③ 第62札。(清)王韬著,陈玉兰辑校:《弢园尺牍新编》,第622—623页。
④ 第63札。(清)王韬著,陈玉兰辑校:《弢园尺牍新编》,第624页。

由此札及其他诸札可知，王韬将《洋务辑要》（即《洋务丛书》）令钞胥誊录一份，陆续交付盛宣怀，此时距离王韬去世不足一年，未知最终缮写完毕否？也不知是否为盛宣怀的《怀柔图略》抑或是重订《皇清经世文续编》提供资料？王韬晚年的一番心血，经杨楷、陈庆年等人的删改重辑，如今尚有226册残稿留存于天壤之间，此书之编纂，汇聚了中西学人精英，在翻译编纂、订补重辑、删削增补的过程中，诸稿本所呈现的晚清两代士人对于西学与洋务认知的异同深浅、思想嬗变之轨迹，其间所具有的认识价值与意义，是很值得花些力气去探究的。

（本文作者系国家图书馆副研究馆员）

从《格致书院课艺》看王韬的经世思想

赵海菱

内容提要 王韬将传统书院的课艺引入格致书院这一新式学堂的教育模式之中，可谓古今结合，中西合璧。课艺的内容则一改传统书院脱离现实、僵化教条的时文范式，而代之以鲜明的现实关怀与经世致用之旨归，在1886—1894九年中，身为格致书院山长的王韬每年都延请深通洋务的政府官员及知识精英"命题课士"，内容广涉中西文化对比、富国强兵、制械造器、垦田救荒、民生日用等诸多层面，民间学子积极撰文应对，表达对社会变革、时政、经济、科技、人才等各方面问题的认知与主张。出题者认真批阅课卷，拔擢优异，对名列超等、特等、一等之前茅的数位考生予以奖励。上下互动，影响深广。身为格致书院课艺组织者、批阅人的王韬，又及时将这些优秀课卷精心编选成册并逐年刊(排)印，表现出杰出的史家眼光和文献意识。《格致书院课艺》保留了晚清中西文化交流状况的第一手资料，是研究晚清历史的宝贵文献。

关键词 王韬 格致书院课艺 经世致用

王韬(1828—1897)，长洲(今江苏苏州)人，字兰卿，号仲弢、天南遁叟等，是中国近代早期维新派的代表人物，时评、小说、诗词、翻译兼擅，堪称"人中龙凤"。1845年，年方18岁的王韬考取秀才，19岁时乡试失败，从此绝意科举。王韬于1849年进入上海墨海书馆工作，帮助传教士翻译西学著作(负责润色文字)。1862年，因上书太平天国而遭清廷追捕，逃亡香港。在香港，他协助英华书院院长理雅格将《十三经》翻译成英文，当时学习中国传统文化的欧美人士对此本格外重视。1867年冬至1968年春,王韬旅欧,游历英、法、意等国,加深了对西方现代文明的了解。王韬逐渐意识到科技"利民生,裨国是,乃其荦荦大者"①,在此期间,王韬曾受邀到牛津大学、爱丁堡大学做学术演讲,宣传孔子的仁爱思想。1870年冬,王韬返港,出任《华字日报》主笔。1874年,王韬在香港创办了中国第一个政论报刊《循环日报》,林语堂称赞王韬为"中国新闻报纸之父"。他宣扬改良主义思想,其办报宗旨和政论文体在中国新闻事业史上具有里程碑的地位。1879年,王韬前往日本做了数月考察。1884年春,王韬由港返沪,被聘为《申报》编辑。此年,格致书院首任山长徐寿去世。次年(1885),王韬担任格致书院第二任山长。格致书院成立于1876年,办院宗旨是使"中国便于考究西国格致之学、工艺之法、制造之理"。当时有中外士商100多人参加,为一时盛事。格致书院深受中国官员重视,李鸿章亲题"格致书院"匾额,并与许多官方要员慷慨捐助经费。就性质而言,格致书院是一所"不中不西、亦中亦西,非官非民、亦官亦民"的特殊学校②。

上海格致书院创立之初,仅限于提供西方科技读物,并举办西方制造的模型、样品展览。直到王韬接手的前一年,即1884年,格致书院才开始招生,教授基础的英语、数学、地理及其他基础学科。王韬任格致书院山长后,改革了书院的教育制度,增设了专门招收少年儿童的"学塾",王韬认为,改变国家的积贫积弱,靠的是精通现代科技的人才队伍,这种人才,必须从少年儿童抓起:"广招生童,前来肄业,延请中西教读,训以西国语言文字。学业有成,则视其质性所近,授以格致、机器、象纬、舆图、制造、建筑、电气、化学。务期有益于时,有用于世,为国家预储人才,以备将来驱策。"③这足以看出王韬的远见卓识。尽管当时的中国政治腐败、观念落后,并没有显现出很大的现代科技人才缺口,但是中国必将进步,未来不久,这种人才必将供不应求,所以他要"为国家预储人才,以备将来驱策"。由于经费不足,这项改革没能像王韬计划的那样实行大规模招生,但还是办起了一个程度较高的科学学习班和一些专科班。王韬还对格致书院的教学方式进行了改革,他改变了格致书院之前单纯讲授的传统教学方法,提倡自由

---

① (清)王韬:《淞隐漫录·序》,人民文学出版社,1999年,第2页。
② 熊月之:《西学东渐与晚清社会》,中国人民大学出版社,2011年,第281页。
③ (清)王韬:《致盛宣怀》,《弢园尺牍续钞》卷五,清光绪十五年铅印本。

讨论和问答,用以启发学生的积极思维。同时,他还重视理论与实际相联系,鼓励学生用自己学到的知识解决实际问题。为了扩大格致书院的影响,达到向全社会公民普及科学文化知识的目的,王韬决定开放办院,规定学校在开课的时候,必须院门大开,让社会上对新学感兴趣的民众进来听讲。校内陈列各种科学仪器的"博物馆"、收藏各种图书的"藏书楼",也任由外人参观,不加限制。除此之外,王韬还不时聘请各类中外专家学者来格致书院讲学,以开阔学员的眼界,提高他们的认知。在王韬进行的改革中,其影响最大且深远者,莫过于推行了独具特色的"命题课士"制度,即格致书院之课艺的成功开展。

一、《格致书院课艺》之由来与编纂

古代科举取士,凭文章高下定取舍,明清时代,各地书院的教学都将重心放在生徒的时文应试上,定期考试作文,称为"课艺"。按时间分,计有月课、季课;按出题人身份分,有官课、师课。官课有县课、州课、府课等。师课有堂课、斋课、院课、山长课等。"官课一般由当地地方官员主持,如总督、巡抚、学政或布政使、按察使、转运使、道台等轮流主持省会书院的考课,道台、知府、知州、知县或教谕、训导轮流主持府、州、县的书院考课,这种轮流主持出题的官课也称'轮课',一般每月一次。师课则是由书院的山长主持。"[①]散卷(即开卷考试,可以查阅图书资料,且时间较为宽裕)是晚清书院考课的主要方式,目的在于以考促学、以学助考。一般以举业为务的书院,课卷命题内容分经学、史学、掌故、舆地、算学、词章等几个组成部分。书院通过严格的命题作文训练,让学员在经学、史学、舆地、词赋等方面的体悟和表达能力得到锻炼和提高,这是科举考试的必修课。清代有不少书院课艺流传了下来。

王韬本人有过科举经历,有一定的课艺实践。他认为,对格致书院广泛推广西学来说,课艺不失为一条有效途径。因此,接任格致书院山长后不久,他便采纳傅兰雅的建议,决定用"课艺"作指挥棒,推进教育革新。他们认为,自古以来,中国的科举考试都采用写文章的方式,在命题、分析、运

---

① 黄显功:《晚清课艺文献与〈格致书院课艺〉》,《文汇报》,2016年3月7日。

思、结构等各方面皆日臻完美,旧瓶装新酒,完全可以采用这种颇具民族特色的考试方式宣传西方科学文化知识与理念。王韬等人随即拟定了《考试章程》:"格致两字所包者广,一切西学无不从格致中来,而以格致为之基。顾论其精微,学者每苦其难。若扩而充之,举凡富国、强兵、开矿、理财、制械、造器皆于格致中讲求而出,而格致无不可以兼赅并贯。……每年春、夏、秋、冬,分为四课。夏课四月,秋课七月,冬课十月,惟春课则在二月。均以朔日为定期,散题分课,题目即登申报,以便遐迩皆知。"征文期限为:"自散题日为始,无论路程远近,均以六十日为限交卷……逾期一律不收。"①"命题课士"面向全国,对参与者的社会地位、职业、年龄等,不做任何限制。

自 1886 年始,格致书院每年分四季为课期,王韬邀请了解时局、洞悉时弊且具有一定社会影响力的主政大吏与有识之士进行命题,并请命题者阅卷,从中选擢优胜者,王韬本人参与阅卷与撰写评语。表现优异者,书院出资予以奖励,命题者也捐资助奖。开始两年,每季参赛人数从二十六人增加到八十一人,后来规模逐渐扩大。自 1889 年始,王韬在四季正课之外,另增设春、秋两季"特课",特请南、北洋大臣命题,以示隆重。自 1886 年至 1894 年,王韬将所有的考课命题与优秀考生(特等、超等、一等名列前茅者)的课卷,包括命题者及王韬本人的评语,汇编在一起,名曰《格致书院课艺》,逐年编订、逐年发行。1886 年至 1893 年间,每年的《格致书院课艺》皆由王韬编选,书前均有王韬所作序言。1894 年一年的课艺,由于王韬生病,由赵元益选印,序言亦由赵氏撰写。九年中,课艺刊出者共有 88 人的 345 篇文章入选,按年份分编为 15 册,其中 1886—1888 年,每年为 1 册。自 1889 年起,因于正课之外增加了特课,课艺数量大幅增加,故每年编为 2 册②。这套《格致书院课艺》现收藏于上海图书馆。

二、《格致书院课艺》彰显经世致用之理念

(一) 促进中西文化的融通与互补

华夏属于农耕文明,重主观,尚心性;欧洲属于商业文明,重客观,尚实

---

① 《格致书院拟以艺文考试章程》,《申报》,1886 年 2 月 13 日,第 10 版。
② 熊月之:《学术月刊》,2016 年第 1 期。

用。两种文明发展到近代,差别日显,鸿沟益深,中国在科学技术这一领域,明显地落后于西方。面对西方列强的奇技淫巧、船坚炮利,特别是两次鸦片战争的失败,晚清政府中的一些当权者忧患意识加重,开始探索中国的出路和未来,发起了洋务运动,其宗旨是"自强"与"求富"。"他山之石,可以攻玉",欲使中国强大,必须学习西方的科技。而"师夷长技""中体西用"的前提,是国人正视现实,放下唯我独尊、抱残守缺的心态。打破中西文化之壁垒、实现中西文化的沟通与互补,是时代先觉者的使命和担当。

为扩大课艺的社会影响力,发挥强大的启蒙先导作用,在主持格致书院课艺的九年中,王韬精心挑选深通洋务的为政官员们进行命题,比如他先后力邀上海的历任道台如邵友濂、龚照瑗、聂缉椝参与此事,共出题达20余道。这是因为,上海自1843年开埠以来,不仅以中外通商为首务,而且因其"地居要冲,华洋杂处,亦形成为中外人文荟萃之区,以知识思想而言,上海实为近代中国之重要观测站"[1]。该地长官亦都有多年从事洋务的经历,视野开阔,思维活跃,中西交往经验丰富,故而特受王韬重视。他们的命题,诸如泰西格致之学与近刻翻译诸书详略得失问题,西学分科问题,食物、环境与人身问题,制造钢船、钢炮问题等,大多关乎中西交流与科技应用,深受时人注目。自1889年起,王韬在原有的春、夏、秋、冬正课之外,每年更增设春、秋两次特课,特课的命题者"确定必聘南洋大臣与北洋大臣,以表示隆重而荣宠"[2]。于是北洋大臣、直隶总督李鸿章,两江总督兼南洋大臣曾国荃、沈秉成、刘坤等,都加入到格致书院的命题队伍之中。其中位高权重的李鸿章持续5年援笔为书院命题,命题数量最多。李鸿章从事洋务多年,对中西文化的差异与互补有深刻的理解和感悟,他知道,要想让国人接纳并研习西学,首要问题是要打破读书人心中的"夷夏之防",以开放的心态面对西方文明,特别是西方的近现代科学技术。他通过命题引导士子们就二者之相通与互融展开探讨,如在1889年春之特课,李鸿章让诸生探讨中国源远流长的格致之学与西方的格致之学有何不同? 启发学子们尊重客观事实,追根溯源,科学思辨,既不妄自尊大,亦不妄自菲薄。此课被李鸿章评为超等第一名的是江苏太仓州宝山县附学生蒋同寅,他认为:中国古代大儒之格致,重在探究形而上之"道",体悟宇宙人生之本源。西人之

---

[1] 王尔敏:《上海格致书院志略》,香港中文大学出版社,1980年,第54页。
[2] 王尔敏:《上海格致书院志略》,第3页。

格致,重在研磨形而下之"器",深入考索其用途。如欲本末并举,则当以中学为纲、西学为目。中西文化当各取其长,有效互补,两相结合,方能本末兼顾。蒋同寅的阐述深得李鸿章的赞赏,其评语曰:"于中西学问异同处能觇其大。"王韬对之亦称赞有加:"于格致之学条对详明,具有实际,以是知中西学问之源本无所异同,特后来流派别耳。"①

再如1890年春,李鸿章命题,让诸生论述西方所谓的64种化学元素在中国的历史长河中的出现与使用情况。很显然,这是在强调这样一个事实:虽然中西语言不通,化学元素名称有别,但其基本性能及化合规律却都早为中西民族所共同了解和利用,知识是可以共享的,科学技术应造福全人类。只不过中国传统文化重总体不重部分,重主观体悟不重逻辑分析,就化学而言,华夏民族具有丰富的实践经验,却难以形成严密的体系。王韬给予荣获超等第一名杨毓辉的评语曰:"考据详明,言有条贯,知其寝馈于西学也深矣!"②虽然从总体上说,杨毓辉的课卷论述深透、头头是道,但细节方面的疏失,也没逃过王韬的慧眼,如此篇开头,杨毓辉云:"今夫化学之功用大矣哉!用之于组织,则可以化腐朽为神奇;用之于洗炼,则可化渣滓为精华;用之于一切制造测量,则可化粗涩为工良,并可化烦难为平易,然则化学之功用不诚大矣哉!"③王韬在此段话上面作眉批曰:"未闻化学用于测量者。至于借映相之法绘地图,究竟以光学为主,不过辅之以化学耳!其以三棱玻镜测糖质之陆离图,亦以光学为主,且应入洗炼一门,非测量也。"④毕竟从青年时代起,王韬就已开始接触西方科技书籍,进行了广泛深入的研读。

17世纪欧洲发生科学革命,近代科学各学科诸如重学、电学、光学、化学、医学、天文学等都迅速发展起来,而在中国,虽然明末传教士从西方将自然哲学知识带了过来,但与中国的博物学等量齐观,并未给予特别重视,而西方科技发展则突飞猛进,中西差距遂变得越来越大。格致书院课艺中这些关于中西文化异同、中西科学比较的命题,充分反映出王韬、李鸿章等人已经深刻认识到中国传统格致学与西方近代科学的走向明显不同,且差异越来越大。华夏作为农耕文明,信奉"天人合一",导致其"格致"尚虚的

---

① 《格致书院课艺》,上海科学技术文献出版社,2016年,第2册,第27页。
② 《格致书院课艺》,第2册,第385页。
③ 《格致书院课艺》,第2册,第337页。
④ 《格致书院课艺》,第2册,第337页。

趋向;而西方为商业文明,主客体二元化,重客观、尚实用,故而科学技术日新月异。王韬等人熟悉中西文化之不同,有意识地引导当时的知识分子进行中西比较。在比较中逐渐了解西方近代科学知识,领悟科学的精神实质与学术规范。渐渐地,国人对"格致"的理解开始从"义理"向"物理"发生着转变,往大处说,晚清学术正在经历着一场翻天覆地的巨大变革。

(二)凸显学术的现实指向与济世之功

课艺命题呈现出组织者鲜明的价值取向,《格致书院课艺》所录的86道考题中,时务类数量占有绝对优势。所谓时务,指的是国家所面临的重大事情和客观局势,《课艺》中时务类命题涉及海防陆防、铁路、议院制度、邮政、救济院、教徒与百姓关系、垦田、禁止鸦片、兴办技校、救荒备荒、开设银行等各个层面,这些都是关系到国家安危存亡的大事,折射出社会精英与民间知识分子以天下为己任、高度自觉的民族责任感。其实,对当时内忧外患不断、被列强虎视眈眈的中国而言,科技类、经济类、文化类考题,又何尝不属于"时务"的范畴?诸如"中国今年丝茶贸易问题""收回被洋人所夺工商利权问题""中国制造金银货币问题""钢铁纺织问题"等经济类命题,哪一项不深刻关系到国家命脉?诸如"华人讲求西学,用华文用西文利弊若何论""枪炮射线问题""西学分科问题""大洋海、大西洋海、印度海、北冰海、南冰海考"等科学类考题,亦同样与时局密切相关。即以史学考题而言,如"张骞班超优劣论""意大利即汉大秦兴废沿革考"等,涉及古代的外交关系,对其进行深入探讨,于时下外交亦颇具借鉴意义。《格致书院课艺》的命题与内容,具有强烈的时代气息,折射出19世纪末晚清时期的复杂局势与社会思潮,危亡与图存、挑战与机遇、世道与人心、碰撞与融合,保留下那个特殊时期时局的风起云涌与刀光剑影,堪称活生生的社会史、心灵史。相比之下,当时以举业为目标的书院课艺,展现在人们眼前的"学问"探究,是如此的脱离现实,迂腐僵化,比如上海求志书院乙酉年(1885)冬季课艺:"经学题:幽人贞吉解;纲恶马解;鲁于是始尚羔说;六畜五牲三牺考。""史学题:四皓论;二疏论;鲁两拟《幸鲁盛典》后恭跋;生论;楚两龚论。""掌故题:拟《幸鲁盛典》后恭跋;拟《南巡盛典》后恭跋;拟《皇清职贡图》后恭跋。"[①]再如宁郡辨志文会戊子年(1888)春季课题:"汉学:

[①]《上海求志书院乙酉年冬季题目》,《申报》,1886年1月29日,第2—3版。

小正鞫再见解;王制东田解;旅摈不传辞说。""宋学:博学以知服说;未发之前有善无恶说;赵师夏云,告子杞柳之论,性恶之意也。义外之论,礼伪之意也。试申言之。""史学兼掌故:贾捐之议弃珠厓论;问河决为害始自何时?马、班两书载河决者几事?程子云汉火德多水灾,唐土德少河患,然否?后周显德六年河决原武,今之郑州即其地欤?国朝翰詹各官废置考。""舆地之学:淮水源流考;历代黄河徙流考;问《禹贡》导河曰播、曰逆,《孟子》曰疏,其意同否?"①在那个风雨飘摇、岌岌可危的多事之秋,举国上下绝大多数的读书人都不约而同地选择了闭目塞听、孜孜矻矻地钻故纸堆,何以如此?王韬给出了中肯的分析。他认为,当今之世,不是无人喜爱西学,也不是国中没有人才,而是科举取仕误导了天下读书人,将他们引上百无一用的绝路:"夫功令以时文取士,非此莫由进身。时文于西学大相径庭,士子即能深通西学,苟所长不在时文,则亦同于无用。西学未设专科,而时文早有定例。人之聪明材力有限,岂能兼赅并贯,旁骛曲通?故人于西学一若无足重轻,以非毕生富贵功名之所系也。如是安能使其专心致志,领奥探幽,而与西人齐驱并驾哉?"②有鉴于此,格致书院山长王韬直接延请清廷官方要员负责命题。命题者为北、南洋大臣,上海、天津、登、莱、青等各道台,各地布政使、盐运使、江海关税务司首脑等,都热心加入了命题者的行列,他们拥有丰厚的社会资源,可以出资赞助课艺花红;更为重要的是,他们位高权重,拥有引领潮流的实力和能量。这些推崇洋务、对社会现实有广泛深入了解的人士所命考题,彰显出鲜明的现实指向与济世之心:"所命诸题,亦在乎精历算,勘地理,慎邦交,辨文字,恤贫民,整学校,齐刑律,达舆情,效纺织,盛工作,兴商务……欲祛习尚而期振作,行仿效以挽利权,改成法以归实用。"③这些命题,引起全社会的广泛关注和深入探讨,推动了西方科学文化在中国的渗透和知识分子对国家前途和命运的关怀,格致书院也由一所单纯传播科技知识的学校演变为一座探究中西文化交流的学术重镇。

格致书院的"命题课士",不是纸上谈兵,更不是借新学哗众取宠,而是在切切实实地选拔有真才实学的有识之士、时代精英以解国家燃眉之急。

---

① 《宁郡辨志文会戊子年春季课题》,《申报》,1888年4月14日,第2版。
② 《格致书院课艺·(庚寅)序》,第2册,第325页。
③ 《格致书院课艺》,第4册,第5页。

王韬邀请"中国实业之父"、洋务派代表人物盛宣怀为格致书院先后出过六次考题,所有命题皆关涉当时举国上下聚焦之事,如1889年秋,盛宣怀的命题便是典范。1889年秋,在朝野上下的千呼万唤中,清政府终于打定主意自己修筑国内第一条铁路,委任盛宣怀为督办大臣统筹此事,盛宣怀深感责任重大,经费开支、线路设计、工程质量等,皆须精心筹划,于是他便以此作为格致书院的秋季课题,交付天下才俊集思广益。曾亲历欧洲深度考察,拥有多年从事洋务经验的钟天纬胸有成竹,条分缕析,以"十二条应对之策"胜出,荣获超等第一名的好成绩。钟天纬的应对,条条击中肯綮,比如他建议暂借商款以为国债,以解决资金困难。王韬眉批:"劝借国债,从汇号、盐商、典商借起,煞有着手处,且能昭示大信,按期付息,风气既开,仿商鞅徙木之计而以实行之,可无虑洋人之盘剥矣!"①他建议印制钞票替代银元,效法西方现银存在银行、银行出钞票为凭券的做法。王韬眉批:"厚集其力,经营商务,百事并做。上下一心,呼应灵捷,起华商散涣疲弱之气,化散为整,以与洋人相敌,行之数年,当有成效,舍此别无良策。"②他建议预买工程沿线两侧土地以出租获利。王韬眉批:"此铁路公司应得之利,宜密之,勿宜示外人。"③他建议不买洋铁,而是从国内铁矿采炼钢铁,自造铁轨,这样可以大幅节省花费。王韬眉批:"如铁矿有成,铁轨能由本国矿局立限定造,岂非一大快事!"④于此文末,王韬作总体评价道:"指陈利弊,动中窾要。欲建铁路,先宜在四通八达商贾经行之处,盖筑路宜先筹用路,然后可以经久,处常其暂、处变其恒也。国家可百年不用兵,不能一日不经商,故铁路不难在始创,而难在久行。修筑经费有所出而为之,始无弊矣。作者所陈十二条,皆可见之施行。惟保官利借商款,或尚有所掣肘。若国家志在必为,三千万分作十年措置,亦复何难!"⑤

再如上海道台龚照瑗1887年冬所出考题:"水旱灾荒平时如何预备,临事如何补救论。"⑥江苏苏州府新阳县贡生赵元益在文章中提出八条应对措施:树艺、绘图、农学、铁路、保商、治河、蚕桑、制造。这些救灾备荒之思

---

① 《格致书院课艺》,第 2 册,第 248 页。
② 《格致书院课艺》,第 2 册,249 页。
③ 《格致书院课艺》,第 2 册,250 页。
④ 《格致书院课艺》,第 2 册,254 页。
⑤ 《格致书院课艺》,第 2 册,255 页。
⑥ 《格致书院课艺》,第 1 册,243 页。

路都是救民于水火、切实可行之良方。王韬欣然评价此文:"所陈八策,于古今备荒诸法融会贯通,并能参以西法以救其穷而补其缺。作者识高虑远、才大心细,诚当今不可多得之人也。"

王韬将传统书院的课艺引入格致书院这一新式学堂的教育模式之中,可谓古今结合,中西合璧。但课艺的内容则一改传统书院脱离现实、僵化教条的时文范式,而代之以鲜明的现实关怀与经世思路,在 1886—1894 九年中,身为格致书院山长的王韬每年都延请深通洋务的政府官员及知识精英"命题课士",内容广涉中西文化对比、富国强兵、制械造器、垦田救荒、民生日用等诸多层面,民间学子积极撰文应对,表达对社会变革、时政、经济、科技、人才等各方面问题的认识与思考、主张与策略。出题者认真批阅课卷,拔擢优异,对名列超等、特等、一等之前茅的数位考生予以奖励。上下互动,影响深广。身为格致书院课艺组织者、批阅人的王韬,又及时将这些优秀课卷精心编选成册并逐年刊(排)印,表现出杰出的史家眼光和文献意识。《格致书院课艺》保留了晚清中西文化交流状况的第一手资料,是研究晚清历史的宝贵文献。

(本文作者系山东师范大学文学院教授)

"道在人伦"的谱系：王韬《原道》笺记*

马里扬

内容提要 王韬的《原道》是以"道不外乎人伦"为主旨，这一提法在当日有着令人（包括东西方人）耳目一新的效果。追溯它的远源，是儒家经典《易·需》与《中庸》，近源则是十八世纪儒家反对程朱之学的思潮之波及，尤其是戴震的学说对王韬有着潜移默化的影响。由于王韬的"性理之学"既缺乏规模，又所得不过戴学之一节，因此，虽然在时代环境的催促下能够先言他人所未能言，但终究不过是以高蹈的言词掩盖了其实际意指的矛盾与狭隘。这是由王韬本人的经历与思想所决定的，即特殊的人生际遇给予王韬以他人所不具备的独立性与现代性，但王韬自视则始终是一个"沉落光耀"的传统儒家。

关键词 王韬 《原道》 道在人伦 思想系谱

引　言

思想史上的王韬，似乎并没有什么位置，但他以"原道"为题所撰写的意在更新与发扬作为维护国家之延续、关系民族之存亡以及葆有士大夫之精神最为关键的儒家之"道"的一文，却是值得注意的。文中涉及三个议题，即："道"与"器"、"道在人伦"以及"大同"。学术界对此都有过讨论。葛兆光讨论过第一个议题，认为作为十九世纪下半叶遭遇"现代性的入侵"

---

* 本文系上海市教委2018年度曙光计划项目阶段性成果。

的中国士大夫中的一员,王韬不得不"痛苦地承认只有富强才是文明的现实世界里,普遍适用的真理只有一个,即古代中国一直讽刺的'胜王败寇'和'弱肉强食'"①。把西方之"器"的位置放到比中华之"道"更为重要的位置上,是当时的普遍认识,王韬在近代史上的地位也借此而定,但这不是思想史上的贡献。汪荣祖讨论过第三个议题,认为是康有为《大同书》的先声②。竹内弘行同样认为"《原道》就是王韬宣扬其大同论的文章"③。但王韬与康有为之间,除了共同借用"大同"这一旧有的表达儒家政治理想之名词外,再有一点约略相同的,就是将孔子转变为未来理想社会的先知——这一点在王韬文中还是较为模糊的,其他,则二者决无相似性与可比性④。显然,王韬对儒教并不"怀疑其道德合理性",也不"怀疑统治秩序功能的有效性"⑤,因此,他与政治及文化的关系不但不如冯桂芬那般紧张⑥,也不如康有为处在"危机中"。

至于"道在人伦"的议题,较早关注王韬的学者如柯文、朱维铮等的讨论,都涉及过(详下文)。本文认为,它应该是王韬《原道》最具思想史价值的论题,且另外两个议题,也都与之有本枝关系。更据王韬记载,此说一出,在东西方的知识人中都引发过震动。如果真如王韬所说,那么,问题也就随之而出,即它究竟有没有王韬所说的那种价值?而若要解决这样一个问题,也就需要进一步考察"道在人伦"在思想史上的谱系,即它究竟是从传统儒家而来,还是从西学而来,或是有着清代中叶思想反动的影响?本文所谓"笺记",即是对上述几个问题的尝试解答。

---

① 葛兆光:《中国思想史》第2卷《七世纪至十九世纪的知识、思想与信仰》,复旦大学出版社,2000年,第595—596页。
② 参汪荣祖:《从传统中求变——晚清思想史研究》,百花洲文艺出版社,2002年,第104页。
③ 转引自[日]仓田明子:《王韬与中西之道——浅论王韬的大同论》,中国社科院近代史所:《政治精英与近代中国》,2012年,第48页。
④ 参看[美]萧公权著,汪荣祖译:《近代中国与新世界——康有为变法与大同思想研究》第十章,江苏人民出版社,2008年。又,[美]张灏:《转型时代中国乌托邦主义》,收入《幽暗意识与时代探索》,广东人民出版社,2016年,第202—246页。
⑤ [美]张灏著,高力克、王跃译,毛小林校:《危机中的中国知识分子:寻找秩序与意义(1890—1911)》,中央编译出版社,2016年,第6页。
⑥ 参[美]柯文著,刘楠楠译:《走过两遍的路:我研究中国历史的旅程》,社会科学文献出版社,2022年,第44页。

一、"千古笃论"的意指

王韬游历日本,曾与东国人士讲学,言及他主张的"道",不说"人伦",而说"人情"。其《扶桑游记》载:

> 席间论中西诸法。余曰:"法苟择其善者,而取其所可者,则合之道矣。道也者,人道也,不外乎人情者也。苟外乎人情,断不能行之久远。故佛教、道教、天方教、天主教,有盛必有衰。而儒教之所谓人道者,当与天地同尽。天不变,道亦不变。"鹿峰曰:"道不外乎人情一语,千古笃论。天地有四时,寒暑往来,而人则冬裘夏葛以应之。乃俗儒迂阔,所言动与人情相背,此道所以不明也。惟应时变通,循环不穷,则与天地为一,而人与道自能常存而不敝,彼外教何足惧哉。"①

西尾鹿峰与王韬,同声相求,同病相怜,"俱郁郁不得志"②,故鹿峰之言,亦王韬之意。王韬下面与鹿峰的谈话中,更举一例:西人礼拜休息一日。王韬认为:"安息日可行于富贵者,借以养身心,恣游览;其贫贱者不能行,则听,亦王道不外人情也。"③这里与西学对比之处,隐隐然而在,故所言以"王道"命之,但强调人情所在即为道,则宗旨昭著。

那么,这样一个千古笃论的意指究竟何在呢?回到王韬《原道》,他说:"是以儒之为言,析之则为需人,言人不可以须臾离者也。"④人不可以须臾离的是什么呢?是道,是人伦,是"嫁娶茹荤",亦即饮食男女。《易·需》云:"彖曰:需,须也。""《象》曰:云上于天。君子以饮食宴乐。"⑤又,《中庸》云:"道也者,不可须臾离也。"⑥这是王韬说"道不外乎人伦"的远源。如果说王韬受西学影响,改造旧有的中国观念,盖无过夫妇为人伦始这一

---

① (清)王韬著,[日]栗本锄云训点:《扶桑游记》,东京报知社出版(明治十二年),叶14—15。又,见田晓春辑校:《王韬日记新编·东游日记》,上海古籍出版社,2020年,第563页。
② (清)王韬著,陈玉兰辑校:《王韬尺牍新编》,上海古籍出版社,2020年,第463页。
③ (清)王韬撰,田晓春辑校:《王韬日记新编·东游日记》,第564页。
④ (清)王韬著,朱维铮编:《弢园文新编》,生活·读书·新知三联书店,1998年,第1页。
⑤ (清)阮元校刊:《十三经注疏》,中华书局,2009年,第45页。
⑥ (宋)朱熹集注:《宋本大学章句 宋本中庸章句》,国家图书馆出版社,2016年,第88页。

命题,其云:"教化之原必自一夫一妇始。"①在"夫妇"上加了限定,即"一夫一妇",较之中国的旧传统要迈进一大步。《毛诗大序》云:"先王以是经夫妇,成孝敬,厚人伦,美教化,移风俗。"但在《关雎序》中却说:"是以《关雎》乐得淑女以配君子。"②赞美后妃的"不嫉妒","能为君子和好众妾之怨"③,是旧式的人伦,王韬所云的似是"泰西诸国于夫妇一伦为独厚"的"厚人伦"。

如果王韬意在以西方宗教伦理改造中国的伦常,那么,王韬说"孔之道,人道也,人类不尽,其道不变"④,说"当我中国未通于外,所行者惟尧、舜、禹、汤、文、武、周、孔之道,所谓人道也"⑤,又是与之相互矛盾的。盖孔道绝无"一夫一妻"之说,更始终捍卫"天尊地卑"、"夫为妻纲"。此自为王韬所不取,且王韬亦大不以"我自有周孔之道,足以治民而理国"⑥为然。道不外人伦,自是越过了传统的人道之不足,但又不能完全弃孔道如敝屣,且声言与泰西之道为"大同",这三者之间如何毫无矛盾的混为一体,是值得注意之处。显然,一旦从形下的"器"说起,即"道不能即通,则先假器以通之",既为西方之"器"进入中国,开辟道路,又强调"器则取诸西国,道则备自当躬"⑦——"当躬"者何事?即"需",为饮食男女,与器偕行,东海西海,无不相通。

朱维铮、李天纲认为王韬提出的"道在人伦"的命题,是"把'道'转换成用西方宗教伦理解释的'人伦之至'"⑧;柯文一方面认为,王韬"大同"说来自他所熟悉的西方人的转告,但另一方面也认为这一学说"极其简陋"⑨。我们认为,王韬受到过传教士所介绍的西方宗教伦理的影响,是有据可查的。咸丰八年(1858)八月九日,王韬记:"午刻往讲堂听慕君说法。慕君以上帝二字出自儒书……欲称天主为真佛……然道之兴废,其间自有数存,

---

① 《原人》,见(清)王韬著,朱维铮编:《弢园文新编》,第6页。
② (清)阮元校刊:《十三经注疏》,第565、569页。
③ (清)阮元校刊:《十三经注疏》,第570页。按,理雅各译《诗经》即采此说,盖本王韬:《毛诗集释》,见《与英国理雅各学士》,(清)王韬著,朱维铮编:《弢园文新编》,第239页。
④ 《变法》上,(清)王韬著,朱维铮编:《弢园文新编》,第14页。
⑤ 《各国教门说》,(清)王韬著,朱维铮编:《弢园文新编》,第111页。
⑥ 《书〈众醉独醒翁〉稿》,(清)王韬著,朱维铮编:《弢园文新编》,第147页。
⑦ 《杞忧生〈易言〉跋》,(清)王韬著,朱维铮编:《弢园文新编》,第167页。
⑧ 朱维铮:《弢园文新编·导言》,第17页。
⑨ 参[美]柯文著,雷颐、罗检秋译:《在传统与现代性之间——王韬与晚清改革》,江苏人民出版社,2003年,第89—90页。

不系乎名。慕君犹未见及乎此耳。"①慕维廉传教对王韬对"道"的认识,影响之迹,斑斑可考(详下文)。但王韬对西儒所凭借的西学——实学与宗教,一则骇其威力,一则视同夷狄,都不选择作深切了解,所获亦不能免浮皮潦草,递相转贩。其"简陋"之处,正是来源驳杂之结果。

王韬的"千古笃论"的"道在人伦",虽然提出了一个近代思想史上的重要命题,但其内涵的单薄,来源的驳杂,是不容忽视的,并非就西方宗教伦理而对传统儒家伦理纲常的改造与反动——那么,道在人伦的思想近源究竟何在呢?

二、戴学:道在人伦的近源

王韬自叙其著作有云:"《弢园文录外编》十二卷。余文分内外两编。《内编》多言性理学术,辛酉间溺于水中,一字无存。《外编》乃就客粤时所作汇辑成书,中间多论时事。余以妄谈经济,几为忌者所中,乃犹不自悔,重蹈咎辙,广著罪言,不亦令识者齿冷哉?"②如果王韬《内编》的遗失,不是他造作的故事——尽管这与陆放翁自注其从军南郑的诗篇"坠水中"何其相似乃尔③;亦即"多言性理学术"的文章由于偶然的因素导致不存,但也并不影响我们今天对王韬的学术规模的判断,即可以据他的自述,见出为三类:一曰性理之学,一曰考据之学,一曰经济之学。其经济之学,备见《外编》与编译著作,为王韬获得时誉与近代史上一席之地的资本。其考据之学,早年所作虽不得知,然赓续不绝,卓见规模,其云:"蒙生平用力所在,为《春秋左氏传集解》六十卷,《皇清经解校勘记》二十四卷,以卷帙繁重,尚待集赀。"④与之相关的如《毛诗集释》,则吸收入理雅各所译《中国经典》之中,又其考证春秋历法之作,融会新知,可谓后来居上。至若其性理之学,或仅《原道》一篇得见其渊源而已。究近源所在,即十八世纪撼动中国旧有学术思想之戴震对宋儒理气之辨的推倒。

---

① 《王韬日记(增订本)》,中华书局,2015年,第175—176页。又,见《王韬日记新编》,第281页。
② 《弢园著述总目》,(清)王韬著,朱维铮编:《弢园文新编》,第362页。
③ 参傅璇琮、孔凡礼:《陆游南郑从军诗失传探秘》,收入傅璇琮:《唐宋文史论丛及其它》,大象出版社,2004年,第336—345页。
④ 《与杨甦补明经》,(清)王韬著,朱维铮编:《弢园文外编》,第292页。

戴东原之论道原、道本,通《易》《论》《孟》为一,这是思想依据①,也是论辩策略,其云:

> 道,犹行也。气化流行,生生不息,是故谓之道。②
> 生生者,仁乎。生生而条例者,礼与义乎。……《易》曰:"一阴一阳之谓道,继之者善也,成之者性也。"一阴一阳,盖言天地之化不已也,道也。一阴一阳,其生生乎,其生生而条例乎。③

开宗明义,谓道为"天地之化不已",此即"道不变",所谓不变,即不缺不衍、不灭不止之谓,隐含着的则是道始终运转循环的意思,即"生生"。王韬之谓"道不变"、"循环不穷",亦道原、道本之说,其本自戴说,非同于泛言浮论可见。

以学术思想论,戴东原据《孟子》"性善"以破除老氏之"天地不仁"、荀卿之"性恶",主张天道曰生,人道曰性。法天重人,不善为何。行善为仁,知善为义,故就孟学释云:

> 《孟子》曰:"尽其心者,知其性也;知其性,则知天矣。"耳目百体之所欲,血气资之以养,所谓性之欲也,原于天地之化者也。是故在天为天道,在人,咸根于性而见于日用事为,为人道。④
> 人道,人伦日用、身之所行皆是也。在天地则气化流行生生不息,是谓道,在人物则凡生生所有事,亦如气化之不可已,是谓道。⑤

在天为生为天道,在人为性即人道;法自然即天道,存人欲即人道。得此剖析,戴东原掀翻程朱"理一分殊",从"理"的崇高浩渺之地位上把它拉了下来,把天理人欲、天道人道的界限给抹除了,此一役减轻了后来学者多少负

---

① 参李畅然:《戴震原善表微》内篇第六章第一节"宋学经典——四书和易传对原善的启发和影响",北京大学出版社,2014年,第195—246页。
② 《孟子字义疏证》卷中"天道",杨应芹、诸伟奇主编:《戴震全书》,黄山书社,2010年,第6册,第173页。
③ 《原善》卷上,杨应芹、诸伟奇主编:《戴震全书》,第6册,第8页。
④ 《原善》卷上,杨应芹、诸伟奇主编:《戴震全书》,第6册,第11页。
⑤ 《孟子字义疏证》卷下"道",杨应芹、诸伟奇主编:《戴震全书》,第6册,第196页。

担。王韬云"人外无道,道外无人,故曰圣人,人伦之至也。盖以伦圣,而非以圣圣",其思想根据显然不在朱子的理在气先,而是戴氏的"气不与天地隔者生,道不与天地隔者圣"①。

"道"更为具体之指向,即"喜怒哀乐,爱隐感念,愠憭怨愤,恐悸虑叹,饮食男女,郁悠嗒咨,惨舒好恶之情,胥成性则然,是故谓之道"②。又云:"饮食男女,生养之道也,天地之所以生生。"③甚而云:"'民之资矣,日用饮食',自古及今,以为道之经也。"④"天下之事,使欲之得遂,情之得达,斯已矣。"⑤此经点明,斩截明快。戴氏批评程朱说:

> 宋儒于命、于性、于道,皆以理当之。……《中庸》又云:"道也者,不可须臾离也。"朱子以此为存理之说……王文成云:"佛氏之常惺惺,亦是常存他本来面目耳。"程子、朱子皆求之于释氏有年,如王文成之言,乃是其初所从事,后转其说,以"常存本来面目"者为"常存天理",故于"常惺惺"之云无所改,反以"戒慎恐惧"四字为失之重。⑥

王韬云:"天主教中所有瞻礼、科仪、炼狱、忏悔,以及禁嫁娶茹荤,无以异乎衲子,此殆不及耶稣教所持之正也。"所谓天主教所有"无异衲子"者,即朱子以"戒慎恐惧"为"压得重","转其说"为"天理"。戴氏以为,如此转来转去,反失却"道"之实际,不可须臾离之"道",即王韬所谓"正"之所在的,不是瞻礼、禁欲等近乎"戒慎恐惧"之事,而是人伦生养的天下共通之事。

戴东原的阐释通过立论、训诂与驳论的方式展开,影响于士林既深且广,赞成反对,各有闻人⑦。王韬身处的时代,是程朱理学重又复兴之际⑧,然以王韬遭遇之不偶,立身之逍遥,主张之游移,思想之驳杂,读书目中不

---

① 《原善》卷中,杨应芹、诸伟奇主编:《戴震全书》,第6册,第15页。
② 《原善》卷中,杨应芹、诸伟奇主编:《戴震全书》,第6册,第15页。
③ 《原善》卷下,杨应芹、诸伟奇主编:《戴震全书》,第6册,第27页。
④ 《孟子字义疏证》卷上"理",杨应芹、诸伟奇主编:《戴震全书》,第6册,第195页。
⑤ 《孟子字义疏证》卷下"才",杨应芹、诸伟奇主编:《戴震全书》,第6册,第195页。
⑥ 《孟子字义疏证》卷下"道",杨应芹、诸伟奇主编:《戴震全书》,第6册,第199页。
⑦ 参胡适:《戴东原的哲学》之三"戴学的反响",欧阳哲生编:《胡适文集》,北京大学出版社,2015年,第7卷,第255—309页。
⑧ 参史革新:《晚清学术文化新论》第一章"程朱理学与晚清'同治中兴'",北京师范大学出版社,2010年,第1—30页。

但必有戴书,且更潜移默化而得戴学之传,纵然是一枝一节,然风嘘雨滋,外缘所煽,萌蘖更新,撰成《原道》,倡发"道在人伦"之旨。王韬《与英国傅兰雅学士》书说:"韬生平所好,在驰马春郊,征歌别墅,看花曲院,载酒旗亭……窃以为此特风流游戏之事,本无庸讳之于人前,深恐执事不察,或有以小节进言者,则韬固不受任也。泰西主道,究亦与中土儒理殊途而同归。况乎道统与学术分门,文苑与儒林异趣。彼迂腐者流,韬方欲避道而趋,当亦非执事之所喜也。"①这封书信中,王韬尚未畅言其道在人伦的主张,但已隐含其间,只是不如晚年那般自信自持而已;然据此,可见其个人生活态度,乃是导致其承自戴学而对"道"作全新解释之内在动因,所批评之"道统",为程朱理学无疑。

但王韬之得于戴学者,可谓有因而无果。戴氏有谓:

> 《孟子》曰:"先立乎其大者,则小者弗能夺也。"……声之得于耳也,色之得于目也,臭之得于鼻也,味之得于口也,耳目百体之欲,不得则失其养,所谓养其小者也;理义之得于心也,耳目百体之欲之所受裁也,不得则失其养,所谓养其大者也。②

由道而及于德,言此不过小者,而大者即理义寓于其中。在戴学中尚有由小及大的推演,如云:"仁者,生生之德也。'民之质矣,日用饮食',无非人道所以生生者。一人遂其生,推之而与天下共遂其生,仁也。"又云:"自人道溯之于天道,自人之德性溯之天德,则气化流行,生生不已,仁也。"③王韬即不曾言德、言仁,又不曾分别天道人道之小大。戴说非高悬虚无,无所实践与行动。王韬从戴说中启悟,将圣人者本质揭出,以不与天地相隔为"圣",借戴学为他"天下之道,一而已矣","人外无道,道外无人",扫清了一切障碍,让道通向人欲、人情与人伦,但就王韬来说,则得于此亦止于此。由于王韬直接自戴氏那里摘"果",故而传统儒家的建构范畴(constitution symbolism)也被王韬绕过,从而使其披上了新学的外衣。

---

① 《弢园文外编》,第325—326页。按,此信稿本现存上海图书馆,文字略有差异,兹录如后:"盖教堂与书院,文苑与儒林异趣,任书院之职者,亦惟声名文字而已。苟无碍于立品,无损于讲道,皆所谓小节也。"(陈玉兰辑校:《弢园尺牍新编》,第427页。)
② 《原善》卷中,杨应芹、诸伟奇主编:《戴震全书》,第6册,第23页。
③ 《孟子字义疏证》卷下"仁",杨应芹、诸伟奇主编:《戴震全书》,第6册,第203页。

戴学体系宏伟,立论周严,于并世及后来学人影响甚巨,王韬借此而得出一"千古笃论",其缘由究竟何在?我以为,王韬所自诩者,为其大环境所熏染而为他人所不能有,至若其不能成一系统学说,则以其所得仅戴氏一枝,言词高蹈,用意狭隘,虽假风雨,终归外缘,若其内在,实乏膏壤。

三、作为"时代言说"的"大同"

王韬与戴学之关系,已如上论,但毕竟只是潜流;就王韬而言,其呈现而出的思想,尽管单薄,而驳杂是更为突出的特征——这样一种"驳杂",是汇合中外思想资源尚未融通的缘故吗?答案是否定的;其间,尚有一特殊的经历与复杂幽深的心理,有待发覆。

"道在人伦"对王韬而言,是一种"时代言说"[1]。这在对英伦讲学的记叙中[2],备见其意,从中则看不见"转型时代"前夜的王韬任何的"文化危机"感[3]。他"讲学"的内容实际上也不是谈孔子之道,而是在答问时,略一及之而已[4]。但他将天道与人道对举,即上帝与圣人并称,如此,就最直接地将人道抽象了出来。他在"吾道其西"一节还叙及曾在苏格兰耶稣教堂做过一次演讲——"理(雅各)君邀余诣会堂,宣讲孔孟之道凡两夕。将毕,诸女士欲听中国诗文,余为之吟白傅《琵琶行》,并李华《吊古战场文》,音调抑扬婉转,高亢激昂。听者无不击节叹赏,谓几如金石和声,风云变色。此一役也,苏京士女无不知有孔孟之道者。"王韬的吟诵古诗,可以视为他的"道"既无具体内容又缺乏精神实质的隐喻;如此单薄内涵的"道",自然可以说道不变、归大同;至于究竟是人道依托的人伦,并不提及;又若归于大同的"后来圣人",究竟是西是东,也不纠缠——这是王韬言语的巧辨处,但不是他思考的深刻处。

"道在人伦"导向"大同",它成立的前提只在抽象意义。王韬在《西国

---

[1] 参龚书铎:《晚清儒学的变化》,收入《社会变革与文化趋向》,北京师范大学出版社,2005年,第121—138页。
[2] 《漫游随录·自序》,(清)王韬著,朱维铮编:《弢园文新编》,第352页。
[3] 转型时代,即按张灏说,为1895—1925年,是政治与文化(orientational crisis)双重危机来到之时代,但王韬显然没有过多的"危机感"。
[4] 《漫游随录·讲学牛津》,(清)王韬著,朱维铮编:《弢园文新编》,第356页。

天学源流》附言中说：

> 不知西儒何尝不讲性理哉？上帝作之君作之师，因地而生，各异其俗。列国之制，虽有攸殊，此心之理无不相同。所谓东方有圣人焉，此心同此理同也；西方有圣人焉，此心同此理同。虽东西之异辙，实一道而同风。此其故《中庸》之圣人早已烛照而券操曰：舟车所至，人力所通，天之所覆，地之所载，日月所照，霜露所坠，凡有血气者，莫不尊亲。①

西儒何尝不讲性理？《六合丛谈》第三号载韦廉臣《万物之根是上帝非太极》，先驳道家"道为寂然不动之物"，次驳宋儒"理在气中"，云："人当细思理当与气俱无知之物，其相合亦不过如醖酿耳。何以能精思详备若是之周备耶？"又，第四号载《上帝莫测》云："人人人心中有良知，良知即上帝之旨。"第九号载《论性》云："善，尽名分之谓也；恶，不尽名分之谓也；性，良知良能也。"第十号载韦廉臣《论性》一文，云："仁义理智本于天命为道心，贪嗔痴妄本于气质为人心，试问天命从何而生，曰根于上帝之意；气质从何而生，曰由于习染。"②但对韦廉臣，王韬《瓮牖余谈》卷五"西儒实学"条记云："韦廉臣之植物学，剖陈微至，可云多识草木矣。"③显然，王韬受震动的是西学之中的实学，虽所知终不外一鳞半爪，但如西人由实学而终归上帝，这完全不为王韬所认同——他不愿意接受"道"成为上帝的旨意。因此，上述这一段话加上"此之谓大同"，作为王韬《原道》一篇的结语，是一种调和式的着意地会通中西的"时代言说"。

作为一种"时代言说"，王韬不能拒绝将"道"抽象出来；这种被抽离的"道在人伦"无论是作为主格的"道"，还是宾格的"人伦"，都与"美教化，正风俗"的政教无关，而选择与上帝结合会通互补构成"大同"。与其说这是受西人传教之影响，毋宁说是内在的喧宾夺主，表达出来的则是针锋相对、反客为主。咸丰八年（1858）八月二十一日癸亥王韬记云：

---

① 淞隐庐活字本《西学辑存》六种。又，见[美]柯文：《在传统与现代性之间——王韬与晚清改革》，第114页。
② 沈国威：《六合丛谈——附解题·索引》，上海辞书出版社，2006年，第559、575、651页。
③ （清）王韬：《瓮牖余谈》，申报馆仿聚珍版（光绪元年），卷五叶1B。

（慕维廉）谓（王韬）曰："吾人事天为己之学,修身立命之功,独圣教得其大全。……吾谓西天圣教亦有与三教（儒释道）同源合流,本归一致;儒者所重,三纲五常,以人治人……然彼言乎人事而未及天道,未免有缺略之憾。吾圣教为补其失,则曰天父非舍而求诸远也,盖感生成之恩于阃外耳。由是观之,儒者之言孝厥父,与吾教之言崇事天父,其大旨同。……圣经曰元始有道,道与上帝共在,道即上帝。"慕君为此说,纯属附会,而颇有精义。

又,《与徐荫庭廉访》云：

少时亦尝有志于学问矣。以为道学儒林本归一致,文章经济并不分途。当此之时,谓取青紫如拾芥耳。一击未中,幡然改辙……必求有益于身心之实学。然后从事,亦尝诵金经,索梵旨,亦尝读道书,习内视,不过遁而至虚无寂灭,仍不能等以实证。亦尝问之泰西儒士所奉之天主耶稣,必归本于造天地人物之上帝,似有真谛,然观其书荒诞支离,绝少微言奥义,尚不足与释道抗衡。[①]

又,《致理雅各》云：

后拟作《儒教》一篇,以慕君维廉再三叮咛,勿赞扬孔子,故未付之邮筒。[②]

慕维廉为传教方便计,视上帝与孔子"大旨同"——"大同",王韬说他"纯属附会",又说他"颇有精义",那么,王韬的道在人伦显然就是取其精义而略去附会之迹。究其根本原因,王韬至西方以及东国,不过是"讲学"与"交谈",而非传教,故不用附会上帝以传孔子之道,但取其"大同之旨"以在抽象意义上宣传孔教,以自视不失去传统儒教士大夫之身份或者职责而已。

---

① （清）王韬著,陈玉兰辑校：《弢园尺牍新编》,第475页。
② （清）王韬著,陈玉兰辑校：《弢园尺牍新编》,第684页。

四、被抽象的"道"与"器"

王韬的"道论",在"道"与"器"的关系中,显出时代的积极意义,势所必然,柯文也指出:"使西方进入中国的话语世界,而且无论情愿与否,在此过程中它为中国不光从西方借'器'提供了理论根据。"①我们也能读到王韬说"西学者,缵六经之未备,又非中国诸子百家所能言,故浅而用之,西学皆日用寻常之事,扩而精之,西学即身心性命之原"②。但这终究只是一面,而更为实际的另一面是,莫说借"器"以传西方之"道",就是"器"本身也面临着被抽空的危险。

一个有深意的现象是,凡与友朋显贵谈及西方,王韬皆深诋之,此盖不全为附和当权者计。他说:"《传》曰:'非我族类,其心必异。'西人隆准深目,思深而虑远。其性外刚狠而内阴鸷。……见我文士,亦藐视傲睨不为礼。……夫谋食于西人舍者,虽乏端人,而沉落光耀之士,隐沦其间者,未可谓竟无之也。乃十数年来,所见者,皆役于饥寒,但知目前,从未有规察事理,默稔西情,以备他日之用,而为其出死力者,反不乏人。可谓中国之无人矣。吾恐日复一日,华风将浸成西俗,此实名教之大坏也。"③又:"(天主、耶稣两教)足为人心风俗之大害。"④此等议论,与《原道》之欣赏耶稣教近于儒学,大异其趣,判若两人。

言"道",或者还有些顾忌,故言不由衷,可能难免;但对"取诸西国"的"器",在王韬也并非是全部接纳。可以说,与"道"、"风俗"、"人伦"愈为接近的"器"愈为王韬所拒绝,他所要"假"的"器",不外"火器舟轮",再加上"语言文字",一共三项;至若"器械"、"格致"、"天算"、"鸟兽草木"之学,即现代学科分类的工程、物理、天文与生物,概以为"即使天地间尽学此法,亦何裨于身心性命之事,治国平天下之道"。⑤ 所谓"格致之学有时而穷"。尽管这并不

---

① [美] 柯文:《在传统与现代性之间——王韬与晚清改革》,第98页。
② 《救时刍议》,(清) 王韬著,朱维铮编:《弢园文新编》,第328页。
③ 《与周弢甫书》,(清) 王韬著,朱维铮编:《弢园文新编》,第189页。
④ 《代上广州府冯太守书》,(清) 王韬著,朱维铮编:《弢园文新编》,第157页。
⑤ 《与周弢甫书》,(清) 王韬著,朱维铮编:《弢园文新编》,第192—193页。

妨害他主张将格致之学列为举士之科①,但就与道的关系而言,王韬实际上是抽掉了人伦之道的内在支撑点与外在的实际付托处,成为了一种"虚道"。

"形而上者中国也,以道胜;形而下者西人也,以器胜。"②将道与器分派给中华与西方,套用程子的话,可算是"截得上下最分明",其实也正是王韬《原道》隐而不发的深衷之所在。王韬虽期待所谓"混同万国"之"后来圣人",将天下之道由异而归同,但这个"圣人"并非没有东西之别、华夷之辩。仓田明子以王韬《原道》中引用《中庸》"天之所载"为依据,说:"王韬特意提出'天'的概念其实另有明显的理由:那就是以强调'天',他才不只是在儒学逻辑上,还能在基督教逻辑上提倡大同。"③这两种逻辑并非一体,而是被王韬表述为互补,但内在则是拒斥的。王韬对耶稣的赞美,其言不过是:"夫西域远处海隅。敦庞初变,悍厉成风,而耶稣一人,独能使之迁善改过,以范围而约束之,道垂于千百年,教讫于数万里。呜呼!谓非彼土之杰出者哉!"④文史华夷,彼我圣杰,在王韬的措辞中岂非无所区分?

若是非要给王韬一个"道"的实践者或归宿,我认为,他可能更有待于那些如他本人一样的"沉落光耀"的中华之士:学西方之器,得西方之情,能够"应时变通,循环不穷"、"与天地为一"、"与道常存"。王韬晚年主办《循环日报》,如柯文所指出:"意谓着周而复始、生生不息(如天体运行)。王韬选用此名,明显反映了他那循环史观的深刻背景,也说明他认为中国很可能再次成为强国。"⑤这种循环史观与康有为的线性史观,截然有别⑥。柯文进而将王韬的"道"指认为"以中国为中心的未来世界的哲学基础"⑦,是对王韬《原道》以"大同"结尾最为接近其本意的理解。诚然,王韬的这个用意既明显,又貌似高蹈,实则狭隘,并没有触及张灏所谓代表着"普遍存在秩序"的东方符号系统,不见善、仁、性等概念,也不涉及风俗。但如果仅从言辞表达来接受,则不但于当日可以自东及西,广受欢迎,至如后来,被推为思想先锋,亦不为过——然而,这终究是个历史错位的印象。

---

① 见《代上苏抚李宫保书》《救时刍议》,(清)王韬著,朱维铮编:《弢园文新编》,第245、327页。
② 《与周弢甫书》,(清)王韬著,朱维铮编:《弢园文新编》,第194页。
③ [日]仓田明子:《王韬与中西之道——浅论王韬的大同论》,《政治精英与近代中国》,第48页。
④ (清)王韬著,沈恒春、杨启民标点:《瀛壖杂志》,上海古籍出版社,1989年,第118页。
⑤ [美]柯文:《在传统与现代性之间——王韬与晚清改革》,第51页。又,参萧永宏:《王韬与〈循环日报〉》第三章"说'循环'",学习出版社,2015年,第80—120页。
⑥ [美]张灏:《危机中的中国知识分子:寻找秩序与意义(1890—1911)》,第212页。
⑦ [美]柯文:《在传统与现代性之间——王韬与晚清改革》,第90页。

结　语

　　王韬始终徘徊于学与政之间,萦绕于出与入的困扰之中。尽管他批评朝廷对待西人之方式,说:"今朝廷之上,漫无成见。来则与之和,去则旋背之。受诳愈大,结怨愈深。"[①]是不在庙堂而有的清醒。但谈"道",即王韬对待西学、西方圣人、西方之道的态度,身在其中,则与朝廷之上的肉食者即那些个儒家士大夫,本质上并无什么区别,有着一致性的心理矛盾与强韧情感[②]。只是环境所驱使,让王韬以抽象的"道"而做了不同方向的发挥,至于他本人念念不忘的,则仍旧是"沉落光耀之士"及其"不变之道"。

　　胡适解释《易·需》卦说:"《需》卦所说似是一个受压迫的智识阶级,处在忧患险难的环境,待时而动,谋一个饮食之道。这就是'儒'。"[③]这是在王韬去世后二十年的声音,但用来作为王韬形象的素描也并非是不合适的。王韬不但较之前辈的乾嘉学者、同辈的幕府学者有其特殊的独立性,连进入二十世纪的学院与政治互动的学者,也在独立性上与王韬有相当的差异甚至是距离。这种独立性,也是一种现代性。王韬可以王、郑(观应)并称成为改良派,可以王、李(善兰)并称成为近代引进西方科学技术的先驱[④],还可以由于和理雅各等西方人士的交往成为中西文化交流史的关键人物,至于他在报业、现代教育方面的作用更是引人注目。但实际上,始终不应忽略的是,王韬的独立性与现代性都不是他的主动选择。他的选择,其实是《需》卦指向的那个"处在忧患险难的环境,待时而动,谋一个饮食之道"的儒者;而他所谓"不变之道",也是据此而生发。为了让这一切有一个顺理成章的表述,他在自己的知识结构中摘出了一条——"道在人伦",推演而及,可以成为新颖的世界观,但实际上则是方法论,是应时而动的通道。

(本文作者系上海师范大学教授)

[①]《上徐中丞第一书》,(清)王韬著,朱维铮编:《弢园文新编》,第199页。
[②] 参杨国强:《鸦片战争与儒学》,收入《晚清的士人与士相》,商务印书馆,2017年,第92—93页。又,杨天石:《儒学与近代中国》,收入《哲人与文士》,中国人民大学出版社,2007年,第2页。
[③]《胡适文存四集·说儒》,欧阳哲生编:《胡适文集》,第5册,第21页。
[④] 参熊月之:《西学东渐与晚清社会》,上海人民出版社,1994年,第270页。

永康历代县志纂修考述

胡德伟

内容提要 文章梳理介绍了永康1949年之前书目著录中有记载的十一部县志,着重对其中现存六部县志(正德志、康熙徐志、康熙沈志、道光志、光绪志、民国新志稿)的编纂特色和县志修纂的若干问题进行考述。对县志如何反映历史、后志对前志存正纠误、县志人物导向、县志序跋撰写、县志续修的"扩容"和弃取进行探讨。针对目前各地修志现状,文章建议:续修新志,要尽可能避免"积累式"(大量抄录旧志),尽量采取"断代式"。对前志已记载的文字、数据和沿革需要前后照应的,可适当照录或简要书之,或采用索引注明前志出处。力求避免差错,使志书既内容丰富、实用,又篇幅适当,便于查阅和使用。

关键词 永康县志 公共历史 县志人物 县志续修"积累式"和"断代式"

《永康文献丛书》编纂经过一年左右的酝酿准备,终于在2021年3月10日正式启动。2022年编纂的重头戏是整理出版1949年以前永康历代县志和儒学志、乡土志、五峰书院志。笔者从2022年11月中旬开始,通览上海古籍出版社根据卢敦基校点后的电子版校样,至2023年4月中旬,将六部县志通览阅毕。一个打算是借此机会通读一遍现存历代永康县志,同时做一点(程序之外的)校勘。考虑到此前的县志刻本一般人不去阅读,校点本出版后将减轻难度,倘县市主政者、永邑读者和邑外关心本邑的同仁能用比较经济的时间有所涉猎,或选其中相关内容浏览,对回望历史拓展视野当会有所帮助。故将自认为重要的内容和若干思考不揣浅陋略述一二,敬请方家指正。

一、书目著录中的历代永康县志

永康建县始于吴赤乌八年(245)。永康有县志,据目前为止的记载始于南宋,到1949年之前,依次顺序为:

南宋嘉泰年间(1201—1204)县志 陈昌年主纂。今佚。据光绪志"职官志",陈昌年"嘉泰元年来任知县","自公创为邑志,而后乃班班可考,则公之有造于邑多矣"[1]。

元延祐年间(1314—1320)县志 陈安可主纂。今佚。陈安可,邑人,据光绪志"选举志"为"龙门巡检"[2]。

明成化年间(1465—1487)县志 欧阳汶、尹士达纂修。今佚。据光绪志"历代修志姓氏",欧阳汶为本县司训,江西分宜人;尹士达为江西泰和人[3]。

明正德辛巳年(1521)县志(简称"正德志") 主纂人为吴宣济、胡楷、李伯润,参与人为刘辑(学司教)、刘珊(学司训)、艾琼(学司训)、章懋(兰溪人)、赵懋功(邑人,以下同)、徐访、俞申、周桐、曹赞、陈泗[4]。此志今存。据此志序、跋(书永康县志后)记述,其纂修起于正德九年(1514),主事者为知县吴宣济。初稿成于次年。正德十四年(1519)胡楷接任永康知县,正德辛巳年(1521)胡拟将志"梓行之",遂组织专人修订并由自己把关,耗时半年于次年四月完工,付诸印刷。事将垂成,胡楷因故突然去职,由李伯润接任(嘉靖二年,1523),此志随后印出,主纂者又加上李伯润的姓名。三位主纂者的简历,正德志卷四有记:"吴宣济,字汝霖,庐陵人。举人。正德九年任。以忧去。""胡楷,字天则,望江人。举人。正德十四年任。嘉靖元年冬以事去,民皆惜之。""李伯润,字文泽,山海卫人。举人。嘉靖二年任。"[5]

明嘉靖年间(1522—1566)县志 洪垣(知县)主纂。今佚。康熙十一

---

[1] 《(光绪)永康县志》卷五,上海古籍出版社,2023年,第226页。
[2] 《(光绪)永康县志》卷六,第159页。
[3] 《(光绪)永康县志》,第28页,"历代修志姓氏"。
[4] 《(光绪)永康县志》,第28—29页,"历代修志姓氏"。
[5] 《(正德)永康县志》卷四,上海古籍出版社,2022年,第78页。

年(1672)县志卷六"治官名表"记:"洪垣,字觉山。由进士。婺源人。自莅任以来,修养济院,修学宫并启圣祠,建预备仓于兴圣寺西,立申明亭,修县治,建布政司,清税粮,兴水利,立方岩精舍,定淹没子女之戒,严火葬之禁。惠政甚多,民至今思之。"①当代文史学者也有疑此志即正德志嘉靖版。

明万历年间(1573—1620)县志 吴安国(县令)、胡以准(学司教)、应廷育纂修。今佚。仅存万历辛巳年(1581)吴安国序、胡以准跋、应廷育叙(均载《永康文献丛书》康熙十一年志)。康熙十一年志卷六"治官名表"记:"吴安国,字文仲。长洲人。进士。万历庚辰任。约己慎施,治行表著,多兴革,作《县志》,缮学宫,丈量清亩,立社学社仓,因火灾建正一道院。后升温处道,陪巡至县,留三日召致故识属吏,蔼如也。宜入名宦。"②"教官名表"记:"胡以准,字可平。丰城人。举人。万历五年任。尝修县志。"③而邑人应廷育,应是主纂者。康熙十一年志、三十七年志、道光志、光绪志在"人物"卷中对其事迹都有记载,而以道光志、光绪志更为详细。两志云:"应廷育,字仁卿。年二十七,登嘉靖癸未进士。"先后在多地为官,后专心做学问,"以患病力请致仕。疏三上,乃得就里,时年甫四十有二"。"既归,阖门守静,唯以问学为务","与人研究名理",讲学切磋,"孜孜述作,垂四十年。虽年踰八旬,手不释卷"。其著作甚富,"所著书,在官,有《读律管窥》《南京刑部志》;在家,有《中庸本义》《周礼辑释》《周易经解》《四书说约》《郊祀考义》《金华先民传》《永康县志》《经济要略》《礼记类编》《史监纂要》《明诗正声》《字类释义》《卮言录》《训俭编》《自叙编》。凡十七种。末年又有《皇明文武名臣录》,未就而卒,年八十二"。人称晋庵先生。万历间,崇祀乡贤④。

康熙十一年(1672)县志(简称"康熙徐志") 今存。由徐同伦领衔纂修,主纂者有尚登岸、俞有斐等,参与者虞辅尧(司训)、徐光时(邑人,以下同)、徐宗书、王世铁、程懋昭、汪弘海⑤。徐志卷六、卷七分别有记:"徐同伦,号亶源。湖广安陆府京山县人。由己亥进士。康熙六年任(知县)。"⑥

---

① 《(康熙十一年)永康县志》卷六,上海古籍出版社,2022年,第89页。
② 《(康熙十一年)永康县志》卷六,第89页。
③ 《(康熙十一年)永康县志》卷六,第103页。
④ 《(道光)永康县志》卷七,上海古籍出版社,2022年,第269—270页。《(光绪)永康县志》卷七,第287—288页。
⑤ 《(光绪)永康县志》,上海古籍出版社,2023年,第29页,"历代修志姓氏"。
⑥ 《(康熙十一年)永康县志》卷六,第97页。

"俞有斐,初任瑞金县令,廉干有惠政。以疾告归,士民号泣板留。"[①]而进士尚登岸与徐同伦同乡,在徐同伦完成志书初稿后来永康,用几个月时间参与修志,做了不少工作,并为志写了"跋"。此志国内已无存,幸赖徐林平、江庆柏两先生从日本稀见浙江方志搜得。是故,本次《永康文献丛书》对此志的整理,以日本国立公文书馆藏清康熙十一年刊本为底本。

康熙三十七年(1698)县志(简称"康熙沈志") 今存。由沈藻领衔,主纂者有余澶(司教)、余敬明(司训)、朱谨(县丞)、陈铣(县丞)等,参与者(均邑人)王同廱、徐琮、林征徽、应锦郁、俞玉韬、徐友范、王同杰、徐玑、徐彦滋、应本初、徐友闽、程璘初、金兆位[②]。沈志卷九"宦表"有记:"(知县)沈藻,号琳峰。江南松江府华亭县人。乙丑进士。康熙三十年任。""(县丞)陈铣,字吉臣。顺天大兴人。监生。康熙二十三年任。""(教谕)余澶,字东觐,号潜亭。山阴人。壬子举人。康熙三十五年任。""(训导)余敬明,字寅亮。龙游人。贡士。康熙二十九年任。"[③]县丞朱谨,则沈志和后之道光、光绪志均查无此人,但此志从第一卷到第十六卷首页均有"昆山(第一卷为吴郡)朱谨雪鸿编纂"字样,应是不可或缺的重要人员。且卷十六"艺文"收有一篇"应仕濂传"撰者就是"朱谨"。沈藻在志序中两处引朱子(朱谨)语,谓两人"志尚不歧,迭相默喻",乃"书予两人所见以为之序"。如此看来,是否在本志"宦表"名单中漏抄了此君,而后志沿袭前志再无补正机会;抑或朱任职不在永邑。对于此志纂修,沈藻在序中言明,"始事于去秋,告成于今夏"。其间,康熙三十七年京城官员张希良视学浙江,在金华公干之余寻览所属八县县志,发现独缺永康。恰永康知县沈藻是他科考同年,于是动问。沈答书板毁于大火,已有二十余年,且说久已有意修志,"当勉力从事"。书成,张为之写序,已是冬十一月。"科友"张希良的动问应是推动了沈志的修纂。清代戴名世有文,称其"同年友"沈藻为人"和厚而详明","县父老子弟皆怀其德,上官将欲文章荐之"。然在修志乃至离职后,据说"库金因公事挪移四千余金",而"官吏去任,库金不足者必偿之",沈"家故贫","无以得偿"。县父老子弟"以吾侯之贤",打算"醵金(集资凑钱)助侯",又因永康县小民贫仅集得四分之一,无以救急;后有某(巡)官至

---

① 《(康熙十一年)永康县志》卷七,第121页。
② 《(光绪)永康县志》,第29—30页,"历代修志姓氏"。
③ 《(康熙三十七年)永康县志》卷七,上海古籍出版社,2022年,第169、177页。

婺了解到此情,召沈嘱其带话给同僚和上下级以捐俸相助,亦成效不显①。乃至沈滞留永康,直到去世。

道光十七年(1837)县志(简称"道光志") 今存。其纂修"有一个庞大的写作班子",本志卷首详列了四十三人名单:总修廖重机等三人,校阅魏青岩等三人,分校张凯等三人,纂修应曙霞、潘国诏二人,分修徐绍开等九人,采访程凤冈等十七人,董事周师贤等六人。对此,卢敦基君在本志"前言"中有生动的叙述:"总修三人:廖重机、陈希俊、彭元海,均曾任本县知县。廖于道光十四年(1834)冬来永康,觉得距前志纂修已过一百三四十年,实在应该重修县志了。次年,他就立局开工。但不巧,此年秋天歉收,'经费不足',工作暂停。下一年遇丰收年景,重新开局。但廖此时调到了横阳(今浙江平阳),来接任的是陈希俊。廖在交接工作时特别向后任提到县志修纂,陈氏也高兴地回答愿意继续。又过年余,志书告成,知县又换成了彭元海。彭元海何时到任,志无明确记载,但既上县志编纂领导班子名单,显然在刻板印成前已到位,至于干了多少实际工作,则难说得很。而且,廖重机在这项工作一开始就聘请了当地的两位官员充纂修职:应曙霞,原任甘肃秦州直隶州知州;潘国诏,前任直隶天津府沧州知州。两人均曾任州职一把手,让他们来主持实际工作,能够更方便地应对来自各方的压力和牵制。""可以认为,此志是廖定宗旨,应、潘二人主持日常工作,众人各有分派。"卢君认为:"如果从志书的外观及编校质量上来看,此志在现存永康志书中无疑是最好的一种。"

光绪十七年(1891)县志(简称"光绪志") 今存。按照本志"卷首"的罗列,总修为"任永康县知县"李汝为、"署永康县知县"郭文翘,校阅为戴穗孙等二人,分校为李世均等三人,纂修为"钦加内阁中书七品衔孝廉方正候选教谕拔贡生"潘树棠、"举人候选知县"陈宪超、"恩贡生前署淳安教谕"陈汝平,分修为朱正廉等四人,董理为黄人守等二人,采访为王龄等五十二人,合计六十八人。光绪志的纂修似在太平时节,但也一波三折:同治十二年(1873),湖南善化人赵煦(字舜臣)署理永康知县,次年他请潘树棠等人纂修新志。因"经费不敷",工作半途而止。其间大约历五任知县,十六年后即光绪十五年(1889),江西新建人李汝为(字桐孙)来永康任知县,方以潘树棠等起草的旧稿为基础重启县志修纂。又过二年,开设志局正式进行

---

① 参见王树民:《戴名世集》,中华书局,2000年,第432—433页。

修志工作。但到光绪十七年(1891)七月,李汝为突然病逝于任上,安庆合肥人郭文翘接任署理县事。端赖潘树棠、陈宪超、陈汝平三位纂修,历经八任知县,仍锲而不舍、难以定稿者"郭公祖(文翘)酌裁审定",光绪志终得成书。

民国永康县新志稿(简称"民国新志稿") 由宁海干人俊纂,于民国三十四年(1945)成稿。今存。此志稿前有干人俊之父干善韶作序介绍成书经过:1939年秋,干人俊在缙云壶镇安定中学(今杭七中前身,因避日寇迁居至此)任教,壶镇毗连永康方岩,干人俊曾游其地,"而受某方(注:推测为浙江通志馆)之促",纂修永康新志。方创之际,因"母病嘱返,就近天台中学执教",纂事中阻。到1944年秋,干人俊任宁海县志馆编纂,"复受某方之促",抽空续纂成书。干人俊其人其事,今李圣华、万吉良主编之《宁海丛书》第34册(上海古籍出版社,2016年)《方正学先生年谱》提要中有介绍:"人俊字世杰,一字庭芝,号梅园,宁海下何人。善韶子。生于光绪二十七年。"

综上所述,本邑1949年之前有记载的县志十一部,已佚五部:宋嘉泰年志、元延祐年志、明成化年志、明嘉靖年志、明万历年志;今存六部:明正德志、清康熙徐志、清康熙沈志、清道光志、清光绪志、民国新志稿。存者已全部收入《永康文献丛书》。

二、现存六部永康县志编纂体例与特点

正德志 全书八卷,约14.5万字。这是今人能看到的最早的永康县志。此志编纂时,前面三部县志(宋嘉泰、元延祐、明成化)均未佚,主事者皆曾寓目。因此,正德志可以说是我们从县志的窗口所溯望的永邑历史起点。从此志《凡例》中知,编纂者认为宋、元两志"略而未详",明成化志续修"又多失实,难以取信",故"今据宋、元二志,稽之先哲文集,并采诸故老传闻,以备其未备"[①]。用当今语言,即此次修志将查考文献依据与坊间调查并重互补。编纂者的努力得到了翰林院国史编修叶式的肯定,叶作志序云:是志"其发凡举例,要而尽,直而不讦,扶树教道而微于寓意,如宽于隐

[①]《(正德)永康县志》,第15页,"永康县志凡例"。

恶而并存人风,详于人物而不附异教,谨于遗文而不贵无益。若此者,皆妙得良史法意。永康之志,至是而详实有体矣"。尽管如此,编纂者在《凡例》中清醒地提醒:"其间遗失尚多,惟后之君子补之。"

叶式作序是否场面上说的官话好话?似乎非是。笔者在正德志中注意到卷三,三条按语可以印证:一是"田土"子目讲到明初赋税按田土实际丈量均摊,"民受其惠",但年长日久之后"弊端百出","有田者不税,有税者无田","豪家巨室有收获之利,而无征敛之苦,其害悉归之小民",以致"毁屋庐、鬻男女偿之"。此时,弘治四年站出一个县令王秩,顶住压力对田亩和地主进行清理,"自是田得其实,税有所归。至五年造册,而前弊去矣"。按语用了一大段话对王秩的为政进行褒奖,颇有弘扬正气、树立好官典型之意(王的"美政甚多",志中卷四"名宦"有记)。二是"物产"子目按曰:"以上诸物,皆邑之所出也。""其有关于民生日用者,仅足取给而已。为政者盍亦思所以撙节爱养之乎!"强调当官人要节俭,切勿滥取,要以养民为重。三是"赋"子目后按语,针对官府巧立名目搜刮民膏民脂,斥"实奸宄之囊橐,而朝廷不获实用。惜哉!"确是"扶树教道而微于寓意",有为民主持正义公道之风。此也似为正德志一特点也。

正德志"跋"由参与修志邑人陈泗作,查正德志刻本原题为:"书永康县志后。"篇首"郡守刘公莅,崇重风化,注意增修邑志,饬宣济吴尹"一句,在收录康熙徐志时改成"吴尹宣济注意增修邑志"。自此以后各志均沿袭之。这一改,将正德志的发起者由郡守刘莅变为县令吴宣济,不知是当事人刻意改动,还是他人无意所为?

康熙徐志　全书十卷,25万字。从卷一到卷十首页均有徐同伦重修,尚登岸、俞有斐汇辑,虞辅尧校正,徐光时编纂,徐宗书参阅,王世钱、程懋昭编纂,汪弘海校梓字样,以示参与修志者分工职责。中国古代文献散失状态惊人,到了康熙十一年时,正德前的三部县志都已经佚失了,当时所见正德志也非全本。由此推断:"徐志所依据的旧志,实际上主要是正德志和万历志两种,而以万历志为主。"正德志为八卷,万历志为十卷(见本志载应廷育《旧叙》)。徐志《凡例》拟定:"前志例分十则,严正简括,因悉仍旧。""续修斯志,邑侯以本邑事惟邑中绅士稔悉,绝不与以己意。无论巨细,悉付公议。故任事者愈加详慎,稍有见闻未核,宁为阙文。集中一事一言,皆从舆论确实,无可移易。""人物篇。仍旧不立标目,分列四款。所续入者,先采诸邑里,次议于学校。必行实详确,方可录入,比别条尤加慎焉。"可见对邑事和新人入志之程序严格慎重。总的来说，徐志从体例编排和内容采写，大体继承了万历志。就其本身特点，卢敦基概括了三条：一是求实；二是详尽；三是对待故实慎重。详见"前言"，此不赘复。

康熙徐志在正德志（其纂时宋、元、明三部县志均未佚）和万历志的基础上努力扬长避短。其有别于其他各志的特点，是此志的纂修班子比较稳定，牵头人徐同伦县令治下的永康政局也比较安定。从志前"叙"、志后"跋"所述，此志应是徐同伦在俞有斐的协助下总纂成稿，同乡尚登岸等共为"参校"。三人均为进士，且先后任过县令；俞和其他六位参与修志者大多为邑人。这样的纂修班子应是较为理想的。

康熙沈志 全书十六卷，36.6万字。此志所依据的旧志，当是明正德志、万历志和清康熙徐志。由于沈志与徐志只相去二十六年，所以沈志中有不少照抄前三部志书，但皆标出出处，或指明其间的同异。其体例则"遵洪瞻府志，立标题四十有三，皆自然之条例，非意见创立者也。每题各有小序，亦遵府志例也"（见本志沈藻"序"）。"凡例"进一步说明："不更于标题之上强立纲总，盖标题即为纲矣，复加以纲中之纲，是为造作。又不于一题之中琐琐分类，盖标题之下即为目矣，复析以目中之目，是为烦琐。""标题虽各款分列，而次第承接，仍属一贯，不容倒置，不须增减。"本志与此前县志相比，一是标题调整（增加）之后每一标题下均撰小序。小序通常对该项内容的重要性概而述之，也有不少是讨论该项事物的至理乃至进行论辩、发挥，抒发纂者的主张。起到前述正德志中按语"直而不讦""微于寓意"的作用。如"宦迹"小序一篇述后一句"夫小民一时之利害，官吏得以操其生杀；而官吏千载之是非，即小民亦得而擅其褒讥。故宦迹有志，大可慕也，亦可畏也"。官声可慕，民议可畏，做得好上了县志，也必须接受平民百姓公开监督。二是内容有较多增加，这从本志字数分别比正德志、徐志多二十万、十万即可知晓。三是编纂较为严谨。阅志各卷，每卷首页均载（本卷）某某重修、某某参阅、某某编纂、某某校订。凡十六卷，"重修"均沈藻，"编纂"均朱谨，全书一以贯之；"参阅""校订"这类"第二道工序"则各卷承担者有同有不同，职责分明。四是关于疆域，在沈藻亲自带队到本县四封实地勘察的基础上作了具体明确。除四处旧界新立石外，其余九处新立界石并做了记载。

道光志 全书十二卷，46.7万字。本志主纂虽历经三任，但如前所述，首任总修廖重机一开始就聘请了两位资深"州级干部"应曙霞、潘国诏主持日常编写工作,秉承其"搜采不厌周详,弃择务期精当。志犹史也,而褒讥寓焉。志非谱也,而称述异焉"之既定方针,三任总修一以贯之,两位纂修落笔"随诸君子之后,而稽诸史牒,考诸省志、郡书,咨诸一邑之公论,阙者补,繁者芟,讹者订,按部就班,巨盱细眗,惟明府(指廖重机)之取裁,而无所容心于其间也"[1]。加上城乡"搜采"有一个多达十七人的采访班子,相比于前志,卷首图谱(永康全境图、县治图、公署图、学宫图)描绘更精细,刻印更清晰;卷内文字内容更充实,叙述更详确。如将桥梁记述由县城向周边辐射系统化;将集市市日按主次、名墓按时代层次分明记载;增加"县治"下的火灾、"学校"下的书院、新修"坛庙"、新设"武备"、新建"坊表"等内容;而"艺文"和"人物"则更是大幅增多。全书字数比前志又增加了十万。还值得一提的是,本志在"地里志""风俗"篇首提"士农工商",其中"工"罗列了"土石竹木金银铜铁锡"匠,似是永康"五金"的最早出处。

道光志与此前三志相比,在修志方式上,一是如前所述组建了一个前所未有的写作班子。二是"凡例"的设置更周密,以至此后的光绪志在本志"凡例"同时将其以"原例"并用。三是田野采访的深入细致,搜集到更多的底层对象(其中"列女"居多)。四是"艺文"内容大幅增加,且分类更为合理,也为光绪志所沿袭。

光绪志 全书十六卷,62.6万字。此志是民国前永康历史上最后一部古老格式的旧志,也是篇幅最大的古志。是志在旧志的基础上编纂,但时经兵火,连康熙十一年的徐志都已残缺不全,所倚仗的只有康熙三十七年的沈志和道光志了。对照三志,可知本志基本上在道光志的基础上修纂。虽则从十二卷增列为十六卷,但就子目而言,除了个别有所调整和归纳分析,大体如旧。所增加的内容主要有:一是"人物"。光绪志在"治官姓氏"和"教官姓氏"目下做了大量增补,这些增补都列出经过考证的依据。二是"蠲恤"。光绪志新创此目,列于"田赋志"之下,用于记载本朝开国以来的减免记录。三是"祀典"。特别是增列了诸如告诫生员的卧碑文和皇帝上谕、训饬士文、训谕文等"公文"文献。四是太平军战乱增编了专文。五是艺文。最后特别应指出的是,在"列女"卷中补入了康熙年间烈女吴绛雪,并用长篇文字介绍其事迹,"阖邑公禀具详奏请旌表"。简而言之,光绪志"于旧事,则考订之,增益之;于时事,则或依官方记载抄入之,或派员采访

---

[1]《(道光)永康县志》,第549页。

而述录之"。

光绪志与前四部古志相比,其编修班子之强(合计六十八人,其中采访五十二人),增补资料(主要是"人物")之相对翔实(文献依据),对旧志旧篇的搜集和充实(前者如历代古志的修志姓氏和序跋汇辑,后者如"祀典"篇幅的扩充和史料的保留),都着实下了一番功夫。

民国新志稿 全书十六卷,9.6万字。此志不大量抄录旧志,而专选新事记载,内容更多着眼于经济和社会,可以说进行了现代新志的探索。值得一提的有:卷三"机关、团体",罗列了自省政府以下三十六家抗战期间自省城迁永的机关团体及负责人,永康本地十七家团体名称;卷八"交通",用文字和列表简明介绍永邑公路、水道、邮政、电政四项;卷九"商业、金融",除概况外重点记载转运业、牙行和农民借贷所;卷十"教育、卫生",披露了本县初等教育、中等教育、社会教育和医院、医师、诊病等的有关资料;卷十二"古迹",记载了光绪志没有写到的地方(据其他历史文献采入);卷十三至十五"艺文",其"书录"对前志"书目"有所补充增益,其新增"文编"如郁达夫《方岩记》、陈万里《游方岩纪略》《方岩游记》(日记体)、嵇光华《方岩探胜记》(日记体)等颇有新意;卷十六"杂记",内容驳杂但很有价值,如光绪志后到光绪末年历任职官的姓名、籍贯、官衔及任职时间,方岩广慈寺八房和僧众人数,岩顶商店店号设址和经营内容、季节性商店的经营内容和设址,岩下街商旅店号和经营性质,各村"迎案"的上岩日期等。此志采用了大量的统计数字,顺应了修志"现代化"萌芽的技术要求。此志的不足之处是,由于时处战争时期,收集资料和写作都不易,致使内容太过简略;由于纂者非本邑人且在永康逗留时间不长,对本邑沿革和疆域(如1939年新建磐安县引起永康区域变化)把握不确。

三、永康县志修纂的新思考

1949年之前的永康县志,尽管已佚近半,但仍有六部留存。中国幅员广大,不只永邑一地,其他不少县(市)恐均如此。就笔者偶有所览,如江西瑞金,有记载的修志有十次,其中留存至今的有七部:明嘉靖壬寅志(1542)、万历癸卯志(1603,不全),清康熙癸亥志(1683)、康熙己丑(续修)志(1709)、乾隆癸酉志(1753)、道光壬午志(1822)、光绪乙亥志

（1875）。已失传的三部：明隆庆壬申志（1572）、万历乙卯志（1615）、万历戊午志（1618）[①]。

历朝留存至今的地方志中，占绝大部分的是县志。学者共识，县志是官修方志体系中最重要的一环，县志编纂内容为地方政治经济文化生活中的重大活动，为本邑官民所关注。阅读斯志，不同人、不同的浏览重点，会有不同的收获和发现。笔者借《永康文献丛书》对永康县志整理出版之机做所谓通读，也是大而化之，偶有收获，大多遗珠。以下记下一些思考：

（一）县志是地方历史的重要记录

历史是对过去发生事实的描述和记录。永康县志的篇章结构，正德志、康熙徐志比较简略，康熙沈志、道光志、光绪志较为详尽，民国新志稿则另成体例，以更多选择当代经济和社会生活新事记载为主。历代永康县志设置的编纂篇目，几乎囊括了对该县政治、经济、地理、文化、军事、社会各个领域的记录，具有国家基层基础史料价值。

近阅李晓方《县志编纂与地方社会：明清〈瑞金县志〉研究》，该文提出一个尖锐的观点："县志虽是官方性质的一种公共历史记述，是地方历史进程的产物，又在一定程度上反映了地方历史的发展进程。但是，县志又暗含着诸多权力关系和目的意图，是地方官绅竞相染指的话语权力和文化资本。"[②]作者特别指出："明清瑞金县志的历任主修知县，无不将其在任期间的施政作为和有利彰显其才学德性的诗赋题记一一载入县志"，编成"政绩簿"，绘成"自画像"。"直接参与县志编纂的地方士绅，也无不在县志文本中掺入了浓重的宗族观念。""县志文本尤其是像人物传记、艺文志这样的门类，是地方官员和社会各种力量依凭各自的实力规划和描绘出来的'权力分布地图'，是对地方权力结构的投影及其合法化的诉求与表达。"[③]

为了验证《明清〈瑞金县志〉研究》的这一观点，笔者就六部永康县志主纂人和参与者在各自编纂的县志中列入人物传记和艺文志的记录进行了搜寻。结果是：

正德志，主纂人吴宣济（知县）、胡楷（知县）、李伯润（知县），参与者 10

[①] 李晓方：《县志编纂与地方社会：明清〈瑞金县志〉研究》，2011 年 3 月，华东师范大学博士论文，（网络）未刊稿。
[②] 李晓方：《县志编纂与地方社会：明清〈瑞金县志〉研究》，论文摘要。
[③] 李晓方：《县志编纂与地方社会：明清〈瑞金县志〉研究》，论文结语。

人,均无列入人物传记和艺文志。

康熙徐志,主纂人徐同伦(知县)、尚登岸(进士,徐湖北京山同乡,来永康数月参与编志)、俞有斐(进士,邑人,曾官瑞金知县),参与者6人。均无列入人物传记。有文列入艺文志者:徐同伦记一篇(重立戒石碑记),尚登岸记一篇(放生潭碑记)、诗十首,俞有斐诗二首,其他6人均无。

康熙沈志,主纂人沈藻(知县)、余瀍(司教)、余敬明(司训)、朱谨(县丞)、陈铣(县丞),参与者(均邑人)13人。均无列入人物传记。有文列入艺文志者:沈藻三篇(重建永康县治厅堂记,筑城辨,应君生圹碑铭)、朱谨一篇(应仕濂传),其他16人均无。

道光志,主纂人总修廖重机(知县)、陈希俊(知县)、彭元海(知县),纂修应曙霞(致仕知州)、潘国诏(致仕知州),参与者(包括校阅3人,分校3人,分修9人,采访17人、董事6人)38人。均无列入人物传记和艺文志。

光绪志,主纂人总修李汝为(知县)、郭文翘(知县),纂修潘树棠(候选教谕)、陈宪超(候选知县)、陈汝平(前署教谕),参与者(包括校阅2人、分校3人、分修4人、董事2人、采访52人)63人。均无列入人物传记。有文列入艺文志者:潘树棠一篇(永宁即永康考辨)。

民国新志稿,干人俊(宁海人,教师,宁海县志馆编纂)纂。该志无人物传记,仅在艺文载书录附"永康县志乘考略"中列入干人俊辑(撰)四种钞本书目。

如此看来,如《明清〈瑞金县志〉研究》所发见的县志"暗含着诸多权力关系和目的意图"、"地方官绅竞相染指"的情形在永邑似乎并不明显,抑或是江浙沿海地区经济相对于腹地发达、地方官绅政治文明比之较为开明之故? 事实上,为皇帝所信任又为永邑乃至东南沿海民众所敬仰的胡则和一腔热血、满腹经纶、屡次上书、终生不得志的陈亮的传记和文章策论诗赋,以及历代众多的永邑志士,在永康县志中都占有相当大的篇幅。笔者以为,中国如此之大,各地情形不一定完全相同,如瑞金县志所暴露的弊端之存在应该是无疑的,但综合各地的不同状况,笔者还是倾向该文作者对县志的一般定义:县志"是官方性质的一种公共历史叙述,是地方历史进程的产物,又在一定程度上反映了地方历史的发展进程"①。"占据现存方志中绝大部分的县志,是官修方志体系中最重要的一环,它既贴近民间生活,又

---

① 李晓方:《县志编纂与地方社会:明清〈瑞金县志〉研究》,论文摘要。

反映国家的政治要求和主流意识形态。""既是地方官员了解地情的重要参与资料,也是地方士绅建构地方文化形象的重要平台。"①诚然,如瑞金类似的情形是需要读志者和研究者引为重视的,需要用批判的眼光去分析和鉴别。但似乎不应以此而忽视地方志(县志)在研究历史和编纂史书中的重要作用。

一县之令通常是纂修县志的总策划和牵头人,更是封建官僚中最接近民众、对民间有直接感受的基层主官。人称古代做县官,最重要的就是三件事:理诉讼,收钱粮,纂修县志。从永邑历代修志总修和主纂来看,也都以县令为主体(辅之以名宦、名儒)。从古到今,尽管一县之令日理万机,但对县志不能置若罔闻:一是浏览以知县情;二是知人以善其任;三是推广以正风气;四是躬亲以存正史。这看来也是值得当今县市主政者引以为要的。

(二) 县志编纂的取舍和增删

阅读六部县志"城隍庙"一节,正德志刻本(以下各志均指刻本)云:"宋建,元因之。"庙于"国朝洪武三年(1370)知县吴弘道(重)建。正统十四年(1449)火于寇。景泰三年(1452)知县何宗海复新之。弘治十一年(1498),前门毁于火。十七年(1504)建。两廊倾圮,正德十四年(1519)重建。""洪武二年敕封,制曰……"

康熙徐志云:"城隍庙。古不经见,自后世乃有之,宋、元皆因而置焉。夫城,盛也,所以盛民也。隍,城下濠也,所以限城也,其利于民大矣。……盖配食于城隍,若社之有勾龙,稷之有弃然。洪武二十年,改正天下神号,凡前代加封帝王侯伯之类皆去之,惟城隍特封为监察司民城隍显祐伯,且令置公案笔砚,与县官视事同。新官到任,则令与神誓焉。此又神道设教之意,有出于庆赏刑威之外者。"

康熙沈志云:"宋建,元因之。明洪武二年,知县何弘道重建。"

正德志所记吴弘道,在卷四"历官"中有记:"吴贯,字弘道。吉水人。洪武元年任。抚民有道,莅事公平,民怀之。"康熙三十七年沈志刻本卷八"城隍庙"子目将洪武三年误刻为二年,将知县吴弘道误刻为何弘道,道光志、光绪志避乾隆讳,将何弘道刻为何宏道。

康熙徐志相比于正德志,增加了"洪武二十年……且令置公案笔砚,与

---

① 李晓方:《县志编纂与地方社会:明清〈瑞金县志〉研究》,绪论。

县官视事同。新官到任,则令与神誓焉"一段,后道光志、光绪志均沿记之(康熙沈志删去)。但康熙徐志删去了正德志"洪武二年敕封"一段,道光志、光绪志同样删去(康熙沈志保留)。其实,这两段对于确认城隍庙的性质、地位、职能乃至"编制",都是至关重要的。

续纂县志,对前志势必有一个取舍和增删(当然,也包括勘误)的问题。正德志"凡例"云:"稽之先哲文集,并采诸故老传闻,以备其未备。"康熙徐志"凡例"云:"有见闻未核,宁为阙文。集中一事一言,皆从舆论确实,无可移易。"道光志跋云:"稽诸史牒,考诸省志、郡书,咨诸一邑之公论,阙者补,繁者芟,讹者订。"如此等等,都是切实可行且十分必要的。而修志中面对一些重大问题的鉴别与臧否,则更需要慎重为之。如康熙沈志卷十"人物"载"应希圣"条云:"邑东鬼溪孔氏,明嘉靖间,冒认圣裔,蠲免九十六户。邑令毛公(注:毛衢,字大亨)察其伪,欲正之。众推崇学(注:应希圣)。毅然身任,往西安、曲阜,详稽孔氏世谱,并无斯传,鸣于当道,绝其优免,邑人赖之。"后经孔氏申诉并访查,系应崇学百密一疏,未去衢州南孔查核之失,好心办了错事也。此事光绪志在卷十五载"明伦堂圣裔碑记"、附载知县郭文翘撰"新立永康孔氏圣裔碑文跋"予以纠正,并在"人物志"相应条目中做了订正。光绪志相对旧志增纂较多的是"人物"。在"治官姓氏"和"教官姓氏"项下做了大量增补,这些增补都列出资料来源依据。更值得指出的是,在"列女"卷中补入了早在康熙沈志和道光志就应该载入的、在叛军兵临永邑时挺身而出牺牲自己保护家乡人民的才女吴绛雪,彰显了吴作为永康历史上动天地、泣鬼神,具潜德幽光、节烈之气的光彩夺目的文化形象。然纂修者潘树棠竟因此而受到吴绛雪夫家家族的诬告,直至缠讼至京、学宪莅永、密访暗查,奏请朝廷冤议方还其清白。可见修志要秉公修书也是不容易的,此也为修志者毋屈地方士绅挟私干预之一证也。

(三) 县志记载人物考

六部县志,除民国新志稿未列人物志,其余五部经统计涉有或详或简事迹介绍或评估的人物631名(包括人物志、寓贤等和列名"职官"、"选举"中有评价或事迹介绍者,不含列女、耆寿、旌奖等)。

通览各志,记载人物的文字以道光志、光绪志为最。其原因自然是随着年代的进展,后之所纂志书内容比前志增多。但还有一个重要原因,是两志均配置了相当庞大的采访人员(道光志17人,光绪志52人),深入基层进行田野调查，从各方面采辑到更多可入志的信息。两志有关人物的体例大致相同，均包括职官志、选举志、人物志、列女志等，所记载的内容有点类似宗谱的行传（或更详）。撇开其中治官姓氏、教官姓氏、选举志等相对循例的条目，笔者对光绪志采入人物的众多子目进行统计，结果是：

治官列传 38 人，教官列传 7 人，武官列传 1 人，名臣 22 人，儒林 34 人，孝友 63 人，忠节 27 人，政绩 37 人，文苑 34 人，武功 9 人，义行 91 人，隐逸 21 人，孝女 11 人，贞女 46 人，节女 2 448 人，烈女 411 人，义妇 1 人，合计 3 301 人。

而正德志所载同类人物仅 91 人（名宦 9 人，名臣 1 人，政事 8 人，文学 6 人，卓行 6 人，忠义 4 人，谏诤 3 人，孝友 3 人，遗逸 4 人，游寓 5 人，贞妇 42 人）。

县志人物中最卓越者自然非为官造福于民的胡则和学问大家陈亮莫属，其事迹与艺文，各志均有载述。在近代，笔者以为应宝时父子与胡凤丹父子等值得邑人关注。应宝时（1821—1890），字敏斋。县游仙之芝英人。曾任清知州、知府、上海道台、授江苏按察使兼署布政事。其子应德闳曾任清县知事、藩司，辛亥革命后任江苏民政长。光绪志有传，并载李鸿章为应宝时请建上海专祠的奏折和应宝时"禀苏抚张中丞之万书""直省释奠书序""重刻龙川文集后序""重建胡公庙记""瓜泾桥分水墩记"等文章。应氏父子事迹多多。胡凤丹（1823—1890），初字枫江，后字月樵。游仙溪岸人。清末藏书家、出版家、著作家，自费编刻出版《金华丛书》三百四十卷。其子胡宗楙（1867—1939）字砚山、季樵，清末民初实业家、藏书家、目录学家，继承父志辑编出版《续金华丛书》一百二十卷，校勘之精、版刻之善胜过前书。光绪志有传，并载胡凤丹"大别山志序""北山集序""金华丛书书目提要序""重建试院落成记""重修邑城北镇庙前厅记"等文章。胡凤丹父世楷，号雅堂，曾捐田助学，有益乡里，胡氏多位家人在咸、同年间"粤寇"窜扰江浙时奋勇捐躯，号称"一门八烈"，县志均有记。

康熙沈志、道光志、光绪志均重墨记载了明朝永康芝英邑人应昙（字仕濂，应宝时一支属其后裔）捐资置田做慈善公益的事迹。光绪志"义行"云："正统己巳（1449），文庙毁于寇，知县孙礼议重建。昙请独任其事，荐工聚材，方阅岁而大成殿、明伦堂次第落成。生平勇于赴义，所在辄有恩及人。在永嘉分金以急人之难而不问其名，在武林还金以苏人之命而不告以姓氏，在家则出廪粟以赈饥荒，置公田以助里役。他如架梁风桥，建普利寺，赎寺产以赡僧，僧构祠报焉，御史黄卷撰有碑记。雍正二年（1724）崇祀乡贤。"清朱谨作"应仕濂传"云："君于邑中义举,罔不勇赴,捐金以葺学校,置田以助里役,筑桥赈饥,修复佛寺,计其生平,所费不赀,而卒莫之竭也。迄今芝英一区丁允数千人,其贤裔犹能守礼好义,宛如仕濂公存日云。"历代县志多处记载了应仕濂及裔孙后人前赴后继连绵不绝以赈灾助学公益慈善为己任的事迹,感人至深,令人肃然起敬。有道是："一个人自己做点好事不难,难的是引领家人、后代都来做好事,世代相传,才是最难的啊!"仕濂公及其后裔的善举,构成了芝英千年古城的风骨。

前览光绪志中人物,其中有列女2 917人。列女者,孝、贞、节、烈、义,妇女之楷模也。应该说,县志中记载的人物,其事迹大都以其好官、好儒、好义、好行的形象,引导世人与社会朝正义、向上向善的目标前行。然览斯志,对照社会进步,独列女似值商榷。一部县志,推崇什么样的榜样,收录并记载什么样的人物,事关在尊重史实的前提下如何把握历史主流,引导社会朝正确的方向前进,这的确是需要纂修者认真把握的。

(四) 县志序跋考

六部县志皆有序,康熙沈志、民国新志稿无跋。六志合计序跋12篇。万历志虽佚,但存序跋3篇。

正德志序,叶式所作,前已述及。跋为参与修志者陈泗所作(未收入《丛书》正德志,收入康熙徐志、沈志,道光志,光绪志),跋云："夫金华称文献邦,永康为其属邑,山川秀气之所钟,自昔人才之盛,不在他邑下,如胡子正(注:胡则)之忠厚,陈同甫(注:陈亮)之激烈,林和叔(注:林大中)、应仲实(注:应孟明)之正大光明,皆表表足称。"

康熙徐志,领衔纂修徐同伦序,其情怀于志溢于言表："今此无征已致咎于前此之阙略矣。若不早计,则后此之纰漏,不又致咎于今此之放佚乎!"(志告成后)"他日征文考献,则典册具在,庶可传信于千万世云。"跋为徐同伦同乡尚登岸所作,云："徐君亶源,出宰是邑将六载,政成化洽,歌颂声洋洋盈耳也,乃翻绎旧志,手为厘定,俾百十年来往事遗行,灿然大备。余浮鸥断梗,品藻烟云,获从几研之间,共为参校。""数阅月而书成,上以佐兴朝文治之盛,下以发名邑潜德之光。"

康熙沈志由张希良、沈藻分别作序,主要交代成书缘起、过程和编写要旨,前已有述。无跋。

道光志序为首任总修廖重机作。与众不同的是,该志告成时廖已离开永邑有年,是"邑绅士来请序于余",此可见廖对此志之力之功。廖重机对县志的重要性认识也是十分到位,其序云:"故志所以纪一邑之事,而宰是邑者,将于此征文考献,为敷政立教之本,非徒借以夸博洽美观听、黼黻太平已也。"该志跋(书永康县新志后)为纂修应曙霞、潘国诏所作,将修志要旨表达得言简意赅(见前述道光志简介)。

光绪志序为两位总修李汝为、郭文翘所作。李在即将成书时突逝于任上,所幸留下一篇弥足珍贵的序文。跋为纂修潘树棠、陈宪超、陈汝平所作,跋云:"某等时思其难,周详审慎。所有故事,辨讹补缺,注明出处,与为征信。时事则殉节士民及殉难烈妇,本两浙忠义局参入之,不敢妄笔。贞节妇女,则依采访簿据,并凭公论,不徇私见。仕籍门职衔、祀典门坟墓,均照旧志条例,不敢冒滥登载。凡诸门类其隐匿情事,下笔去取有甚难者,必遵照主修郭公酌裁审定,不敢擅专。惟职官一门有遗失者,自晋至唐、宋历朝,既得所考以补之已,复幸得金华县学谢公遹声,渊博鸿才,留心掌故,邮寄元、明以来职官增补二十余名。而志之全帙,则本学主教戴同翁互相参阅,某等得所就正而取裁焉,俾得益思其难而敬慎之,不至一字之纰缪以自取戾。"字里行间,对修志奉若神明、审慎无私的敬畏之情跃然纸上!

通读七志(包括万历志)序跋,最大的感触是前人为文的扼要、朴实、深刻!笔者粗略统计,七部志共15篇序跋,总计字数约9 200字,其中较短的5篇字数分别是468、459、449、439、280。最短为应廷育之万历志"叙",仅280个字(含标点),特抄录如下:

> 叙曰:县之有志,犹国之有史也。政借是以考成,贤借是以不朽。杞宋无征,鲁经是丑,爰掇古今,用垂永久,作《永康县志》,总若干万言,厘为十卷。初一曰地理,次二曰建设,次三曰贡赋,次四曰户役,次五曰风俗,次六曰秩官,次七曰选举,次八曰人物,次九曰艺文,次十曰遗事终焉。地理以经之,建设以纪之,贡赋以征之,户役以庸之,风俗以齐之,秩官以董之,选举以兴之,人物以表之,艺文以饰之,遗事以综之。揆厥典常,细大毕举。县之文献,于是乎备。凡述作之指,另存于篇。晋菴子曰:其事则稽诸往籍与今闻,其义则以质于令尹公裁定之,其文浅陋者盖有责焉,观者幸无罪乎尔!县人晋菴应廷育仁卿甫题。

真是短小精悍,言简意赅!

(五) 县志续修的形式与准则

对于永邑县志纂修,光绪志李汝为有序云:"永康置县,始自孙吴。间有沿革,寻亦如故称,至今因之。若夫志,则自魏而晋而六朝而隋、唐未之有闻。越宋嘉泰,县令陈公昌年始创为之。至于元延祐,县人陈安可续之。嗣兹以降,前明则成化间司训欧阳氏汶一修之,嘉靖壬午县令胡公楷据宋、元本再修之,洎乎万历辛巳长洲吴公安国复依县人应金宪嘉靖时所著稿本而三修之。"此后依序为康熙十一年志、康熙三十七年志、道光十七年志、光绪十七年志继修成。至于1949年前最后一部县志民国新志稿,与此前"古志"比,则是"新志"了。

县志续修,通常都在留存的前志基础上进行。这就有一个与前述取舍和增删类似但重在篇幅上权衡的问题,也即后志对前志认可的内容是"照单全录"还是有所弃取?倘按前者,则后之县志篇幅将似滚雪球越来越冗大,给后人带来阅读的压力和查阅的不便;倘考虑有所筛选,则需要对前志的相关内容有所割弃,为新增内容腾出空间,而新志也只有经过一个"去粗存精,去伪存真"的优选过程才能得到提升。但需要考虑的是,新志毕竟有大量的新内容加入,而纂写新志时对旧志已有的内容甚至还有"扩容"的必要,这又是不能一味压缩篇幅来处理的。

此次通览县志,对现存历代六部县志的篇幅(字数)作了个统计(见前)。此外,1949年后永康修志两部:1991年版永康县志90.3万字,2017年版永康市志565万字(据该志"后记":共6册,56卷339章,600多万字,3 000多幅图片)。与"前志"相比,"后志""扩容"的势头不可阻挡。600多万字的巨著,对于县志(市志)这种工具书,阅读或浏览需花费大量时间,搬动和查阅乃至普及都甚为不便。

为此,笔者建议:续修新志,尽可能避免"积累式"(大篇幅抄录旧志),尽量采取"断代式"(对前志已记载的基本内容、数据和沿革需要前后照应的,可适当照录或简要书之,也可采用索引注明原志出处或制作目录等。在照录或制作中要力求确保避免产生差错)。总之,在保证修志存史、资治和教化宗旨的前提下,应尽可能使志书既内容丰富、实用又篇幅适当,便于查阅和使用。

(本文作者系《永康文献丛书》编纂顾问委员会主任)

论王韬《春秋左氏传集释》中的政治改革思想及其意义

方 妹

内容提要 《春秋左氏传集释》是王韬旅居英国时撰写的经学著作,最早体现了王韬的社会改革思想。王韬通过经学注疏这一传统学术形式,表达了对中国封建君主专制制度的不满,他对传统春秋学中的尊王大义的阐释,是他批判封建专制制度和呼吁政治改革的先声,直接触及了中国封建王朝的根本问题——高度集中的王权,以及中国民众对封建王朝最高统治者的盲目尊崇,实质是为自己的政治改革思想张本。王韬在经学中保留周天子地位和权力的主张,反映了他对现实层面清王朝封建统治的地位和权力不可全部废弃的认识。王韬"黜尊王"观点中隐含的君民共治的政治主张,带有思想萌芽阶段的局限性,但对清代社会而言,有着振聋发聩的现实政治意义和解放思想的引领作用。

关键词 王韬 《春秋左氏传集释》 改革思想 黜尊王

在中国近代史上,王韬以离经叛道的个性、异乎寻常的经历和满腹经纶的才华,成为晚清政治、文化、思想界的重要人物之一。王韬是中国近代最早一批口岸知识分子[①],他参与翻译了一系列介绍西方科学技术的书籍,

---

① 所谓"口岸知识分子",即"条约口岸知识分子"(intellectuals in Treaty Port Cities),是美国学者柯文(Paul A.Cohen)率先提出的概念,意指那些接受过中国传统教育、生活在最早开埠的通商口岸、与西方文化有着密切接触并有所启发的文人士子,如王韬、蒋敦复、李善兰、华蘅芳等人。参见[美]柯文著,雷颐、罗检秋译:《在传统与现代性之间——王韬与晚清改革》,江苏人民出版社,1998年。

其中《光学图说》和《重学浅说》更是近代中国最早引进的物理学著作。在近代中西文化激烈碰撞的漩涡中,王韬与英国传教士理雅各(James Legge,1815—1897)合作翻译了《诗经》《春秋》《礼记》等儒家经典,直接开启了英国汉学新篇章。王韬还曾在牛津大学、爱丁堡大学作演讲,宣传儒家思想和中国文化,引起了强烈的反响,对西学东渐和东学西传均作出杰出贡献,是最早致力于中西文化交流的著名学者。王韬又曾随西方传教士深入苏州、南京等太平天国占领地考察,与太平军将领有过频繁接触,并上书献策,"是近代史上唯一与清政府、外国势力和太平天国这三方面均有特殊关系的人物"[①]。他曾亲身感受并潜心研究西方国家的物质、精神文明,形成了变法改革思想,并撰写了《普法战纪》《火器略说》《美利坚志》等诸多普及西学的著作,成为"当时著名的'西方问题专家'"[②]。王韬还是中国历史上第一位现代意义上的报刊政论家,他创办的《循环日报》不仅是第一家宣扬资产阶级改良变法的报刊,同时也是第一份完全由中国人出资运营、编辑出版的中文报纸,对中国的新闻报刊事业做出了巨大贡献。晚年返沪后主持格致书院,投身于教育改革和人才培养,"在中国近代文化教育发展史上无论从思想还是从实践上讲都是一位当之无愧的伟大先行者"[③]。王韬一生笔耕不辍,在诗歌、散文、小说、经学等领域皆有所成,又是一位著述宏富的文学家。身处风雨如晦的晚清时代,王韬的多重身份都与他的改革思想密切相关,因而在他所有身份中,最有决定意义也最值得关注的,是中国近代史上最早提倡变法改革的知识分子。他的改革思想上承林则徐、魏源的"师夷长技以制夷",下启康有为、梁启超的维新变法思想,是中国近代资产阶级改良派的先导。

　　王韬的改革思想新锐且全面,包括但不限于经济改革、政治改革、军事改革、教育改革。改革思想的萌发、形成、发展和完善,与王韬的人生经历密切相关,可分为四个重要时期:1828年11月至1849年8月,江苏甫里青年时期;1849年9月至1862年9月,佣书墨海书馆时期,改革思想开始萌芽;1862年10月—1884年2月,逃遁香港时期,改革思想快速形成、发展;1884年3月—1897年5月,晚年在上海时期,继续提倡变法自强,投身教育

[①] 苏双碧:《一部研究王韬的开山之作——序张志春的〈王韬年谱〉》,载张志春《王韬年谱》"序言",河北教育出版社,1994年,第3页。
[②] 张志春:《王韬年谱》"前言",第1页。
[③] 张海林:《王韬评传》,南京大学出版社,2007年,第369页。

实践。其中1867年12月—1870年1月,是王韬寄居英国、游历欧洲时期。与佣书墨海书馆的十余年和逃遁香港的二十余载相比,这段时间并不长,却是王韬的世界观、文化观和改革思想发生剧变和重建的时期。

人是环境的产物。王韬在墨海书馆期间,身处西人、西学、西器环绕的环境中,观念也随之潜移默化。在多年不治的脚疾被西医合信(Benjamin Hobson,1816—1873)根治之后,王韬对西方医学的态度由之前的嗤之以鼻转为赞叹不已,在与友人的信中大加称赞[1]。诸如此类的记载,在王韬写于上海时期的文字中俯拾皆是,尤其是后期,王韬不仅承认西学的科学性和价值,而且认为引进和学习对中国大有裨益[2]。但这些尚不能算是思想上的根本性转变或成熟[3],彼时王韬身处国内,所见所闻中最能触动他的,仍只是西方较为先进、成熟的科学技术,用道器观来划分,恰如王韬所言,这些只是"器"。王韬对西医、照相机、显微镜等西洋技艺大加称赞,但同时认为西人只是"以器取胜",易时必变。这也是王韬一面享受供职书馆带来的报酬和便利,与洋人相处融洽,一面不断与好友诉说处境的无奈与生活的痛苦,以期得到谅解的根本原因。与其说是为谋衣食而不得不仰人鼻息,不若说是固有的传统思想因遭受猛烈的震荡而不断动摇,新旧思想的拉扯冲突,令他痛苦不堪。

逃遁至香港后,王韬的心理压力骤然减轻,加之工作性质改变等,使他终于有机会放下成见,重新审视中西关系。而远赴英国,游历欧洲,使王韬由对西方器物赞赏的层面,加深至对"道"的了解与折服,华夷观被重新构筑。自此王韬开始研究西方史志和政治文化,并在此基础上形成一系列走在时代前沿的政治、工商、新闻、教育等方面的改革思想与方案,由此走上了大胆抨击国内专制统治,大力宣传西方思想文化、社会制度的政治变

---

[1] 参见(清)王韬著,陈玉兰辑校:《弢园尺牍新编》卷三《寄应雨耕》,上海古籍出版社,2020年,第68页。

[2] 参见(清)王韬撰,田晓春辑校:《王韬日记新编》,上海古籍出版社,2020年,第366页。如王韬曾说:"予以为国家当于西人通商各口设立译馆数处,凡有士子愿肄习英文者,听入馆中,以备他日之用,其果精深英文,则令译西国有用之书。西国制造枪炮舟车及测量铅丸所落远近,皆著有专书,苟识其字,则无不可译。"

[3] 1859年,王韬在写给他的朋友、时任曾国藩幕僚的周弢甫的书信中谈到对时局的看法,包括反对中外相同、大规模学习西学,当时的王韬仍然持有中国中心论,嘲笑西学,美化中学,认为西方国家"近于杂霸之术",必不长久,他们"君民同治"的政治制度乃为"立法之大缪"。此时王韬已居上海十年之久,可见西方先进精湛的科学技术未能使王韬的思想发生根本性的改变,其思想中的保守落后性显而易见。参见(清)王韬:《王韬日记新编》,第361—364页。

法之路。

在经学史上,与政治关系最为密切的经典当首推《春秋》。传统文人学士往往借助阐释《春秋》义理而评论时政,抨击现实,表达对政治的见解,描绘理想政治的蓝图。在帝国主义、资本主义双重冲击下的近代社会转折期,进步人士也借解说《春秋》来宣扬改革思想,"资本主义自由派新兴势力要在经济上和政治上对封建主义进行某种民主改良的斗争,就必须同时在思想理论上也对封建主义进行某种改良或斗争"[1]。曾倾动士林、被梁启超誉为"思想界之一大飓风"的《新学伪经考》,又何尝不是康有为借用公羊今文学古老的外衣,宣扬托古改制思想的武器?尽管《新学伪经考》通篇并未直接涉及当时的政治制度,当朝统治者还是察觉到其中的政治深意而再三禁毁。在英期间,王韬撰写了《春秋左氏传集释》,借经学注疏来表达对清王朝封建专制统治的批判,体现自己的政治改革思想。书中对《春秋》"尊王"思想的讨论,是最能体现王韬政治改革思想的内容。

一、黜尊王,讥讽天子

在封建君主专制体系中,所谓尊王,其本质即强化专制君主的权力。中国历史上,随着君主专制的发展,尊王思想呈现逐步增强的趋势,至中唐出现第一个小高潮,啖助学派高举尊王大纛来讨论孔子修撰《春秋》的宗旨,所谓"称天王以表无二尊"[2],"尊王室,正陵僭,举三纲,提五常,彰善瘅恶"[3]等都是尊王意识的强烈体现。联系安史之乱之后藩镇割据尾大不掉的社会现实,讨论这个问题的原因就昭然若揭了。这种传统的治经原则从汉至清,延绵不绝,无怪乎后人认为《春秋》之大义要在尊王攘夷而已。而王韬在《集释》中却一反传统,摒弃旧有《春秋》大义的经学诠释,提出全新的经义——黜尊王、讥天子。

《春秋》隐公三年:"秋,武氏子来求赙。"这是三月庚戌周平王崩,武氏子代表周王室前来鲁国求赙之事。三传"求赙"有不同的传解,后世亦众说

---

[1] 李泽厚:《中国近代思想史论》,三联书店,2008年,第168页。
[2] (唐)陆淳:《春秋集传纂例》卷一《春秋宗指议第一》,上海书店出版社,2012年,第160页。
[3] (唐)陆淳:《春秋集传纂例》卷一《赵氏损益义第五》,第162页。

纷纭。或认为"丧事不求,求赙非礼也",故圣人书之以讥周王室(《公羊》);或认为周、鲁皆有错,故经书以"交讥之"(《穀梁》);或认为鲁国未尽诸侯之责供奉王丧,故而王室有求,《春秋》直书以示鲁国不敬(杜预《集解》)。无论持何种观点,后儒都是就事论事。王韬于此条目采《公羊》之义,认为:"《春秋》书之,所以示讥也,盖鲁君事周之礼缺矣。侯国职贡之不修,王朝征求之下,及二者皆非也,直书其事而义自见也。"①但王韬并未止于征引,而是进一步指出周王室之举有违丧纪,在下一经文条目后补释道:

> 为政于王室者,不能辅王以举政刑,而遣使下求于列国,《春秋》直书以见其堕体失政,取轻天下,文武之泽斩然矣。入隐公三年间,经书周室止四事耳,而人亡政熄,王道之不能复兴,盖已具见,此《春秋》之简明也。②

惠公之丧,宰咺代表周王室来归赗,而周平王崩,"隐公不共,其罪大矣"。周王室应以天子之尊,举政刑,责鲁国之过,然其非但不如此,反而遣使求赙于鲁国。不仅有悖于礼,而且是周王室堕体失政的标志性事件之一。王韬认为隐公前三年间,《春秋》经文虽只记载周王室四个事件③,但笔法简明,寥寥数语,王道衰落、周室不振之事实已具见。《集释》于此处第一次明言周室失道、天子失尊的事实,在《左传》隐公三年"周郑交质"条目中,对东周王室的批判更是毫不留情:

> 周郑交恶,后儒如洪氏等皆以左氏为诟病,讥其议论遣词颇有伤于义理,如"王二于虢""王叛王孙氏",皆不可为训。此篇交质、交恶,以周郑并称,又云结二国之信,无复有君臣之辨。周衰,大义不明,故记事者亦昧于伦理,又其事各采之于杂说,左氏未经笔削欤?不知此乃执今人字义以例古人也,其所窒碍者多矣。钱氏大昕曰:"……天子有道而天下诸侯朝之,谓之有天下,否则位号仅存,所有者惟王国而已。殷之有天下旧矣,而孟子言'武丁朝诸侯有天下,犹运之掌也'。

---

① (清)王韬:《春秋左氏传集释》,稿本,上海图书馆藏,第9页。《春秋左氏传集释》原无页码标注,笔者对现存稿本按顺序编码,以便更好地对其进行研究论述。
② (清)王韬:《春秋左氏传集释》,第9页。
③ 分别为:元年秋,宰咺来归赗;冬十有二月,祭伯来;三年三月庚戌,天王崩;秋,武氏子来求赙。

战国之世,周鼎未改,而孟子书言三代之失天下,又云'王者之迹熄而《诗》亡',可证平王东迁以后,周仅有其国,不得云有天下。此王之所以为《风》。而左氏以周、郑为二国,亦纪其实耳。对郑而言,故不言王而言周。汉初,贾谊上疏,亦以汉与吴、楚、淮南诸国对言,当时未闻非之。后儒去古日远,不考封建之制,强立议论,要于经义无当也。"①

治《春秋》者,多对《左传》将周王室与郑国相提并列极为不满,至宋儒尤甚。如洪迈:"是乃以天子诸侯混为一区,无复有上下等威之辨。"②吕祖谦直言:"并称周郑,无尊卑之辨。不责郑之叛周,而责周之欺郑,左氏之罪亦大矣。"③朱熹引陈傅良之说批《左传》:"其间议论有极不是处,如周、郑交质之类,是何议论!"④而王韬却认为后儒经生是"执今人字义以例古人",直接否定了《左传》于此有伤义理之说,并引钱大昕《潜研堂集》中的观点,认为周平王东迁之后,仅存周王室位号,而无"拥天下"之实,后儒无须强立议论,维护周王室。

儒家援经论道,经义有其重要的现实意义,尤其《春秋》经传,更是封建王权政治的规范和准则。《春秋》与政治的紧密联系,始自先秦。《韩非子·内储说上》记载孔子答鲁哀公《春秋》"冬十二月陨霜,不杀菽"之事。孔子利用《春秋》中这九个字,将自然现象与君王失道联系在一起,阐发了"天失道,草木犹犯干之,而况于人君乎"的观点,从而达到警示劝诫君王的目的。汉代有终军以《春秋》"王者无外"驳徐偃狡辩之词,宋代《春秋》学更是渗透进政治生活的各个层面,借《春秋》以议礼、断事的例子不可胜数。如宋徽宗时,高丽与宋朝建立宗藩关系,向宋朝称臣,使臣进贡,翟汝文即引《春秋》"王人虽微,序诸侯上"之法⑤,借以讽谏宋徽宗"卑近列而尊陪臣",令使臣居于近侍之上的做法。特殊的时代背景,使宋儒常常借杯浇臆,借《春秋》而倡言尊王复仇大义更是一时风气,成为宋代《春秋》学的一大特色。

王韬借《春秋》"周郑交质",指出平王东迁之后,周王室失道,仅有国号

---

① (清)王韬:《春秋左氏传集释》,第9—10页。
② (宋)洪迈:《容斋随笔·续笔》卷六《郑庄公》,中华书局,2005年,第292页。
③ (宋)吕祖谦:《东莱博议》卷一《周郑交恶》,陕西人民出版社,1991年,第9页。
④ (宋)朱熹:《朱子语类》卷八三《春秋》,《朱子全书》第17册,上海古籍出版社、安徽教育出版社,2002年,第2838页。
⑤ (元)脱脱等:《宋史》卷三七二《翟汝文传》,中华书局,1985年,第11544页。

而不复拥天下的事实,自然让人联想到当时清王朝的所作所为。"周降其尊而下质于郑",恰如一直以天朝上国自居的清王朝与英法等"蕃邦四夷"签署不平等条约,割地赔款,丧权辱国。虽国号不变,但王权国祚早已名存实亡。王韬引钱大昕"后儒去古日远,不考封建之制,强立议论,要于经义无当"之语,固然是依据周代制度作经书训考,亦是在告诫经生士子,若继续沉溺过去天朝大国的迷梦中,强行曲意维护清廷虚名,于兴国强民无丝毫益处。这一论点之大胆,必然会对士人的传统观念产生极大的震动。

《春秋》经文记载周王室求赙之事共有三处——隐公三年,武氏子来求赙;桓公十五年,家父来求车;文公九年,毛伯来求金。传统经生往往以"尊王"为第一要义,因经书中"武氏子求赙"、"毛伯求金"未有"王使"或"天子使"等记载,认为此二事乃是使者私求,《春秋》意在讥讽使者而非天子。如司空图即认为:"经曰'天王使来,求金',又曰'求车',岂天王之使私有求于鲁耶?……若诸侯之使来求金,则谓之求可矣。若致天子之命,征于诸侯,其可谓之求耶?"①言语间极回护周室。王韬驳斥司空图之说,认为"三求"皆是使者奉周王室之命来求:"则其解'武氏子来求赙'为不可通矣。故知三书'来求'皆王求之也。"②《集释》中不止此处,在"家父求车"条目中王韬再次黜尊王,批判力度丝毫未减:

> 车服为上所赐,非下所贡,况可求乎! 书此,讥之也。张氏洽曰:古者诸侯有功,则车服以庸。盖天子之五路,自同姓以下,其用之皆有等差,非诸侯所得而私为,况可以天子之尊而下求于列国乎! 夫周室既已微弱,而桓王又不能自振,反为此无艺之求以取轻诸侯,夫子书此,盖伤之也。③

《尚书·舜典》有言:"敷奏以言,明试以功,车服以庸。"孔颖达疏:"人以车服为荣,故天子之赏诸侯,皆以车服赐之。"④可见《集释》所言于文献

---

① (唐)司空图著,祖保泉、陶礼天笺校:《司空表圣文集笺校》卷三《疑经》,安徽大学出版社,2002年,第211页。
② (清)王韬:《春秋左氏传集释》,第9页。
③ (清)王韬:《春秋左氏传集释》,第45页。
④ (西汉)孔安国传,(唐)孔颖达正义,黄怀信整理:《尚书正义》卷三《舜典》,上海古籍出版社,2007年,第88页。另,"人以车服为荣",黄怀信整理本原文为"又以车服为荣",今据十三经注疏本《尚书正义》改。

有征,确凿无疑。《左传》桓公十五年亦明言:"诸侯不贡车、服。"①身为天王,赏赐臣子车服,才是正礼,而周室下求车于诸侯,罔顾天子之名义自尊,不振王室,违礼背俗,故王韬认为孔子书之于《春秋》,出于伤悼之情。王韬在《集释》中多次直言周室之衰,如"夫周室既已微弱,桓王又不能自振"等句,实有暗讽清室、警醒时人之义。

西周时期,周王室四处征伐,平定叛乱。"凡制军,万有二千五百人为军。王六军,大国三军,次国二军,小国一军。"②西周鼎盛时期有宗周六师和成周八师,人数达十几万人,可见当时王师军力之雄厚。至东周,王师仅能保持三军的规模,各诸侯强国在领土、经济、军事等各方面都逐渐超越王室。《春秋》凡242年历史,仅记载周王室出师5次;而春秋一代,天子亲征只一次,即桓公五年,"蔡人、卫人、陈人从王伐郑"③,且此役天子受伤,王军大败而还。王韬认为,王室东迁,国力日竭,王室失政违礼,其颓废衰败之势已不可逆转。《春秋》庄公六年:"王人子突救卫。"《集释》写道:

  子突官卑,故称名。已书"王人"而复书"子突"之名,以重救卫之事也。王官出师以讨有罪,而仅书曰"救卫",盖伤王室之卑弱,罪诸国之争凌。林氏云:书"救"始此。自救卫无功,而王命益不行于天下。④

《周礼》有九伐之法:"冯弱犯寡则眚之,贼贤害民则伐之,暴内陵外则坛之,野荒民散则削之,负固不服则侵之,贼杀其亲则正之,放弑其君则残之,犯令陵政则杜之,外内乱、鸟兽行,则灭之。"⑤桓公十六年卫国爆发内战,卫公子黔牟连同左公子泄、右公子职篡位,卫惠公朔出奔齐,公子黔牟立。八年后,齐襄公会诸国之师伐卫,子突奉王命救卫。郑玄注云:"诸侯有违王命,则出兵以征伐之,所以正之也。诸侯之于国,如树木之有根本,是以言伐云。"⑥"《春秋》一经,王旅之出而合《司马》九伐之法者,惟此一

---

① 杨伯峻编著:《春秋左传注》(修订本),中华书局,2016年,第154页。
② (东汉)郑玄注,(唐)贾公彦疏,彭林整理:《周礼注疏》,上海古籍出版社,2010年,第1074页。
③ 杨伯峻编著:《春秋左传注》(修订本),第111页。
④ (清)王韬:《春秋左氏传集释》,第52页。
⑤ (东汉)郑玄注,(唐)贾公彦疏,彭林整理:《周礼注疏》,第1101—1103页。
⑥ (东汉)郑玄注,(唐)贾公彦疏,彭林整理:《周礼注疏》,第1100页。

事。"①故《集释》言此次"王官出师以讨有罪"。"救卫者,奉天王之命以存黔牟,而拒朔也。"②诸国之师讨伐黔牟,纳卫惠公;而周王命子突救卫,是为救公子朔,显然诸侯之师与王命相违。而结果是卫惠公复立,公子黔牟出奔周,左、右公子皆被杀,是以《集释》赞同林氏(笔者注:即南宋林尧叟)"救卫无功"的说法。王韬认为"子突"是名,杜预《集解》、孔颖达《正义》等多认为是字,此细节并无大碍,重要的是学者经生皆认同王人子突乃"王人之微官",王韬亦言"子突官卑"。重视此事,却只能派遣官位居下的子突率师讨伐;有心救卫,却无功而返,王命"益不行"之"益",一针见血地指出周王室无可挽救的卑弱之势。

经学不遗余力地强调尊王大义,其实是在维护现实中的王权,故封建社会中尊王大义可延续千年而不晦。只要封建君主专制存在,统治者便要一直把尊王当作政治伦理的核心,以便巩固王权,维护统治地位。摒弃尊王大义,是王韬改革思想逐渐形成的标志,是他挣脱传统思想桎梏,迈向近代民主的第一步;对周室衰颓现象的一再揭露,恰如现实中他对清王朝病入膏肓的诊断③;对天子下求诸侯的讥讽,恰如他对清廷一面签订丧权辱国的条约,一面沉溺于对"天下共主,万邦来朝"迷梦的深恶痛绝④,他对清王朝的厌弃来自于对封建君主专制的不合理性的认识,以及对君尊臣卑民贱的否定⑤。回国之后,王韬对封建君主专制进行了全面的抨击与批判即是明证⑥,其大胆程度堪称前无古人。比之同时代的郑观应,王韬对君主专

---

① (清)张洽:《春秋集注》卷三《庄公》,清《通志堂经解》本,第85页。
② (清)张洽:《春秋集注》卷三《庄公》,第85页。
③ 参见(清)王韬著,汪北平、刘林整理:《弢园文录外编》卷七《补疴起废药痼议》,中华书局,1959年,第195页。如:"国家自军兴以来,括天下之财赋以填巨壑,民生益蹙,国计益蔽⋯⋯邪炽髓竭,变而为疳,及今不治,其证将殆。"
④ 参见(清)王韬:《弢园文录外编》卷九《〈瀛环志略〉跋》,第274页。如:"其时罢兵议款,互市通商,海宇晏安,相习无事,而内廷诸大臣,皆深以言西事为讳,徒事粉饰,弥缝苟且于目前,有告之者,则斥为妄。而沿海疆圉晏然无所设备,所谓陬远情、师长技者,茫无所知也。"
⑤ 参见(清)王韬:《弢园文录外编》卷一《重民下》,第23页。如:"至于尊君卑臣,则自秦制始。于是堂廉高深,舆情隔阂,民之视君如仰天然。九阍之远,谁得而叩之!⋯⋯君既端拱于朝,尊无二上,而趋承之百执事出而莅民,亦无不尊,辄自以为朝廷之命官,尔曹当奉令承教,一或不遵,即可置之死地,尔其奈我何?"
⑥ 比如王韬批判君主专制导致君民隔阂:"于是堂廉高深,舆情隔阂,民之视君如仰天然,九阍之远,谁得而叩之!虽疾痛惨怛,不得而知也;虽哀号呼吁,不得而闻也。"(参见[清]王韬:《弢园文录外编》卷一《重民下》,第23页)对清朝虚与委蛇的外交策略和作风的无情嘲讽:"吾中朝官吏即欲粉饰夸张以相掩蔽,亦徒贻笑端,适足自点耳。"(参见[清]王韬:《弢园文录外(转下页)

制弊端的揭露和批评要深刻得多,是几十年后梁启超、谭嗣同等人的"专制亡国论"的先声。

"华尊夷卑"的观念自《春秋》始,已成共识,而鸦片战争之后,国门洞开,先进士人即使已意识到中国中心论的虚弱,也依然有着根深蒂固的文化优越感;而向西方的制度文化学习,则意味着否定现存的封建君主专制制度,挑战至高无上的君权。从经济、科学技术层面扩展到认可西方文化和政治制度,这不是一个简单的范围扩大的过程,而是一个纵深的、与中国传统文化"决裂"的过程,是极其大胆的悖逆。面对危急的现实国情,亲身感受了西方社会的文明,王韬最终借《春秋》经学之说,否定了传统经学,提出了具有现代意义的政治思想,实现了观念的"叛逃"与超越。

二、黜尊王思想之局限性

中国近代社会的觉醒首先发生在知识分子当中,在经历了最初的抗拒和迷惘之后,他们热切地迎接展现在他们眼前的浩瀚而奇异的科学知识,甚至来不及对西学作真正的了解和消化,只能尽力去捕捉一切新奇事物,更新思想,了解时世。这种急切的中西融合的努力,常常具有振聋发聩的效果,但在内容上往往是不完善的,具有明显的时代局限性。

理雅各曾在《中国经典》第五卷"绪论"中,表达了他对王韬未能完全摆脱中国旧式文人迂腐陈旧思想的惋惜,从《集释》来看,也的确如此。首先,《集释》开篇即留存着尊王思想的残影,如隐公元年"春王正月"的解释中就有"称'王'者,尊王也"①的言论;《春秋》隐公九年"天王使南季来聘"条目下,王韬引用张洽《春秋集注》,认为鲁公不知尊王之义,不对周王室行朝聘

(接上页)编》卷三《办理洋务在得人》,第85页)又如批判君主专制导致国家贫弱:"夫欧洲诸邦,土地不如中国,人民不如中国,然而能横于天下者,在乎上下一心,君民共治。我中国民为四大洲最,乃独欺蕞于强邻悍敌,则由上下之交不通,君民之分不亲,一人秉权于上,而百姓不得参议于下也。"(参见[清]王韬:《弢园尺牍新编》卷一二《与方铭山观察》,第279页)对清朝各级官吏"惟知有利""朘民脂膏"现象的揭露:"彼此交征无非牟利也,宾朋相接无非谈利也。……问有为国者乎?无有也。问有为民者乎?无有也。惟知有利而已矣!"(参见[清]王韬:《弢园文录外编》卷一二《肃官方》,第376页)

① (清)王韬:《春秋左氏传集释》,第1页。

之礼,导致各诸侯群起而效仿,"隐公之罪大矣"①。此时王韬刚刚到达英国,传统儒家思想仍占上风,仍持有以君君臣臣为纲常法纪的观念。

其次,王韬对君王制仍存有幻想。平王东迁,周王室进一步衰落,"周失其鹿,天下共逐之",随之而来的是华夏诸侯群起争霸,四方夷狄趁机入侵,而周天子对这一混乱局面毫无办法,对内不能制止诸侯相倾,对外无力驱逐夷狄。因此王韬所弃之"王"是腐败无能的"王",是在其位而不行其职的"王";所罢黜的是自汉代以来"君虽不君,臣不可以不臣"②的迂腐的尊王思想。但王韬并未明确主张罢黜君王,原因是王韬认为君主仍然具有存在的必要和价值③,仍然期待圣明君主来治理国家。

传统士子借助经学来宣扬自己的改革思想,同时也反映出其改革思想的彻底性。《集释》开篇出现的尊王言论,正是王韬新旧思想激烈斗争的表现。随着对英国国情的深入了解和国内形势的愈加晦暗,王韬清晰地认识到封建统治的弊端,新思想逐渐占据上风,尊王大义遂被摒弃。但同时,王韬在《集释》中黜尊王而不是黜王,对周天子地位和权力的保留态度,体现出他认为现实层面清王朝封建统治的地位和权力不可全部废弃的观点。与之相对的是他舍民主之国而主张君民共治的政治倾向:"泰西之立国有三:一曰君主之国,一曰民主之国,一曰君民共主之国。……惟有君民共治,上下相通,民隐得以上达,君惠亦得以下逮。"④"中国欲谋富强,固不必别求他术也。能通上下之情,则能地有余利,民有余力,闾阎自饶,盖藏库帑无虞匮乏矣。"⑤王韬敏锐地指出封建专制制度乃是中国不治的根源,这是他改革思想的先进性,但认为中国的出路即在于君民共治,在于能通上下之情,这样的改革主张则带有思想萌芽阶段的局限性,反映了王韬资产阶级改革思想的软弱性和不彻底性。

近代人物的思想"革新"往往是不彻底的。"同一人物,思想或行为的这一部分已经很开通很进步了,另一方面或另一部分却很保守很落后。"⑥

---

① (清)王韬:《春秋左氏传集释》,第20页。
② (宋)孙觉:《春秋经解》,清文渊阁《四库全书》本,第56页。
③ 参见(清)王韬:《弢园文录外编》卷一《重民下》,第23页。如:"惟君民共治,上下相通,民隐得以上达,君惠亦得以下逮,都俞吁咈,犹有中国三代以上之遗意焉。"
④ (清)王韬:《弢园文录外编》卷一《重民下》,第22—23页。
⑤ (清)王韬:《弢园文录外编》卷三《达民情》,第68页。
⑥ 李泽厚:《中国近代思想史论》,第429页。

疾呼变法废除八股的严复,却认为康有为、梁启超过于急进,反对"减君权":"君权之重轻,与民智之浅深为比例……以今日民智未开之中国,而欲效泰西君民并主之美治,是大乱之道也。"①甚至同一人物在不同时期的思想可能完全对立矛盾,曾经是变法维新风向标的康有为,在晚年却又重新戴上封建的思想枷锁,极力强调民权平等之不可行,反对一切与"自由"沾边的新事物,追悔变法之举:"追思戊戌时,鄙人创议立宪,实鄙人不察国情之巨谬也。"②西学在中国仅有数年根基,对抗数千年的传统思想必然力量悬殊,仍有待于更强有力的思想武器。

人类社会历史的演变有外在和内在两方面的动力。就内在动力而言,历史演变有其自身的速度。这意味着任何特定时期内所发生的变化是有限的,而这种有限是任何人都无法改变和超越的。以今天的眼光审视评价王韬的改革思想,不难发现其中存在的诸多矛盾和不足。我们应当指出这些问题,但不能苛责王韬为何没有成为一个彻底的革命家。毕竟,在19世纪60年代,"革命"一词还不具备现代意义。③

《集释》罢黜尊王大义的经学观点虽然仍有其局限性,但对清代社会而言,有着振聋发聩的现实政治意义和解放思想的社会作用。有"破"方有"立",解放思想是接受新事物的开始,在特定时期的意义远大于学术价值。《集释》发起了对《春秋》经义中延续了数千年的尊王意识的冲击,是以学术昭告世人:曾被奉为圭臬的尊王大义不过是在强立议论,君尊民卑早已不合时宜,那么变革封建统治制度就迫在眉睫。这对当时笃信君尊民卑的封建官员和文人士子来说无疑是一记当头棒喝。"封建主义统治的现实基础实际上的衰败和动摇,反映为其思想体系理论上的动摇,而这种思想理论上的动摇又反过来大大促进其基础的危机。"④王韬《集释》中的黜尊王之说实质是为日后的君民共治张本,其意图正在于思想的革新与制度的革命。

---

① (清)严复著,王栻主编:《严复集》第2册《中俄交谊论》,中华书局,1986年,第475页。
② (清)康有为著,汤志钧编:《康有为政论集》下册《国会叹》,中华书局,1981年,第882页。
③ "革命"最早见于《周易·革卦·彖传》:"天地革而四时成,汤武革命,顺乎天而应乎人。"表示君主登位,朝代更替,尚不具备现代意义。近代日本最早用"革命"一词来表达现代意义,在1895年用"革命党"称呼孙中山等人,参见冯自由:《革命逸史》,新星出版社,2009年。
④ 李泽厚:《中国近代思想史论》,第168页。

三、黜尊王思想之意义

王韬生活的中国近代社会，国家的救亡图存已经刻不容缓，而绝大多数国人还在茫然无措，为华尊夷卑争论不休。王韬大力提倡西学和"君民共治"，在林则徐、魏源、冯桂芬等人的思想基础上，"彻底割除中国统治阶级的自尊自大和自我陶醉"，以"更加激烈的语言，更加广泛的视角，更加有效的报纸手段，把警钟敲得响遍朝野，举国咸知"[1]。王韬的这些想法与主张，如同一道闪电划过昏暗的天空，在当时的中国社会和思想界引起巨大的反响，直接影响了之后的维新变法。实际上，早在创办《循环日报》、大谈变法图强之前，王韬就已通过经学注疏这一传统的学术表达了对封建统治的不满和抨击。《集释》中的悖逆之语，直接触及了中国封建王朝的根本问题——高度集中专制的王权，以及士子民众对最高统治者的盲目尊崇，这些"叛逆"之语完全可视为他后来批判封建君主专制制度[2]和分散王权[3]、提倡西方的议会制度[4]等政治改革主张的先声。

《集释》中废黜尊王大义，劝诫后生诸儒认清历史和正视现实，是王韬改革思想初步成熟的标志。自英返港后，王韬开始全面介绍西方政治体系，创办《循环日报》，批判现实，呼吁改革，开启民智。"事实是促使思想转化的最有力的杠杆"[5]，旅居英国的两年多时间，无疑是王韬改革思想逐渐清晰、形成体系的关键时期。在现实有力的冲击下，"王韬头脑中残余的文化优越感以及在此之上的中国中心主义天下观在现实对照下急速崩解。一个新的世界观在它的废墟上被构筑起来。"[6]作为经学著作，《集释》集中体现了王韬初期的变革思想，是王韬从传统儒生向中国近代思想启蒙者转变的学术见证。

20世纪初，现代革命的土壤已然成熟，种子开始破土而出。天若假年，

---

[1] 张海林：《论王韬的危机意识和政治改革思想》，《南京师大学报》1993年第1期。
[2] 参见（清）王韬：《弢园文录外编》卷一《重民下》，《弢园尺牍新编》卷一二《与方铭山观察》等。
[3] 参见（清）王韬：《弢园文录外编》卷二《尚简》等。
[4] 参见（清）王韬：《弢园文录外编》卷一《重民下》，卷三《达民情》，卷四《纪英国政治》等。
[5] 张海林：《王韬评传》，第124页。
[6] 张海林：《王韬评传》，第124页。

王韬当会与革命者同道而行,创造出一番新天地。然而历史不能假设,就在新纪元到来的前夕,中国革命即将爆发之际,王韬于上海城西草堂溘然长逝,结束了他离经叛道、充满传奇色彩的一生。对王韬这样一位走在时代之先的思想家,"我们研究他的身世、研究他的思想、研究他的著作,研究他提供给我们的一切有益的东西,无疑是大有必要的"[①]。《集释》成书于大洋彼岸,王韬携稿本回国后,由于资金和篇幅的问题,一直未能将之付梓出版[②],因而很长时间中都未引起人们的注意。但《集释》的思想价值和先进意义不应被湮没,对中国近代史思想研究、王韬研究以及王韬改革思想研究而言,这是不可缺少的一部分。王韬在《集释》中对君王毫不留情地批判,在学术上提供了新思想的理论资源;折射到现实中,则为改良政论的先声,反映了王韬试图为晚清中国找到出路的努力。它以经学为外衣的政治改革思想,先进的民主思想萌芽,以及在晚清经学历史上的地位,都有待学界重新认识。

(本文作者系浙江师范大学博士)

[①] 张志春:《王韬年谱》"前言",第5页。
[②] 据王韬自述:"是书在经学中卷帙最繁,缮录清本虽已廿年,尚待集资付刊。"参见(清)王韬:《弢园文录外编》附录《弢园著述总目》,第386页。

江南城市与社会

徽商对于长三角一体化的历史意义

熊月之

内容提要 长三角区域一体化是个历史过程,是从自发到自觉的渐次发展过程,其实质和核心是经济一体化。在长三角一体化的自发阶段,特别是明清时期,徽商作用最为突出,明显地呈现出灵动性、开拓性、粘合性与嵌入性等特点,有着独特的历史价值与意义。

关键词 徽商 长三角 区域一体化

引 言

长三角区域一体化正式被确立为国家发展战略是2018年[①]。这是在国家层面上,将长三角地区一体化的问题,上升到自觉层面的标志。至于自发层面,则长久得多,也复杂得多。

所谓区域一体化,其本质和核心是经济一体化,是区域内各种经济要素的有机组合,包括经济制度、经济结构、产业布局、资源配置、发展水平,相互取长补短、扬长避短,相关要素自由流动,从而达到经济效益最大化。

交通环境、交通工具的改善与改进,是增进区域一体化的重要因素。历史上,从春秋时期伍子胥主持开挖的胥溪、胥浦两条人工运河;隋朝自扬

[①] 2008年,国务院首次提出推动长三角率先发展、一体化发展的总体要求。2010年,国务院批复《长江三角洲地区区域规划》,提出长三角十年总体目标、发展方向和空间格局。2016年,国家发改委等部门联合印发《长江三角洲城市群发展规划》,明确了长三角城市群一体化发展和协调发展的路径与机制保障。2018年,习近平总书记宣布支持长江三角洲区域一体化发展,并上升为国家战略。

州途经丹阳、常州、无锡、苏州到杭州的江南运河的开通;唐代以后太湖流域多项水利工程的实施,包括太湖大堤、溇港及通海水道等工程的持续实施,溇港与太湖、运河相互连通;元、明时期对吴淞江的疏浚,吴淞江与黄浦江的合流;清代对太湖上源洪水的控制;近代多条内河航线轮船的运行,对黄浦江航道的疏浚,沪宁铁路、沪杭甬铁路的开通,还有多条公路的建成通车。这些,都是在不同历史时期,人们为了改善生存环境与交通条件而作出的努力,并没有人从区域一体化角度进行设计,但从历史长时段来看,都在不同程度上改善、便利了长三角内部的联系,也都可以视为长三角区域一体化的自发行为。

物流、人流的广泛性、频繁性与深入性,是区域一体化的重要表现,也是衡量区域一体化的重要指标。

长三角区域地形多样,有平原、丘陵、山地、湿地,有湖泊、大江、小河,平原中土质差异性较大,有的含碱性高,有的含碱性低,丰富了区域内物产的多样性,有利于区域内经济品种专业化的提高。宋代以后,特别是明清时期,区域内就形成了产粮区、桑蚕区、植棉区、制盐区的有机分工,这促进了地区内的物产与人员流动,也提高了区域的市场化水平。

整体而言,区域内各地人员,包括商人、士绅、技术人员等,无论是江苏、浙江还是安徽,在近代以前,都存在一定的流动性,且各有特色。但是,若论人员流动之早之多之频繁,对社会经济影响之大,当首推徽商。可以说,在长三角一体化的自发阶段,特别是明清时期,徽商作用最为突出,明显地呈现以下特点,即灵动性、开拓性、粘合性与嵌入性。

一、徽商群体的灵动性

农耕时代,在自成一体的较小地域内,粮食自给率总是与其地人口流出率恰成反比。粮食自给率越高,人口流出率越低,反之,粮食自给率越低,人口流出率便越高。

徽州处万山之中,土地贫瘠,不宜稻粱,号称"八分半山一分水,半分农田和庄园"[①]。境内群峰参天,山丘屏列,岭谷交错,黄山、天目山、五龙山、

---

① 蒲霞:《明清以来徽州方志编纂成就》,安徽大学出版社,2013年,第130页。

白际山四大山脉,围成高耸的屏障,使得这里成为相对封闭的区域。这里雨水充沛,但湿度大,云雾多,日照时数偏低。土地多为红壤,酸度高,肥力差。宋元以后,在多种因素综合作用下,徽州导入人口日多,人稠地狭,所产粮食,据称仅够本地人食用之一成,其余九成均有待外部输入①。这迫使徽州人不得不另谋生计。

徽州不宜稻粱,但却盛产木、竹、茶叶、漆等。徽州人起初即以这些资源为基础,外出经营。外出经商,在宋元时期已是徽州人谋生之重要一途,到了明代中期,更成为徽州人普遍的谋生路径,徽商已成为中国商帮中重要的一支,也是其时江南地区最为重要的商帮。

> 前世不曾修,出世在徽州。年到十三四,便多往外遛。雨伞挑冷饭,背着甩溜鳅,过山又过岭,一脚到杭州。有生意,就停留,没生意,去苏州。转来转去到上海,求亲求友寻路头。同乡多顾爱,答应肯收留。两个月一过,办得新被头。半来年一过,身命都不愁。逢年过节时,寄钱回徽州。爹娘高兴煞,笑得眼泪流。②

这是徽州地区广为流传的民谣,也是一代又一代徽州人外出经商的生动写照。这也说明,外出学生意、经商,到了近代,对于徽州人来说,已不尽是无可奈何的举动,而是一种习以为常的主动选择。

徽商外出分水陆两路,以水路为主。水路有两条:一条是东路,自屯溪启程,沿新安江东下,途经深渡、淳安、梅城(严州府治)、桐庐、杭州,由杭州经嘉兴、嘉善、松江、苏州等地;一条是北路,由绩溪通过青弋江及水阳江,经过芜湖,转入长江,再到达江南各地。陆路有多条,或南或北,翻山越岭,沿林间小道,可通杭州、衢州、饶州、芜湖、南京、池州等地,辗转到达江南各地。也有些路线是水陆交替使用的。从徽州出境,多为顺流而下,行船较易,而由外部进入徽州,则多为逆流而上,行船难度加大,故出境多择水路,入境多选陆路。水运能载重,陆运较便捷,故轻便物资、邮政通信等以陆运为主,运送木材等笨重物资则以水运为主③。

---

① 许承尧:《明季县中运米情形》,《歙事闲谭》,黄山书社,2001年,第181页。
② 绩溪县地方志编纂委员会:《徽馆学生意》,《绩溪县志》,黄山书社,1998年,第1019页。
③ 张亮:《封闭与开放:徽州古代陆路交通发展历程及空间分布特征》,《深圳大学学报(人文社会科学版)》2016年第6期。

徽商流动范围并不限于某一地区,经营物品亦不限于某一领域。明代史料记载:"藉怀轻赀,遍游都会,因地有无以通贸易,视时丰歉以计屈伸。诡而海岛,罕而沙漠,足迹几半禹内。"①"其货无所不居,其地无所不至,其时无所不鹜,其算无所不精,其利无所不专,其权无所不握。"②经营的行业,举凡"倚顿之盐,乌倮之畜,竹木之饶,珠玑、犀象、玳瑁、果布之珍,下至卖浆、贩脂之业"③,以及粮食、布匹、日用百货等。徽商足迹遍天下,正如明万历《歙志·货殖》所述:

> 今之所谓都会者,则大之而为两京,江、浙、闽、广诸省;次之而苏、松、淮、扬诸府;临清、济宁诸州;仪真、芜湖诸县;瓜州、景德诸镇。……故邑(歙)之贾,岂惟如上所称大都会皆有之?即山陬海壖,孤村僻壤,亦不无吾邑之人,但云大贾则必据都会耳。④

据估计,明代徽州人,留在徽州的仅占十分之三,外出的占十分之七⑤。明初徽州府人口约60万,其中至少有30万人外出经商⑥。

长三角地区粮食自给率较低的还有温州地区,温州人也勇于流动,长于经商。但温州滨海,有丰富的海洋资源,从事海上贸易、海货贸易,向海外发展,成为温州人一大特点。他们不像徽州人,主要向中国内地发展。

明清长三角地区,其他府县外出经商比例,均无法与徽州相比。对此,胡适解释:"江浙一带,土地腴沃,出产富饶,居民安土重迁,故富于保守性,而且因为生活过于富裕的缘故,不免流于懒惰。徽州人非冒险进取不足自存,故拼命地向外发展。"⑦

---

① (万历)《休宁县志》卷一《舆地志·风俗》,万历三十五年(1607)刻本,第五十四叶上,国家图书馆藏。
② (万历)《歙志》卷十《货殖》,万历三十七年(1609)刻本,第四叶,国家图书馆藏。
③ (明)归有光:《震川全集》卷十三《白庵程翁八十寿序》,上海世界书局,民国二十五年(1936)排印本,第169页。
④ (万历)《歙志》卷十《货殖》。
⑤ (明)王世贞:《弇州山人四部稿》卷六一《赠程君五十序》云:"大抵徽俗,十三在邑,十七在天下。其所蓄聚则十一在内,十九在外"。
⑥ 曹树基:《中国移民史》第五卷,复旦大学出版社,2022年,第367页。
⑦ 雪林:《与胡适之先生的谈话》,《生活》杂志,1928年第3卷。

二、徽商经营的开拓性

徽商分布在全国各地,但以长三角地区为多。首先,徽州本在长三角地区,徽州人外出两条主要水路,无论是东路还是北路,都通向长三角地区,尤其是太湖流域。其次,长三角地区自唐代以后,已是全国最为富庶的地区,徽州人与太湖流域人,地缘相近,人文相亲,易于谋生。康熙年间的一则史料称:"徽之富民尽家于仪扬、苏、松、淮安、芜湖、杭、湖诸郡,以及江西之南昌,湖广之汉口,远如北京,亦复挈其家属而去。"[1]文中所列迁移之地,除了南昌、汉口、北京外,其余仪征、扬州、苏州、松江、淮安、芜湖、杭州、湖州诸郡,均在长三角地区。

徽商到各地所经营之商业,其中木材、竹器、茶叶等,是以家乡的资源与各地商品进行交换,但也有相当部分与家乡资源无关,而是发掘各地资源,拓展商机。最突出的是盐业、典当与徽菜馆。

盐并非徽州特产,但盐是徽商最早经营、发家的商品。明清时期扬州、杭州、淮安的盐商,多为徽商。明朝建立之初,为了对付漠北蒙古势力,被迫在北方沿边驻扎重兵。为解决军粮问题,政府制定开中法,号召商人输粮于边,政府发给盐引,到内地支盐行销。徽商不怕吃苦,运粮输边,千里迢迢,获得盐引,从而也获得了大利。于是,江浙一带沿海产盐区、广大销盐区,都成了徽商的天下。咸丰、同治年间,曾国藩整理盐务,推行督销制,在各地设立督销局,并开征盐厘,极大地压缩了盐商的盈利空间,徽商的盐业经营这才逐渐式微。

典当业也是徽商在各地开拓的、不依赖家乡资源的新行业。明代朝廷规定,民间典当业,凡私放钱债及典当财物,每月取利不得过三分。朝廷虽有此规定,但仍有一些当铺取利超过三分。徽商典当则因铺本雄厚,采取低息多放策略,"取利仅一分二分三分"[2]。嘉靖年间,休宁商人程锁在应天溧水经营典当,终岁收息,不过什一,因此,深受欢迎,发展很快。徽典通过

---

[1] (康熙)《徽州府志》卷二《风俗》。转引自曹树基:《中国移民史》第五卷,第367页。
[2] (明)周晖:《金陵琐事剩录》,转引自谢国桢:《明代社会经济史料选编》,福建人民出版社,1980年,第200页。

这种竞争策略，很快居于优势地位。到万历年间，徽商当铺已"遍于江北"①。明末歙县商人汪通保在上海开当铺，诚信待客，以种种优惠条件吸引顾客，终成巨富。明代后期，徽商在杭州府的塘栖镇就开了9家典铺。到了清代，徽商当铺遍布大江南北，以至俗语有"无徽不典"之说。清末上海有69户典当，休宁歙人所开者有30户，占42%②。民国时期，有人描述上海徽商典当业随处可见："徽人在上海的典质业中服役的最多，富有势力，上海的典当押肆，无论哪条街上，终有一二所。"③冯剑辉研究表明，近代上海杨浦、黄浦、南市、奉贤、松江等地，很多地方都有徽商经营的典当，松江在1949年以前，先后开过29家典当，几乎全由徽州人开设。1944年上海典当业同业公会870户会员中，徽州帮占151户④。

徽菜是徽商在各地开拓的另一项商业。明清时期，随着徽商散处各地，徽菜馆和徽面馆盛行一时。长三角城镇是徽菜最为普及、最为活跃的地方，杭州、嘉兴、湖州、苏州、镇江、扬州、上海等地，都相当繁盛。清代，仅上海、南京、苏州、扬州等地，就出现过200多家徽菜馆。1901年后，在杭州经营的徽州面馆仍有40家。到20世纪40年代，仅上海一地的徽菜馆就有130家之多⑤，几乎"每一条街上必有一二所"⑥。近代上海著名的徽馆，有大东门的大辅楼，小东门的醉白园，老西门外丹凤楼（后改大富贵），海宁路口的海华楼，九江路的太和园，福州路的中华第一楼等。从1894年到1924年，单绩溪人就在上海开办了56家徽馆⑦。

棉布业、粮食业，都是徽商经营的重要商品，也都主要在徽州以外地区购买、销售。

徽商的开拓性，也表现在经营与家乡资源相关的行业时，并不局限于家乡资源，而是努力扩展开去。以木业为例，徽州商人（以婺源人为多）经营木业，采集木材的范围，除了徽州，一直扩大到江西、浙江、福建和四川少

---

① 《明神宗实录》卷四三四，北平图书馆红格本微卷影印，第8200页。
② 吴仁安：《论明清徽商在上海地区的经营活动与历史作用》，《大连大学学报》1999年第5期。
③ 王定九：《上海门径·吃的门径》，中央书店，1932年，第60页。
④ 冯剑辉：《近代上海徽商研究——兼评近代徽商"解体"论》，载吴克明主编《徽商与泛长三角徽商发展报告2009》，安徽人民出版社，2009年，第160页。
⑤ 吴克明：《徽商与泛长三角徽商发展报告2009》，第45页。
⑥ 王定九：《上海门径·吃的门径》，第60页。
⑦ 徐松如：《都市文化视野下的旅沪徽州人（1843—1953）》，上海师范大学博士学位论文，2012年，第135—139页。

数民族居处等广大产木区,销售地点也扩散到全国各地。

徽商的开拓性,还在于促进城镇化方面。有些原本偏僻的乡村,因有徽商到来,开拓发展,逐渐成为一个市镇。江苏省灌南县的新安镇,在明洪武初期,还是一片河汊交汇的芦荡之地,后逐渐有人居住。嘉靖年间,徽商来此经营,购地、安家、立市,取名"悦来集",进行商品交易,后发展为新安镇。江苏嘉定西北之外冈镇,因徽商僦居钱鸣塘收买布匹,遂成集市[1]。胡适说:"一个地方如果没有徽州人,那这个地方就只是个村落。徽州人住进来了,他们就开始成立店铺,然后逐渐扩张,就把个小村落变成个小市镇了。"[2]胡适的高祖在乾嘉年间就在浦东川沙镇,开了爿名叫"胡万和"的茶行。胡万和经营有方,到胡适祖父一辈时,已有很好发展。川沙原为滨海小村,嘉庆十五年设抚民厅,到清末宣统三年才改厅为县治,胡万和茶行开设,远较川沙设县为早。所以,当地有民谚:"先有胡万和,后有川沙县。"[3]有些地方虽然本是城镇,但先前不那么繁荣,徽商来了,经营各种商业,变得更为繁荣,南浔、震泽、嘉定均如此。

三、徽商生活的粘合与嵌入

徽商发家以后,往往落籍到江南相关城镇去,甚至将祖坟迁移那里。浙江境内的新安江沿线,从杭州到扬州再到淮安的大运河沿线,以及由太湖水系容易到达的诸多江南城镇,无处不是徽商落籍偏好之地。

扬州是徽商最早相对集聚的城市。扬州老城外的沿运河一线,即河下一带,便有盐商聚落。晚清人描述:"徽人在扬州最早,考其时代,当在明中叶。故扬州之盛,实徽商开之,扬盖徽商殖民地也。故徽郡大姓,如汪、程、江、洪、潘、郑、黄、许诸姓氏,扬州莫不有之,大略皆因流寓而著籍者也。"[4]

徽州人特重宗族关系,也重视乡谊。有的同一个宗族在多个城镇拓展同一行业,或茶、或木、或典当业;有的同一个宗族在同一地方拓展多种行

---

[1] (崇祯)《外冈志》卷一《市镇》。转引自范金民:《国计民生:明清社会经济研究》,福建人民出版社,2008年,第559页。
[2] 胡适:《胡适口述自传》,欧阳哲生编《胡适文集》第一卷,北京大学出版社,1998年,第178页。
[3] 唐国良:《近代浦东散记》,上海社会科学院出版社,2009年,第198页。
[4] 陈去病:《五石脂》。转引自曹树基:《中国移民史》第五卷,第368页。

业,既营茶业,也营棉布、典当等。这些徽商,在客居地与家乡之间、同一宗族不同客居地之间、同一宗族不同行业之间,建立起各种不同的联系,互通信息,互通有无,互为奥援,于是,将家乡与客居地、此一客居地与彼一客居地,紧密地联系起来。这种联系扩展到地缘、乡谊层面,便很容易形成徽商相对有效的商业网络。这种联系,较之一般的交通联系、信息联系,更为直接、紧密与多元,也更为有效,故称之为粘合性。这种粘合性,有效地提升了长三角地区一体化的质量。

胡适曾提出"小绩溪"与"大绩溪"的概念,并分析了两者的关系。唐力行曾对此加以细致的分析,指出:"胡适提出的'大绩溪'的概念,是很有道理的。绩溪人举族移徙经商,在一些城镇市集建立起垄断,这些地方就成了小绩溪外的'大绩溪'。推而言之,则小徽州外有'大徽州'。"[1]从社会学角度看,这种建立在宗族、乡谊、地缘基础上的联系,对徽商宜居地而言,便是一种社会关系的嵌入。徽商在盐业、木业、典当业等领域内的垄断性优势,便与这种社会关系的有效嵌入有关。

徽商多崇文重教。徽商落籍客居地以后,为了尽快顺畅地融入当地社会,往往特别重视与当地居民特别是官绅搞好关系,重视参与公益活动,重视发展文教事业。比如,徽商积极参与扬州的市政建设,包括修桥、铺路,疏浚水道,修治码头,兴建园林和别墅。清代歙县盐商汪应庚重建了平山堂,修建了西园、平楼、蜀冈万松亭等。祁门人马日琯独捐 2 400 两白银,整修扬州广储门至便益门的街道。扬州康山南河下至钞关北地势低洼,街衢易积水,歙县盐商鲍志道出资为其易砖为石,铺垫了石板路面,还斥资修造了虹桥[2]。最典型的是汪应庚在江都一带的善举:

> 汪应庚,字上章,(歙县)潜口人。业鹾于扬,遂籍江都。富而好礼,笃于宗亲。雍正九年,海啸成灾,作糜以赈伍佑、卞仓等场者三月。十年、十一年,江潮迭泛,州民化离,应庚先出橐金安定之,随运米数千石往给。时疫疠继作,更设药局疗治。十二年,复运谷数万石,使得哺以待麦稔。是举存活九万余人。又于邻邑之丹徒、兴化并输粟以济。大吏上其事,特授光禄少卿。又尝出五万余金,建府县学宫,以二千余

---

[1] 唐力行:《从江南的视野解读徽州》,《光明日报》,2019 年 6 月 17 日,第 14 版。
[2] 卞利:《明清以来徽州社会经济与文化研究》,安徽大学出版社,2017 年,第 104 页。

金制祭器、乐器。又出万三千金,购腴田,归诸学,以所入供岁脩。又助乡比试士资斧,至今永著为例,士人称为"汪项"。乾隆三年,岁饥,首捐万金备赈,及公厂煮赈。期竣,更独力展赈八厂,一月所赈至九百六十四万一千余口。又兴复平山堂、栖灵寺,建五烈祠,并为请旌表其墓。①

明末清初盐商潘仲兰,业盐来往于江浙,后来购房于苏州。其子潘景文正式定居,重视文教,以科甲兴。潘门共出了9名进士、36名举人、21名贡生、142名秀才。民间有言:"苏城两家潘,占城一大半。"这两家潘,均来自徽州,一称贵潘,即潘景文这支。另一支称富潘,为康熙年间自徽州迁来的潘麟兆,观前街的大部分商号均为此家族所有,富甲一方②。书画界著名的"扬州八怪",有两位就是徽州人,即王士慎和罗聘。马曰琯、马曰璐兄弟,为祁门人,随家迁居扬州,经营盐业,为当地巨富。马家筑有小玲珑山馆,是著名藏书楼。乾隆朝修《四库全书》,马氏后人献书七百七十六种之多,是全国献书最多的四家之一。小玲珑山馆也是扬州文人诗文会聚的中心:"扬州诗文之会,以马氏小玲珑山馆、程氏筱园及郑氏休园为最盛。至会期,于园中各设一案,上置笔二、墨一、端研一、水注一、笺纸四、诗韵一、茶壶一、碗一、果盒茶食盒各一。诗成即发刻,三日内尚可改易重刻,出日遍送城中矣。"③这里提到的马氏、程氏、郑氏等,全是徽州盐商④。

这样,徽商便将自身崇文重教、商儒并重的传统,勇于开拓的精神,嵌入移入地社会之中,推动了当地的经济繁荣与社会文化发展。

余　论

明清时期,长三角地区交通渐趋便捷化,行业分工渐趋专业化、精细化,经营渐趋集约化和规模化,人口流动、物品流动、信息流动的速率、频

---

① 许承尧:《歙事闲谭》卷一三。转引自王世华《明清徽商是长三角兴起的重要力量》,吴克明主编《徽商与泛长三角徽商发展报告2009》,第90页。
② 刘伯山:《江南文化的结构、互动与思想基础》,《学术界》2022年第9期,第95页。
③ (清)李斗:《扬州画舫录》,黄山书社,2015年,第118页。
④ 冯剑辉:《走近徽州文化》,安徽师范大学出版社,2016年,第146页。

率,都持续发展,从而促进城镇化数量大为增多,规模大为扩展①。就经济功能而言,据研究,江南城镇可分为手工业型、农林副业型、商品集散型、综合型等四类。每一类市镇,基于专业化分工的原则,分化得更为精细和成熟。如在手工业市镇中,有丝织业市镇、棉织业市镇、盐业市镇、窑业市镇、冶铸造业市镇、文具制造业市镇、玩具制造业市镇、造船和刻书业市镇、铜锡器业和漆器业市镇、榨油业市镇、竹器编织业市镇等。在丝织业市镇中,又分为丝业市镇、织业市镇、染业市镇等②。如此名目繁多的专业分工,是区域一体化发展到相当程度的重要标志。

徽商作为这一地区最为灵动的力量,在各类经济、社会与文化活动中,展示出开拓性、粘合性与嵌入性,这对区域自发一体化,起到了广泛的、持久的、积极的示范作用与催化作用。有一则广被征引的资料:"成化末,有显宦满载归。一老人踵门拜不已。宦骇问故,对曰:'松民之财多被徽商搬去,今赖君返之,敢不称谢。'宦惭不能答。"③既有文化又善经营的徽商,散布在江南大地,就像一把石子撒入一片平静的湖面,激起了一圈圈大小不等的涟漪。这对于江南地区商人地位的提升,重商文化的发展,具有言传身教的榜样意义。

到了近代,特别是进入二十世纪以后,随着轮船、火车、汽车的通行,长三角区域内交通更为便捷,也随着上海的崛起,广东、福建、宁波、苏南等商帮的兴起,徽商似乎不像鸦片战争以前那样独领风骚,但这并不意味着徽商退出、减弱了在区域一体化中的作用与影响。徽商的那些特质,已经散播、融化到各类经济与各色商帮的活动当中,就像盐撒在水中一样,看似无形,味已自在。

(本文作者系上海社会科学院研究员)

---

① 关于江南城镇数量的统计,不同学者有不同口径。樊树志的统计:宋代11个,明中期95个,清前期103个。刘石吉的统计:明中期54个,清前期120个,清后期206个。见王卫平主编《江南文化概论·总论》,苏州大学出版社,2022年,第63页。无论哪一种统计口径,都表明明清江南城镇快速增长。
② 陈国灿:《江南城镇通史·总论》晚清卷,上海人民出版社,2017年,第21页。
③ 李绍文:《云间杂识》。转引自张海鹏、王廷元等《明清徽商资料选编》,黄山书社,1985年,第223页。

十九世纪五六十年代王韬对江南战事和时局的思索

戴鞍钢

内容提要 1853年上海小刀会起义爆发,中外各方震惊,时在上海的王韬也在其内。清军与小刀会交战期间致使上海县城毁损残破的情景,令他惊骇叹息。同年太平天国定都天京,清军大举围剿,战火所及,满目疮痍,作为江南人的王韬忧心忡忡。身为爱国者,他急切地希望尽快结束连年惨烈的国内战争,更不愿意看到在华列强乘机扩张侵略权益。然其苦心终无结果,还被迫出走香港,开始他人生的又一新阶段。

关键词 王韬 江南 战争 时局

晚清名人王韬,曾被后人称为"近代中国放眼看世界的第一人"[1]。其相关研究,中外学术界以往成果丰硕。近年来,相关资料整理和研究论著又有一些代表性的成果问世,前者如陈玉兰主持的国家社会科学基金重大招标项目[2]的阶段性成果:陈玉兰辑校《弢园尺牍新编》(上海古籍出版社2020年版)、田晓春辑校《王韬日记新编》(上海古籍出版社2020年版);后者如陈玉兰《王韬上书太平天国考实》(《历史研究》2022年第4期)、石蓉蓉《王韬政治变革思想研究:以〈循环日报〉为中心的考察》(中国社会科学出版社2023年版)。本文拟在前人研究的基础上,着重论述十九世纪五六十年代王韬对江南战事及时局的思索。

---

[1] 李伯重:《本行内外:李伯重学术随笔》,商务印书馆,2023年,第381页。
[2] "晚清维新变法先驱王韬著作整理与研究"。

一

　　1853年上海小刀会起义爆发,中外各方震惊,时在上海的王韬也在其内[1]。上海自元代设立县治以后,主要的商业场所一直聚集在县城区域里(后习称南市)。乾隆《上海县志》载,当时"凡远货贸迁皆由吴淞口进泊黄浦,城东门外,舶舻相衔,帆樯比栉,不减仪征、汉口"[2]。上海县城外的十六铺、董家渡一带,为南、北洋(即中国南北沿海)海船聚泊之所,"小东门外竟为大码头"[3]。周围街区的商业因之兴旺,"咸瓜街当时为南北大道,西则襟带县城,大小东门之所出入,东过两街即黄浦,故市场最为热闹;再南则帆樯辐辏,常泊沙船数千号,行栈林立,人烟稠密,由水路到者从浦江陆行,则必从此街也"[4]。在当时的上海滩,闽粤商人颇具实力。王韬《瀛壖杂志》载:"闽、粤大商多在东关外,粤则从汕头、闽则从台湾运糖至沪,所售动以数百万金,于沪则收买木棉载回其地。闽、粤会馆六七所,类多宏敞壮丽。最盛者,闽为泉、漳,粤为惠、潮。皆择其地绅士董司其事,凡事曲直不定者,咸就决之,无不服焉。"[5]

　　1843年上海开埠不久,列强就在上海强行开辟了租界。随着外国航运业的涌入,行走中国南北海路的沙船等海运业渐趋衰落,但在小刀会起义前,聚泊十六铺的沙船等尚具规模。这种状况,对那些当时来沪选择居处的外国人不无影响。1848年,法国首任驻沪领事敏体尼决定领事馆选址在十六铺附近。"敏体尼所选的地段,正是他寓居所在的地方。他看出这个地段有许多优点。首先,交通方便,三面都沿着可航行的水路(黄浦江和两条河浜),对运转货物极为重要。其次,也是主要的一点,它靠近商业中心。长期来(指开埠后——引者),上海的居民点有些转移,其趋势有利于英租界,但当时,商业中心仍在上海县城,因此对敏体尼来说,靠近县城建立租

---

[1] 详可见王韬《沪城见闻录》,(清)王韬撰,田晓春辑校:《王韬日记新编》,上海古籍出版社,2020年,第98—100页。
[2] (乾隆)《上海县志》卷一,风俗。
[3] (清)姚廷遴:《记事拾遗》,《清代日记汇抄》,上海人民出版社,1982年,第167页。
[4] 胡祥翰:《上海小志》,上海古籍出版社,1989年,第3页。
[5] (清)王韬:《瀛壖杂志》卷一,上海古籍出版社,1989年。

界,这是绝妙的一着。"①

但时过境迁,1853年小刀会起义者一度占领了上海县城。在清军镇压小刀会期间,上海县城遭受战火的重创。清军在城东发起进攻时,"董家渡大堂(指天主教堂——引者)旁边那片城关地区的中国民房对进攻有妨碍,清军就放火烧毁,从东门到法租界南端的一大片地方被夷为平地"②。据当时的记载:"仅仅在一星期前,东郊还是一个商业繁盛、居民熙熙攘攘、肩摩踵接的地区。那里的欢笑声以及呼喊声,犹在我等行人的耳中缭绕,而今却成了一片废墟。直到最近这里原有数以千计的房屋和忙忙碌碌的居民,现在横遭破坏,仅剩下一些废墟颓垣、砖堆瓦砾而已。那些无家可归的人们,有的逃入市区,有的逃往附近的村庄,也有为数不多的人逃到外国租界,还有些逃往停泊江中或其他河浜的小艇中。"③"可是,清军对这个成绩还不满足,又命令把城关的烧剩部分(从法租界南面界线起),直至最靠近法国机构的那段洋泾浜为止,全部烧毁。"④清军攻占上海县城后,"这里全然是一片恐怖的景象,像城郊一样,到处是浸泡在血泊中的残肢断臂"⑤;先前"商业繁荣的区域,已经变得面目全非,在县城中心,几乎没有一家商店,没有一所像样的住宅不变成断壁残垣的"⑥。以往热闹的场景,一去不返。

清朝政府在镇压了上海小刀会起义后,对商人在内的闽广籍人士的惩治举措异常严厉,堪称残酷。其中,如所谓"毁巢穴,清逆产,以绝根株",声称"小东门外羊毛弄、福建街,为闽、广游匪窝藏出没之所",下令"将贼巢烧毁净尽,所有基地概行入官,勒碑永禁,不准再建民房。其贼匪所置房产、店铺、货物,逐细清理,藉没入官,房主知情租给者,一体查办"⑦。又如规定"永禁闽、广人入城居住",所有城内从前建造会馆公产,并私置房铺,一概入官,变抵充公,"旧址冢地,勒碑圈禁,并将贼尸移出城外空地,归骨一墟";闽、广会馆公所俱迁城外,其董事必须慎选。再如,例禁"闽、广无业游民撑驾马蹄杉板小船,在于黄浦摇摆","严逐舢板船进浦渡载,杜绝后患";

---

① [法]梅朋、傅立德著,倪静兰译:《上海法租界史》,上海社会科学院出版社,2007年,第25页。
② [法]梅朋、傅立德著,倪静兰译:《上海法租界史》,第64页。
③ 上海社会科学院历史研究所:《上海小刀会史料汇编》,上海人民出版社,1981年,第89、90页。
④ [法]梅朋、傅立德著,倪静兰译:《上海法租界史》,第65页。
⑤ [葡]裘昔司著,孙川华译,吴健熙等校:《晚清上海史》,上海社会科学院出版社,2012年,第96页。
⑥ 上海社会科学院历史研究所:《上海小刀会史料汇编》,第119页。
⑦ 太平天国历史博物馆:《吴煦档案选编》第四辑,江苏人民出版社,1983年,第82、83页。

同时宣布:"嗣后闽、广船只准在吴淞口外停泊,不许驶入黄浦,货物用内地船只驳运,并倍征关税,薄示惩罚。勒碑吴淞,责成武营拦截,倘敢抗违,即用枪炮轰击。"直言,上述举措旨在"使闽、广商民愧恨乡人作乱,自相劝勉,化暴为良"①。原先上海县城内外颇具实力的闽、广商人,自此一蹶不振。清朝地方官府甚至还照会各国驻沪领事:"请烦转谕各洋商,迅将新旧雇用广东、福建人逐名稽查。如果诚实无过,准令取具的确保结,缮给仍行留用执照,注明年貌籍贯,何人具保,以凭官为查验。如果其向不安分,形迹可疑及依亲傍友并无行业者,立即照会上海县赶紧驱令回籍,勿再徇情容留,仍由地方官实力稽查,如无执照,即照匪类严拿惩办,决不宽贷。"②对闽、广籍人的防范和仇视,跃然纸上。

　　清军与小刀会交战致上海县城毁损残破的情景,令王韬惊骇叹息,1855年2月18日他记述:"是晨,官军克复沪城。"③"午后诣黄硕甫家小饮,继偕勇目冯和进北门,时城中火焰未熄,广厦千万间,都为灰烬,堪为触目伤心。至辅元堂,得见经芳洲,谈片刻即返。出小东门,天已昏黑,颓垣败砾中,几不能辨昔日繁华,不堪回首,惜哉!"④

二

　　一波刚平,一波又起。1853年太平天国定都天京,清军大举围剿,身为江南人的王韬忧心忡忡,在日记中感叹:"烽火遍地,江南夏屋,半成灰烬。"⑤1860年5月太平军二破清军江南大营后,李秀成挥师东征,进兵苏南和浙江,先后攻克丹阳、常州、无锡、苏州等地,同年8月兵锋直抵上海城下,在华列强大为震惊,反应强烈。

　　上海自1843年开埠后,很快成为中国第一贸易大港。作为列强在华经济活动的中心,上海的重要性无可替代,因此当太平军逼近,他们就破门而出,直接与太平军兵戈相见,"借以弭平一切叛乱活动,进而保卫上海,抵抗

---

① 太平天国历史博物馆:《吴煦档案选编》第四辑,第83、84页。
② 太平天国历史博物馆:《吴煦档案选编》第四辑,第24页。
③ (清)王韬撰,田晓春辑校:《王韬日记新编》,第135页。
④ (清)王韬撰,田晓春辑校:《王韬日记新编》,第135页。
⑤ (清)王韬撰,田晓春辑校:《王韬日记新编》,第268页。

任何攻击"①。此前,他们就有部署。1859年增兵上海的法军军官瓦兰·保罗记述:"为了在以后更好地保卫上海以应对各种意想不到的情况,我们将上海郊外的一段街区全部烧毁,这段街区位于设有防御工事的城市和欧洲国家的租界之间。"②不久,这种暴行再演。1860年8月29日,在沪的法国人描述:"出于对新一轮攻击的担忧,同时考虑到我们军队寡不敌众,最高指挥官下令开炮并纵火焚烧东大门附近的房屋。这个十分必要的措施,而且马上就得到了实施。大火持续了整整四天,上海最富裕繁华的街区就这样被付之一炬。东部城郊因为靠近欧洲租界地,曾是中国顶级富商们的首选住宅区。东郊商店里陈列着琳琅满目的货品,价格不菲,但可惜所有这一切都成了大火的牺牲品。这的确是不可挽回的损失,可为了确保城市安全,又不得不急切地采取这权宜之计。由于实施了这个措施,法租界未遭遇突然袭击。此外,我们从牢牢控制在手中的东门起,掌控着整个黄浦江。在黄浦江上,我们可以向任何胆敢冒险进犯的中国船只进行射击。英国人同我们一样,在西门和南门用大炮和烈火扩大了他们的射击范围,巩固了他们的阵地。"③

上海作为中国最大的商港,也是吸引太平军前往的一个重要原因。这里繁盛的口岸贸易和众多的商行,意味着大宗税源以及与外国交往的可能。1860年9月20日,英国驻华公使普鲁斯在上海致信英国罗塞尔勋爵:"不容置疑,他们之所以进攻上海,其主要目标之一,是要力图取得上海海关的关税收入。"④一位美国学者认为:"太平军领袖们坚决要占有上海,这倒不是为了他们从这富饶的海口可以得到劫掠的机会,而是为了通过这个口岸,他们可以跟欧、美各国通商。他们相信,假若他们能够进口外国制造的武器和军火,他们在这持久的内战中获得最后胜利的机会将大大地增进。"⑤但这种意向因列强的武力对抗而碰壁。1860年8月16日,《英国驻

---

① 上海社会科学院历史研究所:《太平军在上海——〈北华捷报〉选译》,上海人民出版社,1983年,第86页。
② [法]瓦兰·保罗著,孙一先等译,许钧校:《远征中国》,中西书局,2011年,第106页。
③ [法]查理·德·穆特雷西著,魏清巍译:《远征中国日记(下卷)》,中西书局,2013年,第95页。
④ 《英国议会文书中有关太平天国的史料》,罗尔纲、王庆成主编:《太平天国》(中国近代史资料丛刊续编)第10册,广西师范大学出版社,2004年,第135页。
⑤ [美]亚朋德:《华尔传》,王庆成主编:《太平天国史译丛》第3辑,中华书局,1985年,第47—48页。

沪陆海军提督通告》声称:"上海县城及外人居留地,已由英、法两国联军实行军事占领,因此警告一切人等,倘有武装队伍攻击或趋近联军防地者,当视为敌对联军行动之开始,将遭受断然之对付。"①两天后,李秀成致书英、美、法驻华公使,声明兵到上海,不扰外人,请悬挂黄旗,以便识别。当太平军逼近上海时,曾致书英国驻沪领事:"我们需要上海,因为我们尚没有能够置备日用品和军需品的港口,这些物资将确保我们成功实行对我们国家的敌人的打击。"②强调"我们并不请求你们为我们而战,我们只是恳求你们站在一边保持中立"③。结果却并非其所想的,试图进入上海的太平军遭到英、法军枪炮射击,伤亡惨重,8月21日,李秀成被迫自上海撤兵,转战浙江。

　　在列强的阻挠下,李秀成进军上海的计划受挫。战火所经的江南城镇所遭受的重创,在各类文献中多有记载。战时在苏州的戴熙在1860年的日记中这样写道:"四月朔,总督何由常退苏,巡抚徐不纳,遂有大营不支紧报。初三,有败勇无算,或步或舟进浒关临城,闾、胥两门遂闭。初四晨,阊城顷刻罢市,居民望东而走者填街塞巷。申刻,得抚宪令,沿城房屋限日拆毁,行坚壁清野法。令未行,晚有马总镇者登城纵火,闾、胥两门外烈焰四起,抢掠大乱,连烧十里许,三昼夜不熄。"④当时在上海的王韬,在其日记中也多有记述,1860年3月13日:"有湖州丝客蔡姓闯然来,言贼(诬指太平军——引者)已及余杭,去武林仅数十里,城外屋宇,官军尽火之,为坚壁清野计,势已岌岌矣。闻之益增杞忧也。"⑤1860年5月26日:"途遇梁闰斋,言吴门有确耗至。系逃兵溃勇拥至城外,势汹汹欲入城,官绅禁御不止。徐抚军即出令,将沿城一带房屋焚烧,兵弁马姓者,肆意纵火,一时烈焰滔天,啼哭之声,震彻城厢内外,百万货物,悉付一炬。金阊胜地,山塘艳土,皆繁华薮窟也,今已尽作瓦砾场。"⑥1860年6月18日:"闻嘉兴失守,烟焰

---

① 《英国议会文书中有关太平天国的史料》,罗尔纲、王庆成主编:《太平天国》(中国近代史资料丛刊续编)第10册,第111页。
② [英]麦高温著,朱涛等译:《中国人生活的明与暗》,中华书局,2006年,第313页。
③ [英]麦高温著,朱涛等译:《中国人生活的明与暗》,第313页。
④ 戴熙:《吴门被难纪略》,罗尔纲、王庆成主编:《太平天国》(中国近代史资料丛刊续编)第4册,第396页。
⑤ (清)王韬撰,田晓春辑校:《王韬日记新编》,第428页。
⑥ (清)王韬撰,田晓春辑校:《王韬日记新编》,第455页。

腾空,烛及数十里,凡烧三日夜,繁华街市尽成瓦砾。平湖、嘉善,相继沦没。"①

国内战争对江南城镇的破坏,比比皆是。1865年战火刚熄,曾国藩的幕僚赵烈文在苏州观前街,"遍历书肆古董肆,旧时阊门市井俱移于此,故颇见繁盛,实则浮面生意,外观虽美,往时一肆至数十万者已绝响矣"②。距上海不远的宝山县罗店镇,"败壁颓垣鞠为茅草,昔之衣绮罗、食珍馐者,今则什无一二焉"③;南汇县新场镇,经历战火后,"廛舍焚毁,名迹就湮",时隔多年,"廖落处犹多"④;嘉定县黄渡镇,"四乡村舍为之一空,野田自生瓜,镇中草高没膝,夜间鬼啸磷飞,荒凉已甚"⑤。

太平天国江南战事期间,江浙地区民众纷纷离家出逃,其中许多地主、官僚及有钱人携资偕眷逃往上海,企求在列强的庇护下,躲避战乱,租界成了他们主要的藏身场所。姚公鹤《上海闲话》卷上载:"太平军之发难,其初外人亦严守中立,故租界因得出战线之外,于是远近避难者,遂以沪上为世外桃源。"⑥天悔生《金蹄逸史》亦称:"粤匪(诬指太平军,下同——引者)陷吴郡,吴中士民流离迁徙,以上海一隅为避秦之桃源。"⑦其逃沪人数之多,一度曾使"昆山河路为难民挤断,不能往返"⑧。除了逃亡的地主、官僚及有钱人之外,下层民众在当时涌入上海的人口中,也占有很大比重。当太平军与清军在上海邻近地区展开激烈争夺战时,附近城镇、乡村遭受严重破坏,溃败的清军沿途又是烧杀掳掠,众多下层民众为了躲避战乱之苦,也纷纷涌入上海。如1860年5月24日,当太平军大兵压境时,苏州"阊门店铺闻(清军)溃兵在城外骚扰,俱各闭门不敢卖买……夜间城外兵勇放火烧毁房屋,彻夜火光烛天,见者胆寒……所烧房屋皆系昔日繁华之地,山塘南濠一带尽成焦土"⑨。此前,"阊门外是商贾发达、市廛繁盛之区,所以称之为

---

① (清)王韬撰,田晓春辑校:《王韬日记新编》,第469页。
② 赵烈文:《能静居日记》,罗尔纲、王庆成主编:《太平天国》(中国近代史资料丛刊续编)第7册,第302页。
③ (光绪)《罗店镇志》卷三,武备志,纪兵。
④ (光绪)《南汇县志》卷一,疆域志,邑镇。
⑤ (宣统)《黄渡续志》卷七,兵事,《上海乡镇旧志丛书》,上海社会科学院出版社,2004年。
⑥ 谢国桢:《明清笔记谈丛》,上海古籍出版社,1981年,第130页。
⑦ 谢国桢:《明清笔记谈丛》,第130页。
⑧ 太平天国历史博物馆编:《吴煦档案选编》第一辑,江苏人民出版社,1983年,第223页。
⑨ 中国史学会编:《太平天国》,《中国近代史资料丛刊》第5册,上海人民出版社,1957年,第327—329页。

'金阊'。从枫桥起,到什么上津桥,接到渡僧桥,密密层层的都是商行。因为都是沿着河道,水运便利,客商们都到苏州来办货。城里虽然是个住宅区,但比较冷静,没有城外的热闹。自经此战役后,烧的烧,拆的拆,华屋高楼顷刻变为平地了"①。当地许多居民遂被迫迁往上海。1861年的上海公共租界《工部局董事会会议录》载:"有大批华人乞丐涌入租界,他们带着孩子在街上流浪。"②另据1862年9月6日《北华捷报》载:"最初流入租界的大批难民,主要是从西南方面各村庄而来,但以后自上海各方面传来警报,老百姓从各个方向到达河的这一边,以致租界附近和界内的道路与空地上都挤满了一批批男女老幼,他们还牵着水牛与黄牛。"③当时,上海周围"凡是能够逃难的人,都纷纷涌进租界,致使租界成为……巨大的避难所"④。光绪《松江府续志》亦载:"咸丰庚申(指1860年——引者),苏浙右族避难者麇至。"⑤另据记载:"当太平天国军势炽盛时,江浙一带富绅巨贾争赴沪滨,以外侨居留地为安乐土。据统计所示,1860年英、美居留地间,华人已达三十万。"⑥时在上海的王韬也有记述,1860年6月22日:"晚风多凉,同阆斋散步至环马场,见金陵难民络绎而至,鸠形鹄面,殊不忍睹。"⑦1860年6月23日:"闻贼(诬指太平军,下同——引者)逼嘉定、南翔,迁徙者纷然一空。"⑧1860年7月:"洋泾浜一带,近日逃至者不知凡几。"⑨

同年,王韬曾随英国传教士艾约瑟去太平军占领的苏州,会见了忠王李秀成等太平天国官员。1861年3月,他又随艾约瑟到访太平天国都城天京,其自述:"金陵久为贼窟,丙午秋试曾一至,今屈指十六年矣!神州陆沉,苍生涂炭,今昔盛衰之感,情何能已!"⑩他曾有为平定太平天国进言的《与左孟星书》和《拟上曾制军书》,后又有上书太平天国的《黄畹禀》,两者针锋相对,看似费解,实如陈玉兰所指出的,不管哪方采纳,都关乎"治乱之

---

① 包天笑:《钏影楼回忆录》,中国大百科全书出版社,2009年,第11页。
② 上海市档案馆编:《工部局董事会会议录》第1册,上海古籍出版社,2001年,第608页。
③ 上海社会科学院历史研究所:《太平军在上海——〈北华捷报〉选译》,第359页。
④ 上海社会科学院历史研究所:《太平军在上海——〈北华捷报〉选译》,第442页。
⑤ (光绪)《松江府续志》卷五,疆域志,风俗。
⑥ 中国人民银行上海市分行:《上海钱庄史料》,上海人民出版社,1960年,第15页。
⑦ (清)王韬撰,田晓春辑校:《王韬日记新编》,第471页。
⑧ (清)王韬撰,田晓春辑校:《王韬日记新编》,第471页。
⑨ (清)王韬著,陈玉兰辑校:《弢园尺牍新编》,上海古籍出版社,2020年,第525页。
⑩ (清)王韬撰,田晓春辑校:《王韬日记新编》,第485页。

道",能使"国势复振"、"平治有期",惜乎争战双方都不曾见用①。

考察十九世纪五六十年代王韬对江南战事及时局的具体思索,或许可以更好地理解王韬有此看似摇摆投机逢迎举止背后的动因。身为爱国者,他急切地希望尽快结束惨烈的国内战争,更不愿意看到在华列强乘机扩张侵略权益,"十余年间,乘我中国之有事,而纵横凌跞至此,此真可为太息痛哭流涕者也"②。1858年他曾追述,清军镇压上海小刀会时,列强曾乘乱以售其奸:"逮癸丑八月,会匪滋事,沪城失守,城外民屋陡增,木土之工无虚日。英、法、米援和约条例,谓西商地界中华民不得再建房屋,与抚军吉尔杭阿商酌,必尽毁除。抚军亦虑附城民居,或有匪类与贼接济也,亦利其毁。于是自北至东,民屋数千万间,无论新旧,撤弃靡遗,违令者西兵以长绳曳之,稍近贼巢者火之,乃与英、法、米三国谋筑长围以困之,城赖以破,而城外之地,尺寸土非民有矣!西商之射利者,多画地营建,略仿华制,以赁于民,昂其租息,今新街及马路侧连甍接栋者皆是也。西人之谋亦狡矣!"③太平军与清军在江南交战之际,英法联军发动了第二次鸦片战争,在中国被迫签订的不平等条约中,"又增设牛庄、登州、海南、台湾、汕头五口,内地通商则自镇江溯流至汉口为止,西人足迹,几半中原"④。王韬愤曰:"从此中原疆土,夷夏杂揉,侏儺遍市,形胜之地,与我共之,真心腹之大患也。"⑤1859年2月27日,他在致友人信函中又直言:"海疆门户,断不可与人,以自失其屏蔽也。果尔,西班牙、英、法、米利坚接踵东来,而祸遂烈于今日矣。今者滨海岛壤,江汉腹地,尽设埠头,险隘之区,已与我共,猝有变故,不能控制,此诚心腹之大患也。"⑥但其苦心却无结果,还被迫出走香港,开始他人生的又一新阶段。

(本文作者系复旦大学教授)

---

① 陈玉兰:《王韬上书太平天国考实》,《历史研究》2022年第4期。
② (清)王韬著,陈玉兰辑校:《弢园尺牍新编》,第149页。
③ (清)王韬撰,田晓春辑校:《王韬日记新编》,第287—288页。
④ (清)王韬撰,田晓春辑校:《王韬日记新编》,第288页。
⑤ (清)王韬撰,田晓春辑校:《王韬日记新编》,第288页。
⑥ (清)王韬著,陈玉兰辑校:《弢园尺牍新编》,第89页。

江南运河与江南城市的互动共生

王明德

内容提要 江南运河是以大运河江南段为主干连接其他水系而构成的庞大而复杂的水运网络。江南运河为沿线城市发生发展提供了契机,构成了沿线城镇发展的生命线,成就了江南城市的辉煌和荣光。江南城市因运河而生,由运河而兴,深深地烙下了独特的运河印记。运河城市与运河互动共生,运河孕育城市,城市发展又推动了运河的发展。两者一起共同造就了江南经济的繁荣。

关键词 江南 运河 城市 互动关系

江南运河是指历史时期江南地区出现的运河及运河网络,又指大运河或京杭运河的江南河段。这里所说的江南地区主要是指以太湖流域为中心的苏南浙北地区,即今南京、镇江、常州、无锡、苏州、上海、嘉兴、湖州、杭州等市所辖区域。这一地区除部分丘陵山地外,多为沿海沿江平原,这里湖泊星罗棋布,河网密布,水道纵横,土地肥沃,适宜农桑。其突出特点有三:一是地势平衍,二是水源充足,三是河道纵横交错,故具有发展运河的天然优势。江南运河是历史时期江南地区劳动人民长期艰苦奋斗而创造的杰出水利工程,也是江南地区能工巧匠根据江南地理环境而规划创造出的伟大水运工程。江南运河北接长江,南达钱塘江,中间傍依太湖,通江达海,联通全国,形成超大流动空间,由此改变了江南河流的自然与人文生态,激发自然水系发挥出更为强大的生命力,吸引大量民众向运河流域移居生息,形成众多运河城市。江南运河与江南城市互动共生,在运河与城市的互动关系中具有典型意义,故有深入讨论的价值。

一、城市因运而生,由运而盛

河流孕育城市文明。河流两岸往往有肥沃的土地,河水给沿岸地区带来了充足的水源,解决了人们日常生产和生活之需,人们常选择河流两岸作为栖息之地。于是河岸边就出现了一个个村庄,又由村庄发展成为一个个城市。河流哺育了城市,城市改变了河流的面貌,为河流增添了无限生机[①]。作为人工河流,江南运河联通了江南各地,养育了江南人民,滋养了江南文化,带来了江南经济的繁荣,孕育出一个个江南城市。正如有论者所说,江南运河之于江南城市,不是生母,便是乳娘。征诸历史,此言不虚。

(一) 运河孕育了江南城市

江南运河起源甚早。早在商代末年泰伯奔吴初期,就于江南梅里一带开凿了泰伯渎,这当是江南运河的肇端。至春秋战国时期,立国于江南的各诸侯国出于军事或经济活动的需要,开始修筑运河,江南运河部分河段应运而生。吴国所开运河至少有六条,即胥溪、胥浦、百尺渎、邗沟、菏水、古江南运河等。这些运河以都城姑苏(苏州)为中心,西通长江,东通大海,南达钱塘,北过长江由邗沟、菏水运河直通中原。越国和楚国也先后开凿了蠡渎、渔浦、棠浦等运河,初步形成了以太湖为中心、通江达海、联通江南各地的水上交通网络。这一时期所开凿运河,主要目的是为战争服务,但在客观上加强了江南各地之间的经济文化联系,促进了运河沿线城市的诞生。可以说江南地区的早期城市随着运河的出现而出现。江南城市因运河而生,又因运河而盛,深深地烙下了江南运河的印记。

首先,江南运河赋予沿岸城市新的生命。文献记载和考古资料显示,先秦时期江南地区至少有吴、梅里、阖闾城、棠邑、云阳、固城、平陵(溧阳)、南武城(娄县)、东武城、越城、鱼城、鸠兹、檇李、故陵、长城、长水等城市。在这些早期城市中,有吴国都城梅里、阖闾城、姑苏城等;有古县、封邑所在地,如延陵、朱方、固城、云阳等;又有军事城堡如越城、南武、东武等。其中,吴、梅里、延陵、朱方、邗、冶城等,分别为后世苏州、无锡、常州、镇江、扬

[①] 庄辉明:《大运河》,上海古籍出版社,1995年,第36页。

州和南京的所在地①。这些城市正是江南运河干线沿岸的重要城市。

吴，即吴国都城，为江南地区的中心城市。因都城不断迁移，故有四种说法：一是梅里之吴，应是吴国早期都城，位于今无锡梅里一带；二是镇江大港之宜，曾为吴都，位于镇江丹徒一带；三是苏州阖闾大小城，即阖闾命伍子胥所营建的阖闾城，称吴大城与吴小城，位于今苏州一带；四是考古所见阖闾城，位于今无锡境内。

延陵，位于常州武进东南，曾为吴公子季札封地。

云阳邑，春秋吴国古城邑，秦置曲阿县，汉代复名云阳，即今江苏丹阳。

朱方，春秋吴国古城邑，秦置丹徒县，即今镇江丹徒。

南武城，春秋吴国古城堡，城址位于今苏州昆山区西北。

固城，即平陵，俗称"楚王城"，南濒胥溪（古濑水），位于今高淳区境内。

梅里，即泰伯奔吴后所筑城邑，位于今无锡境内。

檇李，春秋越国古城邑，城址位于今浙江嘉兴市南。

故陵，春秋越国古城邑，城址位于今杭州市萧山区西兴镇。

长城，又名夫椒城，春秋吴国古城邑，城址位于今湖州市长兴境内。

长水，春秋古县名，秦置由拳县，城址位于今嘉兴市境内②。

越城，又名范蠡城。越灭吴后，范蠡于吴越西境筑城，为南京最早城池。城址位于今南京中华门外长干里一带。

这些出于政治或军事目的而建立的城市后来均逐渐发展成为一定区域的经济文化中心③。这些城市一般枕水而建，多分布在运河及江、河、湖、农田塘浦的水口要塞之处，地理位置优越，人口众多，有的已初具规模，有的已具雏形。它们奠定了后世江南城市的格局。

其次，运河为江南城市兴起提供了契机。运河水运是江南地区主要的交通运输方式，能够为城市兴起提供充足的粮食和物资供应。秦始皇统一全国后，为加强对东南地区的统治，发展水运交通，在早期江南运河的基础上，开凿了丹阳至镇江的丹徒水道（又名曲阿水道），沟通长江与古江南水道；又开凿从由拳（嘉兴）到钱塘（杭州）通浙江（今钱塘江）的陵水道。秦

---

① 贺云翱：《吴国城市建设述略（初稿）》，陈玉寅：《江苏省考古学会1983年考古论文选》，江苏省考古学会，1983年，第32页。
② 关于檇李、故陵、长城、长水等古城考证，参考陈国灿、奚建华：《浙江古代城镇史》，安徽大学出版社，2003年，第36—38页。
③ 汪小洋：《江苏地域文化概论》，东南大学出版社，2011年，第35页。

代所开丹徒水道、陵水道与古江南水道、百尺渎相连接,北起镇江,经丹徒、丹阳、吕城、奔牛、常州、无锡、望亭、苏州、吴江、平望、由拳、崇德、长安、临平,至钱塘,沟通了长江、太湖与钱塘江三大水系,由此初步形成了江南地区的水上交通干道。两汉时期,江南运河得到持续开发、改造和维护。汉武帝时(前140—前87年),为征调闽、越贡赋,又在前代运河基础上,组织人力沿太湖东缘沼泽地带,开浚出一条苏州至嘉兴间的新河道。经过吴、秦、汉三个时期的创辟发展,到公元前一世纪前后江南运河已粗具轮廓[①]。后世江南地区又先后开辟了众多运河支线,如破冈渎、萧梁河、简渎河、九曲河、伯渎港、锡澄运河、頔塘、烂溪塘、华亭塘、吴兴塘、平湖塘、金丹溧漕河、武宜漕河、新孟河、德胜新河、江阴运河、望虞河、浏河、胥江、吴淞江、太浦河、杭甬运河等,并将运河干线与支线相连接,由此构成了纵横交织的江南运河网,极大地扩充了江南运河的通航能力。为保障运道畅通,又在运河沿线兴修了许多码头、堰闸、仓储等水运设施,从而为城市兴起创造了基础条件。于是,在运河沿岸的一些水陆交汇点、码头、堰闸、仓储等地方,逐渐聚集起了众多人口。随着人口的聚集,又出现了酒楼饭馆、商旅客栈、商铺货店以及其他服务行业。原来运河岸边的荒村小镇,发展成了繁荣城市。秦汉时期,江南运河干线沿线分布着钱塘、临平、长安、崇德、嘉兴、平望、吴江、苏州、无锡、望亭、毗陵、奔牛、吕城、曲阿、丹徒等城市。其他如江宁、江乘、高淳、江阴、靖江、溧阳、溧水、荆溪、平江、长洲、娄等,也多位于江南运河网络上。这些城市构成了后世江南城市发展的基础。

  再者,运河航运成为江南城市发生发展的生命线。江南运河城市靠近江南粮食产区和商品生产地,具有广阔的腹地,在商业活动中占据至关重要地位,具备了工商业城市发展的资源和交通优势。魏晋南北朝时期,偏安于江南的六朝政权发展运河航运,拓展江南运河网络,促使运河的经济功能显现出来。运河交通成为江南各地之间经济文化交流的重要方式。六朝时期,随着江南商品经济的迅速发展,运河城市也得到较快发展。一些运河枢纽区域的城邑特别是都城凭借发达的水运交通条件,逐渐发展成为著名的经济都会。南京成为南方第一都会,得益于以南京为中心的水运交通网络的发展和大规模漕运活动。先是东吴开凿破冈渎,沟通长江岸边的南京与太湖流域之间的水路联系,建立起以建业(今南京)为中心的南方

---

① 缪启愉:《太湖地区塘浦圩田的形成和发展》,《中国农史》1982年第1期,第12—32页。

漕运体系。东晋、南朝时,建康(今南京)成为漕运中心,并发展成为有文献记载的人口超过百万的大都会。再如镇江(又称京口),位于江南运河与长江的交汇点。它通过长江、江南运河与破岗渎,"东通吴会,南接江湖",西连都城建康,隔江是广陵,水运交通与商业活动十分活跃,都城建康所需的生活物资,主要由京口转运而来,故商旅会集,不数十年遂成为江南地区仅次于建康的另一大商业都会。丹阳是新兴的工商业城市,其繁华程度不输京口,"市廛列肆,埒于二京"。其他如毗陵、吴城、山阴、余杭、东阳等[1],也都是当时著名的工商业都会。

(二) 运河塑造了江南城市体系

水运是古代最重要、最普遍和相对便宜的运输方式。运河之所以数千年赓续不断,原因就在于它所提供的水运满足了人们沟通和交流的需要。江南运河航道开凿早,航运条件好,通航里程长,干线畅通时间最长,实际发挥作用最大,效益最好,迄今仍发挥着重要作用。江南运河干线支线与江河湖海构成一个四通八达的水运网络,将整个江南地区连为一体,并通过水运网络与其他区域相联系。通过江南运河网络的联通,江南的大江大河有了更加广阔空间的舟楫之利,以南京、苏州、杭州、镇江、常州、无锡、嘉兴、湖州等为代表的江南运河城市在运河网络中居于枢纽位置,或位于运河与大江大河交汇之处,或位于两段运河的交汇点上。如扬州、镇江、苏州、杭州等处在江南运河与长江、太湖、钱塘江的交汇点,通江达海,航运功能更强,枢纽地位重要。在运河干线支线及与之连接的中小河流湖泊沿岸则分布着众多的中小城市。如先秦的云阳、朱方、延陵、南武;秦代的秣陵、江乘、丹阳、曲阿、丹徒、娄、吴、阳羡;汉代的江乘、秣陵、句容、胡孰(侯国)、丹阳、毗陵、溧阳、无锡、娄、吴等;唐代的江宁、丹徒、句容、曲阿、延陵、金坛、武进、晋陵、无锡、江阴、义兴、吴、常熟、长洲、昆山等[2]。

从联系地域的范围大小看,江南运河网可分为三个层级,即联系全国、联系江南区域和联系江南某地等层级,或称跨区域运河网、区域运河网、基础运河网等。

---

[1] 冯剑、何一民:《中国城市通史·秦汉魏晋南北朝卷》,四川大学出版社,2020年,第40页。
[2] 所列江南部分城市,参考王健:《大运河与江苏古代城市空间分布》,《江苏地方志》2021年第3期,第8—14页。

跨区域运河网：主要由江南运河干线联结长江、太湖、钱塘江而成。这一层级的运河网通江达海，联系全国，在全国运河网络中占有重要地位，在整个江南区域中占据核心位置，发挥主体作用。

区域运河网：主要由江南运河干线支线连接自然或人工河流诸如秦淮河、固城湖、孟渎河、丹金溧河、锡澄运河、梁溪、破冈渎、顿塘等而构成。这一层级运河网把整个江南地区连接成整体，促进了运河航运功能的发挥。

基础运河网：主要由江南运河干线支线联结较小的河湖港汊而构成。这一层级水运网络是对区域运河网的细化和补充，使运河的沟通和交流功能发挥得更加充分。这一层级的运河网覆盖城乡，通达基层村落，在江南运河网络中发挥基础作用。

发达的江南运河网络，塑造了江南城市体系。在江南运河城市体系中，第一层级的城市有先秦时期的苏州、六朝时期的南京、南宋时期的杭州。它们都是政治中心城市，在江南城市中占据核心地位，影响及于全国。苏州位于太湖、三江（吴淞江、东江、娄江）、江南运河的交汇之处，是太湖水网的中心[①]。先秦江南运河网络是以苏州为中心而构成的。随着全国经济重心的东移南迁，苏州的政治经济文化地位愈显重要。至明清时，苏州最终发展成为全国工商业中心，其经济地位比肩都城北京。南京处在江南运河与长江连接的枢纽地位，六朝时期发展成为江南地区的漕运中心。南朝梁都之时，是世界上第一个有据可查的人口超过百万的特大城市[②]。杭州地处江南运河、钱塘江与浙东运河的交汇点，通江达海，唐朝时已由江边小城逐渐发展成为当时著名的通商口岸。至南宋建都杭州，其水陆交通中心的地位得以确立，并由政治中心发展成为东南经济都会。

第二层级城市是州郡府级行政中心城市。隋唐以降，京杭大运河的开凿和疏浚以及东南经济重心区地位的确立，进一步加强了江南运河交通的地位。运河城市也发展成为州郡府地方行政中心和著名的工商业城市。如明清时期的江南八府一州（江宁、镇江、常州、苏州、松江、嘉兴、湖州、杭州八府及太仓州）皆为地方府州治所，也是运河沿线的重要节点城市。八府城市中，南京（江宁）、杭州和苏州都做过都城，地位更重要，其他城市也

[①] 王健：《大运河与江苏古代城市空间分布》，《江苏地方志》2021 年第 3 期，第 8—14 页。
[②] 冯剑、何一民：《中国城市通史·秦汉魏晋南北朝卷》，第 40 页。

都是著名工商业城市。镇江处在运河与长江的交汇点,是江南运河的起点,南北交通的枢纽,漕运的咽喉。南宋时镇江成为漕粮仓储重地,江南漕粮、贡赋皆由这里转运,其漕运地位达到历史巅峰。常州北枕长江,南滨太湖,西摄滆湖,蓄泄吐纳牵"三吴"之地。从隋代开始,常州的漕运地位日趋重要,至南宋时已成为漕粮转运中心。常州的毗陵驿,在其全盛时期曾为江南运河的第一大驿。松江府,元代所置,治华亭县,江南运河支线流经这里,明清时期发展成为南方漕粮重要产区和全国棉纺织业中心,曾有"衣被天下"之誉。嘉兴古称长水,又称檇李、禾城,处在江河湖海交汇点,也是早期运河百尺渎、陵水道、杭嘉运河的起讫点。明清时被誉为"江南一大都会",号称"衣食海内""鱼米之乡""丝绸之府",素有"土膏沃饶,风俗淳秀,人文兴盛"的美誉。无锡虽然为县级城市,但最早的江南运河起自无锡梅里。历史上商贾云集,船乘不绝,是漕运、商旅、物资调配的重要通道,由此推动无锡成为著名的"四大码头"(米码头、丝码头、布码头、钱码头)。湖州府城,位于太湖南岸,是太湖平原上的一座千年古城,由頔塘运河连接江南运河干线及其他城市。明清时期湖州府城发展成为江南地区重要的丝织业生产和丝绸贸易中心。

第三层级的城市是州县城市及市镇。以清代为例,镇江府的丹徒、丹阳;常州府的武进、无锡、金匮、阳湖;苏州府的吴县、长洲、元和、昆山、新阳、吴江、震泽、太湖、靖湖;杭州府的仁和、余杭、临安、钱塘;嘉兴府的嘉兴、秀水、桐乡;湖州府的乌城、归安、长兴等;太仓直隶州的镇洋共26县。这些地方行政中心城市,通过水运网络联接境内的市镇或乡村,沟通四面八方。

二、城运相依,互动共生

运河是由国家力量推动而开凿的水运通道,也是适应社会经济生活需要创造出的水利工程。运河的出现又推动了城市的发生发展。国家政治中心城市的物质供给需要,推动着运河的不断发展,而运河沿岸城市作为连接政治中心与粮食产地的支点,又加强了运河的漕运功能,维护着运河航运功能的发挥,并推动运河经济功能的发展,使其经济效用得到更大限度的发挥。

（一）城市推动运河发展

运河孕育城市，城市又反作用于运河，推动运河的进一步发展。江南运河首先是王朝政治的产物，同时又是沿岸城市经济活动而造成的结果。

运河作为大型水利工程，其发生发展需要国家力量的推动，而满足国家政治中心城市的物质供应，就成为运河发展的第一推力。江南运河的兴起和运河网络的形成正是这样。春秋战国时期，吴国出于运兵运粮的需要和都城姑苏（苏州）的物质供给需要，先后开凿了胥溪、胥浦、江南河、百尺渎等人工运河，初步形成了以都城姑苏为中心的江南运河网络。六朝时期，为保障政治中心建康（南京）的军需民用供应，各王朝以建康为中心向四面八方修筑了二十多条车马大道，又动用政府的力量，全力以赴开凿了破岗渎和上容渎，以沟通建康与三吴的漕运之路。

各中原王朝为保障都城漕粮运输的需要，不断推动江南运河的发展。秦王朝开凿了丹徒水道（又称曲阿运河），修筑了由拳（嘉兴）到钱塘（杭州）的陵水道，开浚了苏州至嘉兴间的新河道，初步构成了江南运河水运网的雏形。隋唐时期，隋炀帝于大业六年（610），重浚江南运河，自京口（镇江）引长江绕太湖之东，直达余杭（杭州），沟通长江与钱塘江水系，并在其江南运河岸边修筑了通往三吴地区的陆道[①]，由此形成了连接江南各地的水陆交通网络。唐朝继承了隋代的运河遗产，对江南运河等进行多次疏浚、整治，开挖湖州运河等。宋室南迁后，江南运河成为南宋王朝的经济命脉。为保障都城的漕粮物质供给，新开或重浚了荆溪、胜新河、官塘河、上塘河、金坛运河等，又开凿了浙东运河，形成了以杭州为中心的新的江南运河网络。可见满足国家政治中心城市的物质供给需要始终是推动江南运河发展的主要动力。

沿线城市作为运河的节点，是沟通粮食产地和政治中心的关键环节，也是运河及运河网络得以形成和发展的支撑点。运河的开凿和疏浚、运道的维护和畅通、漕粮的安全转运等，都需要以沿线城市为支点来实现。以时开挖和疏浚运河、维护航运设施、保障漕粮运输安全等是沿线地方政府的重要职责。无论是吴国早期运河的开凿，还是秦汉魏晋南北朝时期江南运河的形成，抑或隋唐大运河及元明清京杭运河的贯通，无不依赖沿线城

[①] 刘希为、王荣生：《三至九世纪江南交通发展考论》，《徐州师范学院学报》（哲学社会科学版）1994年第2期，第24—34页。

市的支撑。这些支点城市在先秦时期已经形成,正是靠着这些城市支点,江南运河才两千多年开挖不止,发展不止,由一段段运河联结成线,又由线成网,以致发展成现在的格局。

沿线运河城市都是某一区域的政治经济文化中心。城市人口的增加,经济生活的需要,工商业的发展,都需要通过运河提供所需物质或商品。这对运河的开挖、疏浚和维护提出更高要求,需要运河城市不断开拓水陆运道,改善水运交通条件,开凿和疏浚河道,建立起以自身为中心的区域运河网,发展运河的经济功能,促使其经济效用得到更大程度的发挥。

(二)城市与运河相依而存

江南运河与沿线城市互动共生,赋予江南城市独有的城市特色。具体而言,主要体现在以下几个方面:

一是城水相依,枕河而居。江南地区纵横交错的运河网络造就了"以船为车,以楫为马"的地理特征,并赋予江南城市独有的韵味。江南运河多是穿城而过,城市沿运河而建,依河发展。早期运河城市多是穿城而过,城市沿河发展。如镇江、常州、无锡、苏州、嘉兴、湖州、杭州等。随着运河漕运量的增加和城市的发展,运河干线不得不绕城而过,如苏州、湖州、镇江等,原来的城内运河干线变成了市河,但仍有运河干线流经市区,如丹阳、常州、无锡、嘉兴和杭州等[1];又有支流穿城而过的,如金坛、溧阳、宜兴、江阴、张家港、常熟、昆山、吴江、宝山、嘉定、松江、嘉善、桐乡、平湖、余杭等[2]。无论是穿城而过,还是绕城而过,城市皆与运河相伴而生,由此形成"枕河而居""多水多桥多船"的自然与人文景观。城市依河而建,依水成街,依水而居,由水成路,临水成市,因水成园,由水成景,水赋予江南城市无穷的魅力和独有的韵味。

二是"小桥流水人家"。江南城市水多桥多,桥是江南城市最靓丽的风景。论桥的数量之多、建筑风格之美,以江南古市镇最具代表性。其中,同里古镇最具典型意义。同里古镇始建于宋代,至今已千余年。古镇由五个湖泊环抱,河流将其分隔成7个街区,又由49座古桥将其连成一体,由此形成"家家临水,户户通舟"的古镇景观,古镇生动体现出江南市镇特有的"小

---

[1] 刘森林:《江南运河风土·环境·交通》,上海大学出版社,2015年,第4页。
[2] 刘森林:《江南运河风土·环境·交通》,第4页。

桥、流水、人家"韵味。苏州甪直镇以多桥著称,素有江南"桥都"之誉。一平方公里的古镇有宋、元、明、清时代的石拱桥72座,现存41座。石桥造型各异,各具特色,古色古香,堪称古代桥梁博物馆。古镇粼粼河水、石板街路、店铺作坊、拱桥石梁、古老台门、幽深弄堂,构成一幅古老、淳朴、喜庆、祥和的水乡风情画卷。其他许多江南古镇古城也都是"依河而生、伴水而居"。运河造就了这些城镇的小桥流水、粉墙黛瓦、如诗如画的城市画面,加上古典园林、曲径回廊、江南丝竹,更别有江南古城韵味。

三是独特的街巷肌理和建筑风貌。江南文化具有灵动飘逸、雅致秀丽、柔和淡远、小巧精致的特点。从"吴侬软语"到"小桥流水、枕河而居""水陆并行"的古城格局;从苏州园林的曲折变幻到雕刻艺术、评弹、昆曲等的生动细致,无不表现出江南文化的精神意蕴。苏州的水陆双棋盘格局,无锡老城的"龟背形"空间格局和"水弄堂"造景以及运河两岸寺、塔、河、街、桥、窑、宅、坊等有机结合的民居建筑风格,无不体现江南城市独有的文化韵味。江南城市或市镇一般以河为轴,街随河走,顺应延展。街巷布局因河道形态差异而表现出不同形态。如由"二"字形河道形成带状城镇,由"十、上"字形河道形成星状城镇,由"井"字形河道形成方形城镇,由网状或枝状河道形成团状城镇[①]。尤其是江南市镇,常常是街河并行,桥路相接,古老的石拱桥、夹河的小街水巷、依水而筑的民居,组成一幅幅独具特色的江南市井图。

四是独特的城市格局。运河塑造了江南城市格局,赋予江南城市"水韵""书香"的人文特色,演绎出水工、漕运、工商、园林、水乡人居等的文化形态。江南城市突破了传统城市生活对自然水系的依赖,也突破了传统城市以行政功能为中心的格局,转向以产业和商贸功能为中心。早期运河沿线城市多位于运河与天然河道交汇之处。唐宋时期,运河多穿城而过。随着运河担负的运输任务愈来愈重,逐渐开凿出绕城而过的专用航道,城内运河演化为繁华的市河和商业街道,码头、桥梁成为新的城市生活集散地点。运河水系与城市水系相联通,形成新的城市格局。"君到姑苏见,人家尽枕河"(杜荀鹤《送人游吴》)的苏州,"园林多是宅,车马少于船"(姚合《扬州春词》)的扬州,生动反映了运河城市的人居生态。苏州的小桥流水、人家枕河、园林栖居、诗意天堂独具江南城市风貌。常州的粉墙黛瓦、小桥

---

① 当代上海研究所:《2018长江三角洲发展报告》,上海人民出版社,2019年,第33页。

流水、耕读之家、枕河人家,显示出运河城市独特的文化韵味。

三、城市与运河造就江南繁华

原本地广人稀、林莽茂密、沼泽遍野的江南地区,自运河开通之后,渐成人口密集、世代繁衍、"谷帛如山,稻田沃野""良畴美柘,畦畛相望"的锦绣之地[①]。运河使江南地区的自然生命获得了新生。江南经济的发展与繁荣是江南运河与江南城市共同营造的结果。江南成为繁华之区,表现在江南主要粮食生产区地位的确立,江南手工业生产重心地位的确立和江南市镇的大量涌现等方面。

(一)农业经济发达

运河水滋养了沿岸地区无数的生灵,灌溉之利,舟楫之便,鱼虾之裕,极大地促进了农业、渔业、商贸业、航运业等行业的发展,使沿岸经济社会得到了空前的繁荣。

作为大型水利工程建设,运河的开凿和疏浚常与沿岸地区的农田水利事业相伴而行。开凿和疏浚运河的过程,同时也是弥消沿岸水患和引水溉田的过程。运河的整治和航运设施的建设,许多情况下也会使沿岸区域的水田获得扩展。如江南的圩田、北方的淤田、官府的屯田和营田等,常伴随运河整治工程而显著增加。运河的开凿和疏浚,有效地承担了分洪、泄洪、防洪的功能,起到了防旱、抗旱的作用,使沿岸居民在遭遇自然灾害时免受或少受灾害的影响。隋唐大运河和京杭运河的贯通,方便了南北方农业生产技术的交流,促进了南北方农业经济的发展,使运河地区成为人口稠密的地方,由此推动了运河地区农业经济的稳步发展[②]。

唐宋时期,太湖流域和浙东地区大兴水利,使这一带成为鱼米之乡。太湖流域腹地广阔,运道四通八达,府州县乡镇皆有水道相连。唐宋以来的江南,可以说没有运河的养护,就没有江南的富饶,所谓"苏湖熟,天下

[①] 言省:《"生生不息"是大运河文化的根本精神》,《中国文化报》2012年10月18日第14版。
[②] 安作璋:《中国大运河与运河文化》,"运河之都:淮安"全国学术研讨会组委会:《运河之都:淮安全国学术研讨会论文集》,中国书籍出版社,2007年,第155页。

足",也是得益于运河航道把江南的粮、丝、棉等转运天下以养育生命。

江南各种水利工程和运河航运紧密结合,通过兴修水利工程,塘、堰、闸、坝、桥的建设,既解除了太湖流域的水患,同时也保障了运河航运的安全。从某种意义上说,江南运河是农田水利的命脉。苏州宝带桥,既有利于分洪和农田灌溉,也给拉纤走船提供了方便。宋代南京地区的便民河上连龙潭、句容,下注长江,极大地方便了当地商人和百姓的运输和灌溉,这也是明代都城建设的重要生命线。镇江地区的农田水利设施主要包括练湖、九曲河、简渎河和香草河,它们既是运河航运设施,又服务于农田灌溉。其中练湖,集蓄水、灌溉和防洪等功能于一体,对镇江段运河补水和当地农田灌溉起了重要作用。吴江一带,曾经烟波浩渺,水势浩大,下泄不畅,太湖之水在下流排泄不畅而四处横流,严重影响运河航运和地方农业生产。经过宋代以后的治理,太湖水得到控制,运河与湖水分离,这对运河畅通和农田灌溉都起了积极作用。

(二)工商业经济繁荣

工商业的发展是区域经济繁荣的基础。运河及运河城市的发展带动了运河地区的工商业发展。在许多运河城市中,百业俱兴,如造船、瓷器、金属加工、造纸、编织、纺织、印刷、酿造等手工业等都得到发展。城市街市上,商业店铺林立,商业人口显著增加。

明清时期,随着社会生产力水平的较大提高,社会分工的进一步扩大以及国内外市场的不断开拓,江南运河城市的工商业发展迅速。诸如冶炼、造船、造纸、制盐、制瓷、纺织、染色等手工业有较快发展,工商业呈现出繁荣景象。苏州是当时全国最大的工商业城市,苏州产业发达,是全国丝绸业、印染业、棉布、文化用品、手工艺品、食品加工等的中心。既是制造业中心,也是商贸中心、钱庄金融中心、文化用品中心、全国各地土特产品汇集中心。全国各地的商贩云集苏州,十里山塘、阊门、枫桥等地最称繁华。苏州城外的浒墅关在乾隆年间每年征收商税额高达五六十万两,位居运河七关之首[1]。杭州是当时全国三大丝织业中心之一。所产织品种类繁多,质地精良,诸如绫、罗、锦、克丝、纻丝、绵绸、机纱、画绢、绵等。其他如制

---

[1] 许檀:《明清时期城乡市场网络体系的形成及意义》,《中国社会科学》2000年第3期,第194页。

伞、棉纺织业、剪刀等也很兴盛。雍、乾年间,杭州城郭宽广,居民稠密,南北长达 30 余里。常州也是运河上最繁荣的港埠之一,怀德桥侧的米市街、豆市街、篦箕巷等素称繁华。即便是近代以后,江北运河中断,漕运停止,但江南运河一直保持通畅,这对江南民族工业的发展起了重要作用。无锡的几大民族工业家族集团的企业,多建设在运河沿岸。近代以后,镇江因地处长江与运河交汇的枢纽位置,一度成为仅次于上海的重要口岸。

(三) 市镇经济兴盛

江南自唐代以后,逐渐成为全国最富庶的地方。北宋时,江南市镇开始兴起,至明清时大量涌现。江南在商品流通中拥有地利与交通之便,故最早在运河网点或水道交叉口的港埠生长出一大批以手工业生产、农产品交易或转口贸易为主的新兴市镇。江南市镇的发展在明代嘉靖、万历时期形成高峰,当时数量约 300 个,到清代乾隆时最盛,市镇数量约 600 个以上,几近翻了一番。北宋时,湖州只有 6 个镇,明万历时,湖州所属一州六县共有 20 个市镇,增加了 14 个。每个市镇都聚集了几百家、几千家乃至万家居民[1]。著名者如双林、南浔、新丰、新行、王店、王泾浜等。

南宋时,江南镇市呈现出专业化的特征。这标志着市镇的市场形态日趋成熟,市场分工日趋精细。明清时期,江南的丝织业主要集中在太湖流域腹地杭嘉湖和吴江县一带。位于这一地区的濮院、南浔、双林、王江泾、盛泽等镇发展成为丝织业市镇,其中吴江县盛泽镇成为中国著名的"绸都"。其他如嘉兴濮院镇、王江泾镇,湖州双林镇,杭州临平镇,都以丝织业发达著称。镇上的居民,多数人口或有相当一部分人口是脱离了粮食生产的专业户。濮院镇,自宋元以来丝织业逐渐称盛。清康熙时,"丝业最盛",逐渐发展成一个丝绸业主产中心[2]。到乾隆时,该镇"日出万绸",终岁贸易不下数十万金[3],号称"绸市"。王江泾镇,处在运河咽喉之地,明清时期,以生产和销售丝绸为主。明万历时,居民七千家,"多织绸,收丝缟之利","近镇村坊,都种桑养蚕,织绸为业。四方商贾俱居此收货"[4]。其他专业化市镇如桐乡陈庄镇以制竹器为业,桐乡炉头镇以冶铸为业,其他如余杭的瓶

---

[1] 蒋兆成:《明清杭嘉湖社会经济史研究》,杭州大学出版社,1994 年,第 399 页。
[2] 蒋兆成:《明清杭嘉湖社会经济史研究》,第 410 页。
[3] 蒋兆成:《明清杭嘉湖社会经济史研究》,第 411 页。
[4] 蒋兆成:《明清杭嘉湖社会经济史研究》,第 411 页。

窑镇、嘉兴的干家窑镇,都以陶瓷为业①。

运河水网的驳船点最易成为物资的集散地和贸易市场。这些滨河地带是连接城乡经济的桥梁,因得益于运河交通而跃进为新兴市镇。在江南,多数市镇都分布在距州县城二三十里以远的地区,它们既是农村中心市场,也是联结城市和农村市场的主要纽带。各市镇像众星捧月一样环绕着中心城市。市镇之间互通有无,互补互利,共同构成所在地区的城乡市场体系。如明清苏州的专业市镇,碾米业分布在苏州郊区的枫桥、浒墅、月城、虎丘、甪里等。其中虎丘在清代中期已成为江南著名的碾米业中心;木渎镇成为江南最大的酿酒业中心;甪里镇的油坊成为江南各地油坊的典范;草编业则集中于虎丘、浒墅、甪里等镇;印刷业集中在府城阊门一带②。

江南市镇经济的繁荣还表现在市镇数量、密度和规模上。从市镇的数量和分布密度来看,苏州、镇江、常州、嘉兴、湖州等地,分布着大量的市镇。许多市镇的繁荣程度已不输于州县城市,如震泽、周庄、平望、盛泽、同里等市镇富可比县③。特别是临安府的北郭、江涨桥,嘉兴府的乌青、澉浦、魏塘,庆元府的鲒埼等一批巨镇,年商税额都在3万贯以上,超过了同期许多县级城市。它们像城市那样有市区与郊区之分,在市镇的闹市区,街市纵横,坊巷棋布,人口密集。市镇的行政区、商业区、居民区以及各种市政设施有序分布,俨然与州县城市无异。

(本文作者系潍坊学院教授)

---

① 蒋兆成:《明清杭嘉湖社会经济史研究》,第413页。
② 王卫平:《明清时期江南城市史研究》,人民出版社,1999年,第94页。
③ 王健:《大运河与江苏古代城市空间分布》,《江苏地方志》2021年第3期,第8—14页。

明清民国时期浙江的蓝靛业

申屠青松

内容提要 明万历以前,浙江靛青产量一直有限。明代闽靛的崛起及其扩张,主要依赖马蓝的品种优势和汀州客家人的技术优势。万历以后,汀州客家移民的迁入推动了浙江蓝靛业的发展,其发展经历三个阶段,至嘉庆时期臻至鼎盛期。产区分布首推处、衢、金、温、严五府,次为台、宁、绍,杭、湖、嘉则为稀产区。乾隆初年至光绪初年,浙江一直是全国最大的靛青出产省份,年产最高可达 50 万担以上。同治以后,由于受到国内外优质天然靛青和人工合成靛青的冲击,浙江蓝靛业逐渐衰落乃至最终消亡。

关键词 蓝靛业 靛青 马蓝 客家移民

在十九世纪末期人工靛青被发明之前,天然靛青是人类最主要的染料。尤其是在明清时期的中国,人们普遍穿青蓝衣服,靛青消费量高居各种染料之首,蓝靛业成为重要经济部门之一。明清浙江蓝靛业非常发达,一度是全国最大的靛青生产省份和靛青贸易中心,于经济社会发展影响甚巨。关于其他省份蓝靛业,前人已有一些研究成果[1],但关于浙江蓝靛业却

---

[1] 参见[日]田尻利《清代江西における蓝作の展开》(《鹿儿岛经大论集》1973 年第 1、2 期)、于少波《清末民国广西玉林蓝靛业研究(1840—1933)》(《广西地方志》2013 年第 5 期)、李维贤《明至民国时期广东蓝靛植物的种植状况》(《中国农史》2013 年第 6 期)、蔡承豪《从染料到染坊——17 至 19 世纪台湾的蓝靛业》(台湾暨南国际大学 2002 年硕士论文)、卢美松《畲族与福建制靛的历史》(《闽中稽古》,厦门大学出版社,2002 年,第 176—183 页),另李贵民《明清时期的蓝靛业研究》(台湾成功大学 2004 年硕士论文)、徐晓望《明清东南山区社会经济转型——以闽浙赣边为中心》(中国文史出版社,2014 年,第 259—266 页)诸文对浙江蓝靛业有所涉及,唯非专论,故有补充之必要。

仅是偶有涉及而已,本文特对此进行探讨。

一、明万历以前浙江的蓝靛业

中国种蓝的历史最早可追溯至夏代,记录夏代农事信息的《夏小正》即载:"五月启灌蓝蓼。"[①]可见,早在4 000多年前,人们就已掌握蓼蓝栽培染色的技术。1978年,考古人员在福建武夷山崖洞墓的船棺中发现一小块青灰色棉布,棉布中含有靛青,据C14同位素测定,船棺树轮校正年代为距今3 445+-150年[②],也就是说距今3 000年左右,生活于闽北地区的先民也已掌握栽蓝染布的技术。另外,与浙江交界之闽东地区自古就有传说,称太姥于尧时种蓝于太姥山,虽然是神话传说,但一定程度上也能够证明此地种蓝历史悠久[③]。可见,至晚在三四千年以前,种蓝在中国北方和南方都已有一定的普遍性。

中国古代用以制靛染布的蓝草,主要有四种,即蓼蓝(Polygonum tinctorium)、菘蓝(Isatis indigotica)、木蓝(Indigofera tinctoria Linn)、马蓝[学名板蓝,Baphicacanthus cusia (Nees) Bremek],唐以前主要为蓼蓝和菘蓝。古人在战国甚至更早之前就已掌握利用菘蓝制靛的方法,但是用蓼蓝制靛却要迟至南宋才出现,普及更在明代以后。蓼蓝染布长期使用的是生叶浸染法,即在容器内把新鲜的蓝叶捣碎,加冷水浸渍,去除叶渣,然后将纤维制品投入浸染得色[④]。明代以前,这种方法比使用靛青还原染色技术更为普遍,所以蓼蓝栽培也比菘蓝要广。古人所谓的"蓝",一般指的也是蓼蓝,而非菘蓝。木蓝和马蓝都原产印度和中南半岛,木蓝约在唐初传入中国,并很快被用以制靛。马蓝何时传入中国尚待详考,但从现在文献看,马蓝在明正统年间已在福建广为种植,其传入中国,自在更早以前。蓼蓝和菘蓝属温带作物,中国各地皆有栽培,木蓝和马蓝属热带作物,对生长温度要

---

① (清)孙希旦:《礼记集解》,中华书局,1989年,第452页。
② 于绍杰:《中国植棉史考证》,《中国农史》1993年第2期,第32页。
③ (宋)陈嘉言:《题太姥墓》,(清)厉鹗:《宋诗纪事》卷七十二,三联书店,2005年,第1813—1814页。
④ 张志伯:《我国古代植物靛蓝染色的探讨》,《上海纺织工学院学报》1979年第4期,第91—95页。

求较高,故一般都只在南方种植。

关于浙江的蓝草种植和靛青制作,至南宋始有直接记载。嘉定《赤城志》记载台州物产,有云:"蓝:三种,中有梗者曰槐蓝,可为淀者曰松蓝,可染碧者曰蓼蓝。"①槐蓝即木蓝。同一时期的诗人高翥则记载了浙江乡间的栽蓝染衣风俗,其《秋日田父辞二首》其二云:"少妇挼蓝旋染裙,大儿敲葛自浆巾。"②"挼蓝"即生叶浸染法,所用自是蓼蓝。由此可见,南宋时期,蓼蓝、菘蓝、木蓝在浙江都广有种植,而民间普遍使用的仍是蓼蓝。元延祐《四明志》载"织染周岁额办"中有"蓝青一百二十八段"③,"蓝青"当是蓝青布,系用靛青印染而得,能成为贡品,说明元代宁波地区靛青种植、染制技术都已经达到较高水平。又明弘治《兴化府志》引蔡襄《江南月录》云:"即成淀,转贩入浙。"④这段记载如果真实的话,一方面可证北宋浙江的染业颇为发达,另一方面说明其蓝靛产量并不足供自身所需,需要依靠福建输入。

元明以降,随着棉布的普及和人口的增长,蓝靛业迅猛发展,逐渐出现一些规模较大的蓝靛产区。明初,政府提倡种蓝,并征收靛税。浙江靛税主要集中在台州、绍兴、杭州三府,但数量非常有限,如台州府天台县洪武年间岁办九百四十七斤八两七钱七分,弘治年间升至一千七斤十二两三钱五分⑤,黄岩县岁办十九斤十二两⑥;绍兴府山阴县岁办四百五十五斤二两⑦,萧山县岁办二百二十九斤五两⑧,新昌县岁办八十斤四两⑨;杭州府洪武初岁征八十九斤九两四钱,但至永乐十年,考虑到该地靛青产量有限,即折收黄麻⑩。三府合计为一千八百七十九斤二两五分。另严州府分水县蓝靛课钞 2 780 文,建德县 2 460 文,寿昌县 220 文⑪。其他府县,未见有征收靛税的记录。明政府主要在江苏、山东、河南、安徽等省征收靛税,其中蓝

---

① (嘉定)《赤城志》卷三十六,清文渊阁《四库全书》本。
② (宋)陈起《江湖小集》卷七十四,清文渊阁《四库全书》本。
③ (延祐)《四明志》卷十二,清咸丰四年甬上烟屿楼徐氏家刻本。
④ (弘治)《兴化府志》卷十二,清同治十年重刻本。
⑤ (弘治)《赤城县志》卷五,明弘治刻嘉靖递修本。
⑥ (万历)《黄岩县志》卷三,明万历刻本。
⑦ (嘉靖)《山阴县志》卷三,明嘉靖三十年刻本。
⑧ (嘉靖)《萧山县志》卷三,明嘉靖刻本。
⑨ (成化)《新昌县志》卷四,明正德十四年刻本。
⑩ (万历)《杭州府志》卷三十,明万历刻本。
⑪ (万历)《严州府志》卷八,明万历刻本。

靛江苏征8万斤,安徽200斤①,山东、河南各15 500斤,靛花青江苏约征14 347斤,安徽约6 653斤②。与之相比,浙江所收几乎可以忽略不计。可见,明初浙江的蓝靛业并不发达。

台州、绍兴二府属浙江蓝靛业相对发达地区,靛税故多取之二府。另(弘治)《绍兴府志》:"山阴人种之(蓝草)为业。"③同一时期,太平县人谢铎《溪戒》记载乡人"渎靛"溪岸④,即在溪水两岸挖窖浸泡蓝草,发酵后用以制造靛青。可见,山阴、太平二县的蓝靛业在明代中期就已有一定的规模。但就总体而言,浙江直至万历初年仍不是重要的蓝靛产区。

二、明代闽靛的崛起及其优势

浙江蓝靛业兴起于明万历以后,它是明代中期以来福建客家移民为主导的靛青扩张运动的一部分。元、明以降,蓝靛业规模不断扩大,出现了许多专业生产靛青的地区和群体,这其中,以福建和汀州客家移民最为引人注目。

福建蓝靛业早在南宋就已颇具规模,(淳熙)《三山志》:"蓝淀:诸邑有之,闽县桐江上下尤多,故地有名青蓝或青布者,为盛出于此。"⑤至明代中期,靛青种植已遍及福建大部分府县,如(弘治)《八闽通志》载福州、建宁、泉州、汀州、兴化、福宁诸州府俱出靛,福州更是"诸县皆有",建宁亦云"八县俱出"⑥。诸府之中,汀州靛青尤负盛名。(弘治)《泰和县志》:"成化末年,有自福汀贩买蓝子至者,于是洲居之民皆得而种之,不数年,蓝靛之出,于汀州无异,商贩亦皆集焉。"⑦(正德)《建昌府志》亦云:"蓝靛:近自汀得种种之,然终不似汀之宜染也。"⑧(嘉靖)《太平县志》:"(蓝靛)近自汀得

---

① (明)申时行:《大明会典》卷三十《甲字库》,明万历内府刻本。
② (明)刘斯洁:《太仓考》卷十之四《供应·甲字库》,明万历刻本。
③ (雍正)《浙江通志》卷一百四,清文渊阁《四库全书》本。
④ (明)谢铎:《桃溪净稿》卷三十二,明正德十六年刻本。
⑤ (淳熙)《三山志》卷四十一,清文渊阁《四库全书》本。
⑥ (弘治)《八闽通志》卷二十五,明弘治刻本。
⑦ (同治)《泰和县志》卷二,清光绪四年刻本。
⑧ (正德)《建昌府志》卷十九,明正德十二年刻本。

种,然终不似汀之宜染。"①可见,汀靛早在成化年间即以品质佳美著称,吸引各地竞相前来购买靛种。闽靛畅销南北,在市场中占有近乎垄断性的优势,至万历年间遂有"福州而南,蓝甲天下"的说法,王世懋《闽部疏》称"泉之蓝","下吴越如流水,其航大海而去者,更不可计,皆衣被天下"②。

　　福建客家人通过移民把闽靛的优势延伸到其他省份。从明中叶开始,以汀州客家人为主的福建移民陆续向邻近江西、湖南、广东、广西、浙江、四川及台湾等地迁移,大规模的移民运动一直延续到清代中期才渐告消歇③。汀州客民主要以种植蓝靛、苎麻、烟草及冶铁、造纸为业,而尤以种蓝为大宗,故时人多以"菁民"称之,可以说是不折不扣的"靛青移民"。客家人的迁入迅速带动和促进了当地的蓝靛业,如明中叶以后,汀民陆续迁入赣南、湘东地区,万历年间,二地皆已成为重要靛青产区。时人李腾芳《渌口把截靛船公牍》云:"原靛转贩于南赣,今徙于湘潭。靛苗产于衡山、酃县、茶攸、湘乡及敝邑之远山。而种以闽人,鬻于湘渚。"④天启年间,湘潭有靛行八十余家,年贸易额最低估计为50万两,最高估计则有100万两⑤。崇祯十五年,洞庭席氏一次即在湘潭办靛三十四船运至江南⑥。其他省份地区同样存在类似的情况,所以,傅衣凌先生称:"川、陕、湘、赣、闽、浙广大山区,由于棚民的开发,成为蓝靛、麻作物的中心产地。"⑦就蓝靛业的拓展而言,这里的"棚民"主要指的应该是汀州客民。

　　闽靛在明代靛青市场一枝独秀,汀州蓝靛业在其他省份得以迅速扩张,根本原因在于闽靛有独特的品种和技术优势。与其他省份多植蓼蓝、菘蓝、木蓝不同,福建最早开始大规模种植马蓝。马蓝原产印度和中南半岛,何时传入中国,尚待详考。关于马蓝的记载最早见于(弘治)《八闽通志》:"(福州府)蓝淀:叶大丛生,茎短有节,折其茎,以土壅之,辄生……诸县皆有,闽、侯官、长乐尤多。"⑧蓼蓝、菘蓝、木蓝种植皆属子播,唯马蓝需要

---

① (嘉靖)《太平县志》卷三,明嘉靖刻本。
② (明)王世懋:《闽部疏》,《丛书集成初编》本,第13页。
③ 谢重光:《福建客家》第四章《福建客家人的对外拓展》,广西师范大学出版社,2005年,第123—178页。
④ (明)李腾芳:《李湘州集》,岳麓书社,2012年,第506页。
⑤ (明)李腾芳:《行户马议》,《李湘洲集》,岳麓书社,2012年,第104页。
⑥ (明)左光斗:《靛商冤抑疏》,《桐城左侍御疏稿》,清康熙元年瞰椒堂刻本。
⑦ 傅衣凌:《明清社会经济史论文集》,商务印书馆,2010年,第181页。
⑧ (弘治)《八闽通志》卷二十五,明弘治刻本。

扦插,所谓"折其茎,以土壅之",毫无疑问是马蓝。另(弘治)《兴化府志》:"马蓝叶大,木蓝叶细,皆可为靛。"①可见,明代中期福建马蓝已广为种植。宋应星《天工开物》亦云:"闽人种山皆茶蓝,其数倍于诸蓝。"②"茶蓝"即马蓝,可知在明代福建地区,马蓝的种植面积远超其他蓝草③。相比于蓼蓝、菘蓝及木蓝,马蓝具有如下四大优势。

第一,含靛量多,产量更高。蓝草提炼靛青的多寡由蓝叶中的靛甙含量决定,四种蓝草叶所含靛甙量,木蓝约1%,马蓝约0.6—0.7%,蓼蓝约0.2—0.3%,菘蓝约仅0.1%④,马蓝含靛甙量远胜于蓼蓝和菘蓝,故产量更高。根据民国时期学者的调查,蓼蓝每亩产靛约200斤,丰年可达250斤左右⑤,而马蓝每亩至少可产靛约600斤,丰年可至700斤左右⑥。木蓝含靛甙量最高,但它属于热带作物,生长与温度息息相关,虽亦能植于亚热带和温带南部,但往往产量不高,品质不佳。所以,我国除两广地区外,其他地方的木蓝靛皆无佳品。即使清末享有盛誉的乐平木蓝靛,亩产亦仅200斤左右,每桶售价5—6元,而乐平蓼蓝靛每桶却可售银10元,高时达15元⑦。

第二,上染容易,品质更佳。方以智《物理小识》:"蓝有数种……惟山靛染易上。"⑧"山靛"即马蓝靛,以马蓝多种于山区故也。(正德)《建昌府志》、(嘉靖)《太平县志》皆云汀靛"宜染"。另马蓝含靛量多,所制靛亦比蓼蓝靛染色更深,如(弘治)《泰和县志》:"本县土产蓝草长尺四五寸,故其为靛,色虽淡而价甚高,由于土人少种故也。成化末年,有自福汀贩买蓝子至者,于是洲居之民皆得而种之,不数年,蓝靛之出,于汀州无异,商贩亦皆集焉。"⑨土产蓝草当即蓼蓝,汀靛是马蓝所制,故染色更深。

---

① (弘治)《兴化府志》卷十二,清同治十年重刻本。
② (明)宋应星:《天工开物》卷上,明崇祯初刻本。
③ 在《八闽通志》之前,古文献亦载有"马蓝",但皆为菘蓝,而非板蓝,参见张海超、张轩萌:《中国古代蓝染植物考辨及相关问题研究》,《自然科学史研究》2015年第3期,第330—341页。
④ 王季点:《蓼蓝制靛法试验报告》,《农商公报》1925年第123期,第26页。
⑤ 刘德元:《雄县蓝靛栽培法》,陈义田:《滦县蓝靛栽培法》,见《直隶农业讲习所农事调查报告书》,华新印刷局,1920年,第149、156页。又《种蓝简法》,《农工商报》1908年第29期,第29页。
⑥ 张季良:《蓝之栽培法》,《农业丛刊》1922年第4期,第11—14页。
⑦ 《种蓝简法》,《农工商报》1908年第29期,第29页。
⑧ (清)方以智《物理小识》卷九,清光绪宁静堂刻本。
⑨ (同治)《泰和县志》卷二,清光绪四年刻本。

第三,适合山区种植。蓼蓝、菘蓝皆只适合种于平地,木蓝亦以平地栽培为佳,而马蓝性喜高温多湿,但又怕见强烈的阳光,所以适合种植于山阴处。虽亦可种于平地,但品质往往不如坡地。古代政府出于保障粮食生产的考虑,往往会对平原地区种植经济作物有所限制,马蓝不但规避了这种限制,而且山税少于田赋,故马蓝在税收上亦远比平地之蓝经济。

第四,栽培更易,成本更低。关于马蓝和蓼蓝的田间管理,日本农学家堀内良平做过详细的比较:"又栽培蓼蓝,须非常高价之肥料与劳力,若栽培山蓝,得节省此等费用焉。且蓼蓝时有害虫寄生,甚则豫防不易,全圃被害,而山蓝则无此忧。"[1]可知肥料、劳力、防病虫害等各个方面,马蓝皆远较蓼蓝为省。

除了马蓝的品种优势以外,闽靛还享有一定的技术优势。福建人尤其是汀州移民在长期的生产过程中,在关于马蓝的保种、插播、施肥、防病虫害、摘叶、打靛等方面形成了一套完整的技术,这些都不可能很快为别人所掌握,这就保证了闽靛的品质不可能短期为他处所超越。明末清初,许多地方都曾向汀州购买靛种,移植马蓝,但都没有成功,原因即在于此。

总之,马蓝的品种和技术优势是闽靛崛起和汀州蓝靛业迅速扩张的根本原因,也是浙江蓝靛业在万历以后得以兴起的重要基础。

三、明万历以来浙江蓝靛业的拓展

闽汀移民来浙江种植靛青,最早可以追溯至明万历年间,清佚名《三祖行脚因由宝卷》载万历末年连城人李某在武义种靛营生[2]。从明万历以至清嘉庆年间,浙江蓝靛业一直处于上升状态,其拓展可以分成三个阶段,每一个阶段都与汀州移民息息相关。

第一阶段是从明万历至清康熙初年"三藩之乱"止。这一时期,汀人主要采用租赁雇佣的方式进行蓝靛生产,即商人向当地山主租赁山林,搭建寮棚,招徕雇佣汀州贫民开垦种植,商人称为"寮主",种植者称为"菁民"。据熊人霖《防菁议下》,菁民主要活动于金衢盆地两侧山区,至崇祯末年,已

---

[1] [日]堀内良平著,林壬译:《山蓝新说》,《农学报》1900年第114期,第11页。
[2] (清)佚名:《三祖行脚因由宝卷》姚卷,清刻本。

扩展至衢之江山、常山、开化，处之宣平、遂昌、松阳，金之武义、汤溪，福建之浦城，江西之永丰、玉山、铅山，凡十二县①。这种开发方式存在三个特点。第一，生产封闭，缺乏辐射性。寮主、菁民乃至靛商，皆为汀人，他们构成了一个封闭的生产销售体系，除了当地山主获得租金外，其他土著很难分羹，更无法效仿。崇祯年间任宣平知县的王在镐即感叹说："靛苎诸利，归之闽人。"②这既不利于蓝靛业的扩张，也极易导致菁民、寮主与当地土著之间的矛盾，明末清初大大小小的所谓"靛寇之乱"，其原因一部分就在于此。第二，雇工劳作，缺乏稳定性。菁民为雇工，往往根据工作变化奔波来回，"春来秋去"，流动性很高，并不在浙江长期居住，这就很难形成稳定的移民群体。第三，作物单一，缺乏持续性。寮主志在谋利，往往只种植利润最高的蓝靛、苎麻等经济作物，并不种植粮食，菁民衣食所需全靠与当地人贸易。在靛青利润稳定的时期，这种模式尚能维持，一旦靛青利润走低或滞销，这种模式就无法继续。崇祯末年社会大乱，靛青市场需求减少，价格大跌，粮食价格却飞速上涨，"靛贱米贵"，导致菁民衣食无着，不得不铤而走险，出山盗掠，甚至揭竿而起，最终酿成了崇祯十三年的"婺州菁民起义"。此后，清代顺治、康熙初年在浙南山区还爆发过多次菁民主导的起义，给社会造成了极大的破坏，也导致菁民星散，靛青种植宣告停顿。所以，这一阶段虽然使得浙江的蓝靛业有所发展，但并没有形成稳定的产区和规模。

第二阶段是从康熙初期至乾隆中期。"三藩之乱"造成温、处、衢三府大量的人口损失，清政府为恢复生产，招徕移民进行垦殖。福建、江西移民于是大批涌入浙南、浙西山区，至雍正初年，已遍布浙东一半县邑，"江、闽两省，浙之宁、台、温、处、金、衢、严所属共二十七县皆有之"③。其中尤以汀州客家移民为多，他们主要活动于处、衢二府及金华之汤溪、武义、温州之泰顺等县，并在这些府县形成了较大规模的聚居区域。据曹树基先生估算，截止乾隆四十一年，处州府客家移民约为 23 万，居住于金衢地区南部山区即江山、汤溪、衢县、龙游之客民约为 7 万，合计约 30 万。因为战争所导致的较为充裕的土地空间，加上移民人口众多，某些县甚至超过了土著

---

① （明）熊人霖：《南荣集》文选卷十二，明崇祯十六年刻本。
② （顺治）《宣平县志》卷一，清顺治十二年刻本。
③ 雍正五年四月十一日浙江观风整俗使王国栋与浙江抚李卫会奏语，见允禄、鄂尔泰等：《朱批谕旨》第 40 册，光绪十三年点石斋印本，第 618 页。

人口,所以,与其他南方省份客民迁入以后形成长期而尖锐的土客矛盾不同,浙南山区土客冲突并不明显,移民很快地完成了土著化过程①。

客民的迁入迅速推动了处、衢、金、温四府的蓝靛业,而且,与第一阶段的封闭性不同,移民与土著的融合,使得这一阶段蓝靛生产表现出极大的辐射性。大约自乾隆初年开始,蓝靛业开始突破移民群体,大规模向土著群体扩张。如乾隆十八年《宣平县志》:"大抵宣山多田少,颇宜麻靛,闽人十居其七,利尽归焉,近日土著亦效为之。"②乾隆十六年《开化县志》:"(靛)近年邑中处处种之。"③(嘉庆)《西安县志》:"(靛)西邑深山中每植之。"④(民国)《衢县志》:"靛青,山中人处处种之。"⑤既云"处处种之""每植之",就不可能限于闽人。另(道光)《丽水县志》:"(靛)闽人始来种之,俱在山,今渐种于田矣。"⑥汀人多居于山,"种于田"的自然是土著。另(同治)《云和县志》:"(靛)闽人始来种之,今山民多取利焉。"⑦(同治)《景宁县志》:"(靛)种传自闽人,今种者颇多。"⑧(民国)《汤溪县志》:"种靛闽人,今皆土著。"⑨可以说自乾隆初年开始,处、衢、金、温四府的靛青种植已突破客民群体,转为全民性的区域产业,四府因此亦成为清代浙江规模最大的靛青主产区。

处州和衢州是浙江客家聚居人口最多的地区,蓝靛业亦最旺。处州宣平、丽水、云和、景宁诸县种植之普遍,已见上文所引。1903年,《浙江潮》调查宣平出产靛青"每年可二万余担",并云:"店铺寥寥,皆薄本营生,无市镇商务,至其出外负贩,则贩靛青至义桥、临浦等处者为最夥。"⑩可见,靛业是处州各县最大的产业之一。衢州亦复如是,开化、衢县见上文所引,另(民国)《开化县志》:"清同、光之时,每年出产不下万担。"⑪(民国)《龙游县

---

① 曹树基:《清代前期浙江山区的客家移民》,闽西客家联谊会《闽西客家外迁研究文集》,海峡文艺出版社,2013年,第177—198页。
② (乾隆)《宣平县志》卷九,清乾隆十八年刻本。
③ (乾隆)《开化县志》卷五,清乾隆六十年刻本。
④ (嘉庆)《西安县志》卷二十一,民国六年重刻本。
⑤ (民国)《衢县志》卷六,民国二十六年铅印本。
⑥ (道光)《丽水县志》卷十三,清道光二十六年刻本。
⑦ (同治)《云和县志》卷十五,清同治三年刻本。
⑧ (同治)《景宁县志》卷十二,清同治十二年刻本。
⑨ (民国)《汤溪县志》卷三,民国二十年铅印本。
⑩ 《处州宣平县之种种调查》,《浙江潮》1903年第7期,第206页。
⑪ (民国)《开化县志》卷二,香港天马出版有限公司,2011年,第41页。

志》:"往时多产靛青。"①(同治)《江山县志》:"靛:出廿七都、十四都。"②

金华的客家移民主要分布于武义、汤溪二县,但其他诸县的蓝靛业也非常发达。如(雍正)《浙江通志》引《东阳县志》云:"(靛青)山乡皆种。"③乾隆间汪启淑《兰溪棹歌》:"而山中种靛者颇广,皆闽人生理也。"④陈其元《庸闲斋笔记》:"金华府城外北山最高……山左右乡人均种靛青。"⑤今金华山沿原兰溪、金华、义乌、浦江诸县均发现有曾种蓝之村落。(民国)《汤溪县志》:"货之属……而以炭与靛青为较旺。"⑥民国初年永康人胡庸称:"窃民居住之乡,向为产靛之处,每年产额约值数万元。"⑦胡所指"居住之乡"即三十里坑,今属花街镇,一隅之产即有"数万元",全县自当更多。笔者在原武义所属各乡镇均发现历史上有种蓝之村落,有些村落如泉溪麻田、董源坑等更是曾户户皆种,今武义流传山歌中尚有"种起靛青落富阳"之语⑧。

早在万历年间,即有闽人将马蓝引入温州种植。康雍年间,大批汀州人涌入泰顺及近县种植靛青,(同治)《泰顺县志》:"又自康、雍政后,多汀州人入山种靛,遂至聚族而居。"⑨至嘉庆臻于鼎盛:"嘉庆以前,多种蓝靛……商在昔时,惟靛、炭最多,常远达苏杭。"⑩其实雍正年间,靛青已成为温州主要物产,(雍正)《浙江通志》云:"温郡红花、靛青二种,颇利民用,实其地之专产,故为拈出。"⑪《瑞安乡土史谭》:"靛青:北船收买,数以万计。"⑫孙衣言《朱恭人九十寿序》载永嘉徐氏"北贾甬沪,南贾闽粤,时出平阳茶、矾,永嘉甘橘、蓝靛,易湖州丝、松江花布"⑬。可见,永嘉蓝靛亦负盛

---

① (民国)《龙游县志》卷六,民国十四年铅印本。
② (同治)《江山县志》卷三,清同治刻本。
③ (雍正)《浙江通志》卷一百六,清文渊阁《四库全书》本。
④ (清)汪启淑:《纫庵诗存》卷三,清乾隆刻本。
⑤ (清)陈其元:《庸闲斋笔记》卷五,清同治十三年刻本。
⑥ (民国)《汤溪县志》卷六,民国二十年铅印本。
⑦ 胡庸:《拟办制靛工厂请拨给官股禀》,《浙江公报》1916年第1744号,第14页。
⑧ 武义县农业志编纂委员会:《武义县农业志》,2001年内部发行本,第236页。
⑨ (同治)《泰顺县志》卷二,清光绪四年刻本。
⑩ (同治)《泰顺县志》卷二,清光绪四年刻本。
⑪ (雍正)《浙江通志》卷一百六,清文渊阁《四库全书》本。
⑫ 俞光:《温州古代经济史料汇编》,上海社会科学院出版社,2005年,第194页。
⑬ (清)孙衣言《逊学斋文钞》卷三,清同治刻增修本。

名。乐清之中雁荡山与北部山区种蓝颇为普遍,尤以城北、大荆二地为最多①。平阳县昆阳镇和水头镇皆有靛青行街,当为靛行聚集之地,产靛自然不少。

第三阶段是乾隆中期至清末,汀州移民由浙南山区进一步深入至浙西、浙东山区,即严州、杭州、湖州、台州、宁波、绍兴诸府。乾隆以后,浙西、浙东山区出现了大量棚民,嘉庆六年浙江巡抚阮元所颁《禁棚民示》即云:"浙江省各山邑多有外省人民搭棚开山,种植苞芦、靛青、蕃薯诸物,以致流民日积日多,棚厂满山相望。"②这些棚民主要来自温、台地区,部分亦为汀州客民。太平天国后,浙西人口损失严重,客民流入更多,这其中也包括一部分自浙南山区再次迁移过去的汀州移民。客家移民的迁入,同样带动了浙西、浙东山区的蓝靛业,(民国)《新登县志》:"俗称靛青,种自乾隆三十年后。"③(乾隆)《寿昌县志》:"然如麻、靛两种,亦自近年江、闽蓬民有之,前此未之见也。"④(光绪)《奉化县志》:"自嘉庆初,闽、台棚民相率开山种靛。"⑤今宁波鄞州山区至今流传有清代中期福建人老嵩引入靛青种植的故事⑥。

不过,这一阶段蓝靛业在浙西、浙东山区的扩张显然没有第二阶段成绩显著,产区规模远较浙南山区为小。主要原因一是汀州移民迁入人口有限,今浙东和浙西山区并未发现有较大规模客家聚居村落;二是棚民种植玉米、番薯,引起严重水土流失,严、杭、湖、宁诸府皆曾厉禁垦山,不少移民或被遣返,或移于平地⑦。根据规模大小,我们可以把浙西、浙东靛青产区分成三个档次。第一档次是严州,出产较多,各县皆有,但往往限于部分地区,未有似处、衢、金、温四府"处处皆有"。如分水:"木与淀,西南乡之利也。"⑧建德:"靛青:岁出约三千担,东区居多。"⑨遂安:"靛青:六、七、八都

---

① 张琴:《中国蓝夹缬》,学苑出版社,2006年,第154—155页。
② (嘉庆)《德清县志》卷四,清稿本。
③ (民国)《新登县志》卷十,民国十一年铅印本。
④ (乾隆)《寿昌县志》卷一,清乾隆十九年刊钞本。
⑤ (光绪)《奉化县志》卷三十九,清光绪三十四年刻本。
⑥ 宁波市文化广电新闻出版局:《甬上风物:宁波市非物质文化遗产调查》,宁波出版社,2008年,第91页。
⑦ 曹树基:《清代前期浙江山区的客家移民》,闽西客家联谊会《闽西客家外迁研究文集》,第177—198页。
⑧ (清)陈景潮:《开种苞芦利害论》,(光绪)《分水县志》卷一,清光绪三十二年刻本。
⑨ (民国)《建德县志》卷八,民国八年铅印本。

多种之。"①寿昌:"靛青:出常乐区仁都、一图、岳家、白山后等庄,他处间亦种之。"②

第二档次为宁、绍、台三府,产区主要集中于部分县区,如宁波主要集中在奉化、鄞县山区,(光绪)《奉化县志》:"(靛青)昔时闽人、台人垦山种之,今则土著亦种矣,且多有种于田者。"③鄞州山区引入靛青后,至清代后期已成为当地农民的支柱副业④。绍兴则主要产于与奉化交界之嵊县山区,(民国)《嵊县志》:"蓝草:可染,山人多种之为业。"乾隆间,汀州靛商即在县城设立会馆,可见产量不小⑤。台州则主要产于黄岩西部、临海北部山区,(光绪)《黄岩县志》:"(靛)出黄岩溪诸山。""淀出西乡山中。"⑥《浙江五日报》:"台属产靛之区如临海北岸、黄岩西乡、沙埠等处,每岁所出不下万余金。"⑦

第三档次为杭、湖二府,主要产于天目山山区诸县,基本属于零星生产,未能形成连片产区。如(光绪)《富阳县志》:"靛青:本邑产者仅紫闾、章村两处,然不多也。"⑧(民国)《新登县志》:"今上四乡虽有出产,为数甚眇。"⑨(乾隆)《海宁州志》卷二:"靛:东乡间有艺者。"⑩1925年,北洋政府农商部征集各省靛青供分析研究,中亦有产自孝丰者⑪。湖州除了天目山区,太湖边亦有零星出产,如(崇祯)《乌程县志》:"靛:出太湖边。"⑫《湖录》:"淀唯太湖滨溇浦间人家作之。"⑬(同治)《湖州府志》:"归安……北乡负郭东业蔬、靛。"⑭据清末《浙江潮》调查:"靛:湖属种蓝菜者甚少,惟山乡

---

① (民国)《遂安县志》卷三,民国十九年刻本。
② (民国)《寿昌县志》卷三,民国十九年刻本。
③ (光绪)《奉化县志》卷十六,清光绪三十四年刻本。
④ 宁波市文化广电新闻出版局:《甬上风物:宁波市非物质文化遗产调查》,第91页。
⑤ (民国)《嵊县志》卷十三、卷七,民国三十三年铅印本。
⑥ (光绪)《黄岩县志》卷三十二,清光绪三年刻本。
⑦《靛价大落》,《浙江五日报》1902年第2期,第12页。
⑧ (光绪)《富阳县志》卷十五,清光绪三十二年刻本。
⑨ (民国)《新登县志》卷十,民国十一年铅印本。
⑩ (乾隆)《海宁州志》卷二,清乾隆修道光重刻本。
⑪ 陈鸣谦:《蓝靛之分析》,《农商公报》1925年第123期,第36页。
⑫ (崇祯)《乌程县志》卷四,明崇祯十年刻本。
⑬ (同治)《湖州府志》卷三十三,清同治十三年刻本。
⑭ (同治)《湖州府志》卷二十九,清同治十三年刻本。

有之,出货不多,不能成市。其土造之靛甚齷齪。"①可见,湖州靛青不但产量殊少,质亦不佳。

嘉兴基本不产靛青,诸县志中惟见(乾隆)《海盐县续图经》、(光绪)《嘉善县志》曾有记载,所产无多。

至嘉庆年间,浙江蓝靛业的拓展基本完成。除嘉兴外,浙江其他属县皆产靛青,当然,产区规模并不平衡,其分布据柳堂《浙省靛青之调查》:"浙江多种山靛,出产盛于金、衢、严、处四府属,而宁、绍、温、台次之,其中又推衢属为最优,价格亦较他处为高,乃因地气使然。杭、嘉、湖罕有种者。"②这一区分大体是适当的,但有两点需作修正:第一,温州列为次产区,更多是光绪年间人们对它的印象,道光以前,如上文所论,它是可与金、衢、处、严并列的主产区之一,只是道光以后,受台湾靛青输入影响,其生产规模最先出现了萎缩(见下文)。第二,三个档次还可以作更为详细的区分,如主产区处、衢、金、温、严五府,严州所产实较其他四府为低,另"杭、嘉、湖罕有种者"亦不准确,嘉兴确实罕有产者,但杭州、湖州西部的天目山山区仍有小规模的靛青出产。

值得注意的是,畲族对浙江蓝靛业的拓展亦有贡献。畲族与客家联系密切,他们都是明万历以后陆续迁入浙江,都主要聚居于浙南山区,两者交错杂居甚为普遍,而且一部分客家人本身就是汉化的畲族。上引文献记录中出现的"闽人""山人""汀州人",其实也包括一部分畲族在内。浙江畲族的人口分布,据2012年第六次人口普查,丽水占40.14%,温州占36.08%,衢州占8.79%,金华占5.95%,原严州所辖之建德、桐庐、淳安三县为4.9%,杭州其他县市为3.17%,湖州为0.85%③。考虑到客家人和畲族多交错杂居,迁移方向趋同,这比例一定程度上也可以反映客家人在浙江的分布状况。不难发现,客畲人口的分布比例与靛青产区分布存在较多的一致性,这也印证了客家人和畲族在清代浙江蓝靛业拓展中的主导作用。当然,畲族人口要少于客家,据1953年全国第一次人口普查,浙江畲族总人口为81 775人④,而据曹树基先生估计,早在乾隆中期,浙江客家人口即有30万左右。

---

① 《湖州物产生利记》,汪林茂《浙江辛亥革命史料集》第一卷《二十世纪初的浙江社会》,浙江古籍出版社,2014年,第95页。
② 柳堂:《浙省靛青业之调查》,《工业杂志》1922年第7期,第55页。
③ 钟炳文:《浙江畲族调查》,宁波出版社,2014年,第16页。
④ 邱国珍:《浙江畲族史》,杭州出版社,2010年,第46页。

加之客家人与外界联系更为密切,经济活动更为活跃,畲族则存在一定的隔绝性,所以,在清代浙江蓝靛业的拓展中,起更主要作用的还是客家人。

四、清代浙江靛青的产量与地位

关于浙江靛青产额,柳堂《浙省靛青业之调查》做过估计:"前清光绪初年为中兴时代,出货五十余万担。"①柳堂并未交待做出这一估计的依据,我们也缺乏充分的资料加以佐证。不过,根据历史文献中对部分地区产量的记载,结合上文对产区拓展、分布所作的分析,我们认为一定程度上还是能够证明这一估计的可靠性。文献中对浙江各县靛青产量较为准确的记载,我们只找到三处,一是1903年《浙江潮》对宣平所作的调查:"农产以靛为大宗,每年可二万余担。"②二是(民国)《开化县志》:"清同、光之时,每年出产不下万担。"③三是(民国)《建德县志》:"靛青:岁出约三千担。"④(卷八)根据上文的讨论,作为主产区的处、衢、金、严四府依据产量规模可以分为三个档次,而这三个县的产量刚好可以分别作为三个档次的样本。

第一档是客家人聚居县,客家人口最多,产量亦最大,构成浙江靛青的核心产区,凡15县,即处属十县,衢属之衢县、龙游、江山,金属之武义、汤溪。根据1929年浙江民政厅所作统计,宣平人口、面积在上述15县中皆排倒数第二,面积仅大于汤溪,人口仅多于云和⑤。以宣平之2万余担作为各县之平均产量,当不致高估。依此计算,15县岁产约为30万担。

第二档是无客家人聚居但在清初被开发的县区,它们或与客家人口聚居县相邻,或有少量客家人聚居,靛青种植亦普,但要少于客家聚居县,如衢属之常山、开化,金属之金华、兰溪、浦江、义乌、东阳、永康,凡8县。胡庸称其所居之永康三十里坑"每年产额约值数万元"⑥,既云"数万元",即使以清末价格最高时每担10元计算,其产量也在2 000担以上。三十里坑

---

① 柳堂:《浙省靛青业之调查》,《工业杂志》1922年第7期,第55页。
② 《处州宣平县之种种调查》,《浙江潮》1903年第7期,第206页。
③ (民国)《开化县志》卷二,第41页。
④ (民国)《建德县志》卷八,民国八年铅印本。
⑤ 《浙江各县面积人口统计》,《工商半月刊》1929年第10期,第27—29页。
⑥ 胡庸:《拟办制靛工厂请拨给官股票》,《浙江公报》1916年第1744号,第14页。

不过为永康之一隅,全县产量超过1万担,也是有可能的。以开化之1万担为8县之平均产量,合计约8万担。

第三档是无客家聚居且在乾隆以后被开发的县区,即严属六县,它们的产量比第二档应更少。(民国)《建德县志》所载"岁出约三千担"为民国初期的数字,盛期当不止此数。即使以此数平均,严州六府合计亦有18 000担。

如此,我们做最保守的估计,作为主产区的处、衢、金、严四府产额已有398 000担,接近40万担,加上其他七府所产,光绪初年50万担的产额是完全有可能的,柳堂的估计当属可信。唯浙江蓝靛业的盛期并非光绪初期,而在嘉庆年间,至于当时全省产额,可能还在50万担以上。

清代的江南是全国棉纺织中心,也是全国最大的靛青消费市场。邻近江南的地理位置,让浙靛获得了得天独厚的优势①,而从品质上讲,至少在道光之前,并无一种靛青超过马蓝靛,这两方面的原因让浙江蓝靛业在清代获得了蓬勃的发展。闽靛在明代和清代初期占据近乎垄断性的优势,但至乾隆初年开始,这一地位就渐渐为浙靛所取代。乾隆十八年《上杭县志》云:"本邑之种蓝者其利犹少,杭人往南浙作靛,获利难以枚数。"②上杭"种蓝者其利犹少",而至浙江,则"获利难以枚数",其背景是浙靛与闽靛市场地位的交换。浙靛与闽靛相比,品质不相上下,但地利之便却可以让浙靛获得更多的价格优势。成书于嘉道年间的《布经》列出过当时江南市场上的十三路靛青,产于江南者有嘉定靛、青浦靛、南京靛、六合靛、梅里太湖靛五种,皆为蓼蓝靛,来自江南以外者有八种,分别是福建桶靛、江西桶靛、赣州桶靛、湖广桶靛、兰溪篓靛、温州靛、台湾靛、桐山篓靛,基本以马蓝靛居多③。兰溪篓靛和温州靛属浙靛,福建桶靛、台湾靛、桐山篓靛皆来自福建。一般来说,在光绪年间乐平靛出现之前,马蓝靛的品质都要高于蓼蓝靛。《布经》作者亦认为诸路靛青中,品质最高者为建宁靛,其次为台湾靛、温州靛和兰溪篓靛。也就是说,与产自江南的蓼蓝靛相比,浙靛有品质优势,与

---

① 清代江南有两个最重要的靛青转运中心,它们都位于浙江,一是富阳,主要通过钱塘江水系转运浙江、安徽和江西生产的靛青,二是乍浦,主要通过海路转运来自浙江温、台、甬及福建、台湾、广东的靛青。太平天国运动以后,乍浦港衰落,靛青集散中心的地位转至上海。关于明清时期浙江的靛青贸易,笔者另文专门讨论。
② (民国)《上杭县志》卷十,民国二十八年铅印本。
③ (清)佚名:《布经·染坊总诀·各路靛》,转引自范金民《明清江南商业的发展》,南京大学出版社,1998年,第84页。

来自江南以外的其他马蓝靛相比,浙靛一方面凭借地利有运输成本更低的优势,另一方面在品质上更胜过大部分马蓝靛,与建宁靛、台靛亦无显著差距。所以,我们可以说,浙靛从乾隆初年到道光年间甚至光绪初年,一直都是江南市场上竞争力最强的靛青。

中国蓝靛业南方较北方为盛,北方产靛最多者为山东,1926年,卞墨生著文估计光绪初年盛时岁出10万余担①。南方则以浙、闽、赣、粤、桂五省所出为最多,如1922年,《申报》报道称:"靛青产地向以两广、赣、浙为最多。"②蒋步瀛《种蓝制靛之方法及其利益》亦云:"(蓝)粤、赣等省最为有名,闽、浙次之。"③但这已是光绪年间的印象。江西盛时产额,据《农报》估计是40万担④,两广数量可能更大,但这两个省份蓝靛业的鼎盛时期都在光绪以后,江西靛青的代表乐平靛,两广靛青的代表广靛和潮阳靛,都是在光绪以后大量进入江南市场的,此前则很难见到它们的身影。所以,我们可以说,从乾隆初期到光绪初年,近一百多年的时间里,浙江是全国规模最大的靛青生产区域。

五、浙江蓝靛业的衰落

浙江蓝靛业的衰落始于道光年间,同治以后更呈直线下降趋势,其原因主要是来自国内外优质天然靛青和人工靛青的冲击。

(一)国内外优质天然靛青的冲击

同治年间是浙江蓝靛业由盛趋衰的转折时期,两个因素在其中起了非常重要的作用,一是经历太平天国战争的破坏,浙江乍浦港衰落,全国靛青贸易中心由乍浦转至上海,二是轮船运输逐渐取代帆船成为中国沿海和长江航运的主要货运方式。轮船运输的安全、快捷、低廉,让更多优质靛青得以进入江南市场,上海靛市空前兴盛,其情形正如葛其龙《靛业公所缘起及厘捐收支碑》所描述的:"迄同治以来,各口靛青荟萃于此……自遭兵燹,各

---

① 卞默生:《中国靛产概况》,《上海总商会月报》1926年第6期,第4页。
② 《土靛业前途之悲观》,《申报》1922年8月7日第14版。
③ 蒋步瀛:《种蓝制靛之方法及其利益》,《实业学社杂志》1918年第1期,第43页。
④ 《各省蓝靛业状况》,《农报》1934年第24期,第632页。

处靛市,有聚有散,而上海之盛,十倍于昔。靛之产自中土以及来自外国者不一,其名来者既多,去者亦远。"①在这种形势下,浙靛的地利优势形同虚设,品质优势亦荡然无存,在竞争中日落下风。同治前后,陆续有六路靛青在江南市场占据重要地位,分别是台湾靛、广靛、乐平靛、潮阳靛、进口靛和黄渡水靛。

台湾靛最先进入江南,早在道光年间即有大规模输入,1846年淡水出口靛青约10万担,咸丰年间臻于巅峰,产额年约14—15万担,大部分应出口至江南地区。光绪以后,受茶业扩张影响,靛青出产减少,但仍保持相当的数额,如1875年出口约6万担②。据海关数据,仅宁波一埠,1869—1894年间,每年进口的台湾靛在14 000担左右③。甲午海战后日本窃据台湾,台湾靛不再输入大陆。

广靛主要产于广西郁林州、广东廉州府,兴起于道光年间,鼎盛于光绪年间。1890—1899年间,北海海关年均输出广靛64 690担,1899年更是高达91 770担④。实际广靛输出数量远不止此。据1908年《农工商报》载:"廉郡蓝靛,为出口货之大宗,每岁由郡城至北海转达香港、上海者,约数十万担。从西江达禅者,亦二三十万担。"⑤据此而言,则从廉州输出的广靛就有50万担以上。潮阳靛主要产于潮州潮阳、海阳、普宁等县,为马蓝靛和木蓝靛。潮阳靛夙负盛名,但大批输入江南则在同治以后。1898年,汕头

---

① 上海博物馆图书资料室:《上海碑刻资料选辑》,上海人民出版社,1980年,第371页。
② 蔡承豪:《从染料到染坊——17至19世纪台湾的蓝靛业》,台湾暨南国际大学2002年硕士论文,第189—190页。蔡文称1875年淡水海关报告估计淡水出口靛青210 000桶,价额252 060元,并径将"桶"认作"担",认为1875年淡水出口靛青210 000担,不确。据《同治八年(1869)浙海关贸易报告》,台湾靛价格每担约为3.6—5元,以此单价核算,价额252 060元之靛青约为6万担上下。
③ 《同治八年(1869)浙海关贸易报告》(徐蔚葳《近代浙江通商口岸经济社会概况》,浙江人民出版社,2002年,第117页)载1869年宁波轮船进口台湾靛、马尼拉靛、广靛共7 000担,大部分为台湾靛,另称一半以上的台湾靛系由帆船输入,未计入海关数据,则1869年宁波进口台湾靛估计近14 000担。《光绪二十一年华洋贸易总册》(杞庐主人《时务通考》卷十七,清光绪二十三年点石斋石印本):"水靛(较上年)赢一万三千八百余担,水靛增多,因中日未战之先,原有台湾民船载运来宁,投常关纳税,现已停止。今由广东采办居多,用洋船装运进口,在本关报税,其数可稽。"13 800多担广靛为台湾靛的代替品,可知1894年台湾靛进口亦在13 800担左右,与1860年波动不大,由此估计1869—1894年间宁波年均输入台湾靛在14 000担左右。
④ 张振钿:《合浦蓝靛业史话》,《北海文史》1996年第10辑,第137页。
⑤ 《廉州蓝靛之情形》,《农工商报》1908年第33期,第46—47页。

海关输出靛青 93 000 担①。乐平靛产于江西省乐平县,靛有蓼蓝、木蓝两种。兴起于光绪初年,岁产约 10 万担左右,丰年若 1899 年高达 16 万担,输出省外约七八成②。

鸦片战争以后,即有外国天然靛青输入中国,主要来源于菲律宾,为木蓝靛,少部分来自日本,为蓼蓝靛。进口靛青长期只是作为国内靛青荒年时的补充,进口额波动极大,高者如 1875 年达 40 446 担,低者如 1888 年仅 566.75 担。但自 1893 年后,数量即趋于稳定,1893—1920 年间年均输入 50 861 担,1899 年更是高达 78 174 担③。以 1899 年为例,上述四路靛青输出额,最低之估计也有约 39 万担,大部分都输往江南地区。

黄渡水靛指的是主要产于上海嘉定、青浦的蓼蓝靛,二县所产多于黄渡镇聚散,故称黄渡水靛。黄渡水靛兴起于道光年间,鼎盛于同治、光绪年间。(民国)《青浦县志》:"同光之际,种者最盛,多行销江、浙两省。"④黄渡水靛品质并未优于浙靛,但因为更靠近上海,故各地采购量亦大,1905 年输出接近 13 万担⑤。

广靛、乐平靛、潮阳靛、进口靛青的品质皆远较浙靛为胜。以含靛量而言,浙靛含靛量普遍为 3% 左右⑥,而乐平靛为 5—10%⑦,广靛的含量最高可达 20%,菲律宾靛更是高达 50%⑧。而且,浙靛多为篓靛,灰分和杂质皆比诸靛为多。品质差别从价格上亦可见一斑,如 1905 年 5 月 9 日上海靛青行情:"乐平靛七两五钱,潮阳靛六两六钱,广靛七两八钱,土水靛六元二三到四元。"⑨土水靛即黄渡水靛,浙靛价格略与黄渡水靛相当,鹰洋 4—6.23 元约相当于白银 2.88—4.49 两,可见,广靛、乐平靛、潮阳靛的价格都在浙靛和黄渡水靛的两倍以上。台靛亦以马蓝靛为主,但台湾气候炎热,日照更为充分,故品质稍胜于浙靛,价格亦更为低廉,如《同治八年浙海关贸易报告》云:"台湾来的靛大部分都掺有泥巴和糖渣,由于其售价低廉,每担

---

① 商品陈列所编译处:《中国之染料业》,《农商公报》1918 年第 12 期,第 4 页。
② 《奏牍二:会议乐平县土靛改为印花统捐详》,《江西官报》1902 年第 19 期,第 1 页。
③ 黄炎培、庞淞:《中国四十年海关商务统计图表》,上海商务印书馆,1916 年,第 46—49 页。
④ (民国)《青浦县志》卷二,民国二十三年刻本。
⑤ 《调查客帮办去各靛数目》,《申报》1905 年 5 月 3 日,第 13 版。
⑥ 陈鸣谦:《蓝靛之分析》,《农商公报》1925 年第 123 期,第 35—36 页。
⑦ 章祖望:《江西乐平土靛业概况》,《纺织周刊》1946 年第 29 期,第 921 页。
⑧ Harry V. Fuller. *Mining and Metallurgy Indigo*,《北洋大学校季刊》1916 年第 2 期,第 2 页。
⑨ 《初六日皮毛杂货行情》,《申报》1905 年 5 月 10 日,第 14 版。

3.60 至 5 元,尤其是湿货更受宁波市场之欢迎。"①

台湾靛青沿海路进入江南,所以首先受到冲击的就是同样走海路的闽靛和温、台靛青。道光年间,福建和温州部分地区的蓝靛业迅速衰落,如同治四年《泰顺县志》:"嘉庆以前,多种蓝靛,今则多种蕃薯,贫民之粮半恃焉……商在昔时,惟靛、炭最多,常远达苏杭,近数十年,其业极少。"②既云"近数十年",可知道光年间泰顺蓝靛业就已衰落殊胜。无独有偶,距离泰顺不远的福建霞浦也出现同样的状况,(民国)《霞浦县志》:"西区平原之农常种靛,清乾嘉间最盛,其货能通于浙温,乡民有以贩靛而致巨富者。同光而还,台湾之靛输,而靛业衰。"③"乾嘉间最盛",说明道光间已有趋衰之势,同光之后,只是更加一败涂地而已。另《哀哉闽靛》:"未几而有台湾靛之发生,时虽为其侵占二三,然市场上尤居优胜之地。"④可见,台湾靛对福建和温州的蓝靛业确实带来了很大的冲击。

同治以后,更多优质靛青进入江南,且数量日增,浙靛市场份额不断缩小,利润不断降低,进而影响至处州、衢州等核心产区,许多地方发现种靛无利可图,纷纷改种其他经济作物。如(民国)《宣平县志》:"改靛种烟,光绪初年大盛也。"⑤事实上,处、衢二州广种烟草,并不始于光绪,如道光年间松阳即已"近于良田,多种烟草"⑥。同治以后,更为普遍,如(同治)《云和县志》:"烟草……今土人多种之。"⑦(同治)《景宁县志》:"烟草……今种者颇多。"⑧(民国)《龙游县志》:"烟草一物,发匪乱前无种之者。乱后,来居之客民多江西人,其俗喜种烟草……近时土人亦效之,出产不少。"⑨对于弃靛种烟的原因,光绪四年《宣平县志》如是分析:"然烟苗价廉,而季夏采叶,曝干即售,虽不得善价,而所亏犹少。靛种贵,而工料数倍于种谷,与烟草收迟,而售必在冬春,遭价贱则亏折无算,往往有因佟志而倾家者。"⑩事实

---

① 徐蕴葳:《近代浙江通商口岸经济社会概况》,第117页。
② (同治)《泰顺县志》卷二,清光绪四年刻本。
③ (民国)《霞浦县志》卷十八,民国十八年铅印本。
④ 俚:《哀哉闽靛》,《福建商业公报》1910年第4期,第5页。
⑤ (民国)《宣平县志》卷二,民国二十三年铅印本。
⑥ (道光)《遂昌县志》卷十一,清道光十五年刻本。
⑦ (同治)《云和县志》卷十五,清同治三年刻本。
⑧ (同治)《景宁县志》卷十二,清同治十二年刻本。
⑨ (民国)《龙游县志》卷六,民国十四年铅印本。
⑩ (光绪)《宣平县志》卷五,光绪四年铅印本。

上,所谓种植烟草成本低、风险小、周期短只是表面原因,根本原因在于市场挤压使浙靛价格一路走低,靛农"遭价贱"亏折的机会越来越多,不少人遭遇"倾家",更非"侈志"使然,而是与其他优质靛青竞争失败所致。

1904年,浙江推行改厘认捐,我们从认捐额中可以估算出当时钱塘江上的靛青贸易总量。富阳以下运赴宁、绍、杭、嘉、湖等处靛青解正捐钱22 000串①,衢州西安、龙游卡靛青解3 200串②,合计25 200串。认捐以洋批解,浙江认捐总局规定洋价为900文③,换算成银元则为28 000元。1912年浙江省军政府《统捐章程》所定捐率为5%,靛青每十斤收二分五厘④,清政府当年所定认捐捐率估计应与此相当,以此捐率计算,认捐贸易额合计为113 000担。钱塘江上靛青实际贸易额与此肯定有所出入,但也不致相差太远。浙江所产靛青大部分都通过钱塘江运输,而钱塘江除了运输浙江靛青外,还运输部分来自福建、江西、安徽的靛青,所以,1904年浙江靛青产额或高于113 000担,但也不可能高太多。相比光绪初年50万担的产额,这个滑落是相当惊人的。1905年后,在《申报》报道的靛青市况中,已经没有浙靛的身影,这说明它已基本退出江南靛青的主流市场。

(二) 人工靛青的打击

1897年,德国巴斯夫公司首先推出具备商业应用价值的人工合成靛青,价格低廉,使用简便,得色鲜艳匀称,效果远甚天然靛青,甫一上市,即对天然靛青造成了毁灭性打击。东印度是全球最大的天然靛青出产区域,1897年出口9 366.9吨,但至1906年迅速降至1 529.3吨,减少84%⑤。中国受影响速度稍缓,但也可称惨烈。1898年,人工靛青于发明之次年即登陆中国⑥。1902年,报章就有"竞用洋靛"之说⑦。自1903年后,进口数量更呈爆炸性增长。至一战前的1913年,已涨至319 575担。当时进口的主

---

① 《浙省销场税之一斑》,汪林茂《浙江辛亥革命史料集》第一卷《二十世纪初的浙江社会》,第101页。
② 浙江认捐总局:《浙江认捐总局认捐全卷·原认禀详》,转引自周育民、侯鹏《晚清国家与社会关系论例》,上海社会科学院出版社,2014年,第282页。
③ 周育民、侯鹏:《晚清国家与社会关系论例》,上海社会科学院出版社,2014年,第284页。
④ 《都督公布浙江省统捐暂行捐率》,《浙江公报》1912年第120期,第6页。
⑤ 章锡琛:《人造靛与国家之经济》,《东方杂志》1915年第9号,第10—11页。
⑥ 《真正靛青》,《申报》1898年6月25日第8版。
⑦ 《保利说》,《申报》1902年11月12日第1版。

要是含靛20%的水靛,其效果是中国土靛的10倍,则相当于至少占用了近320万担土靛的市场份额。

一战前人工靛青进口数量统计①

年　份	数量(担)	年　份	数量(担)	年　份	数量(担)
1899	580	1904	18 819	1909	94 742
1900	1 189	1905	36 420	1910	112 179
1901	1 161	1906	73 848	1911	189 103
1902	2 589	1907	98 442	1912	211 881
1903	11 818	1908	79 967	1913	319 575

江南是人工靛青最先登陆并倾销的市场。一战前人工靛青主要为德国巴斯夫和赫克斯特两家公司垄断,它们的产品在中国分别由爱礼司洋行和谦信洋行进行销售,两家洋行的总部都在上海,爱礼司洋行在天津和宁波还有两个分部,谦信洋行亦有分部在宁波。1899年,爱礼司洋行推销巴斯夫公司的狮马牌靛青,最先投放的六个城市,四个皆在江南,即上海、苏州、杭州、宁波②。1914年《申报》报道:"自德靛畅行,本靛几至绝迹。此次欧战开战,德靛不来,价格骤增,而市上本靛又不多见。"③由此可见,至一战前,江南市场基本已为人工靛青占据。

早期,人工靛青在耐磨性上不如土靛,故如广靛、乐平靛、潮阳靛等高品质土靛尚有一定生存空间,但品质较低的土靛,如浙靛和黄渡水靛,则被迅速淘汰。1915年《申报》报道:"黄渡水靛与富阳山靛亦数年无货来沪云。"④可见,一战前数年,浙靛与黄渡水靛已完全退出上海市场。《浙省靛

---

① 1903—1913年的数字取自黄炎培、庞淞《中国四十年海关商务统计图表》(上海商务印书馆,1916年,第46—49页),1899—1902年的数字取自章锡琛《人造靛与国家之经济》(《东方杂志》1915年第9号,第11页),1903—1906年的数字章文亦有载,唯略有差异,兹录于下:1903年7 583担,1904年11 707担,1905年25 972担,1906年31 273担。
② 《真正靛青》,《申报》1899年6月24日第7版。
③ 《最近之商业调查》,《申报》1914年11月9日第10版。
④ 《靛业调查录》,《申报》1915年12月6日第10版。

青业之调查》云:"以迄民国三年,靛青出产十去其九五,种者改播杂粮,行家相继收歇,则全浙靛业一落千丈矣。"①也就是说,浙江的蓝靛业在一战前基本已接近断绝。如富阳为浙东靛青的集散中心,光绪年间"靛号林立,有数十家之多",但至 1913 年"仅存数家矣,不及前年什一"②。1914 年,富阳、义桥二埠存货仅二千余担③。永康三十里坑向为产靛之区,光绪间年产"数万元",至一战前降至"二三千元"④。乐清城北乡等亦"本靛衰落,几至绝种"⑤。

  1914 年一战爆发,德国靛青无法进口,中国又没有生产能力,印染厂坊不得不回头改用土靛,浙江蓝靛业获得了短暂的复兴,从 1914 至 1919 年间,一直处于增长状态。以江山白沙村为例,往年全村种蓝一般约 50 亩左右,1914 年,村民丁星明运送 12 担靛青至富阳,售洋 320 元,平均每担接近 27 元之多。次年,全村积极性大为提高,种蓝 110 亩,产靛 495 担⑥。1917 年《申报》报道:"近日如江山、富阳等处来源虽旺,以洋靛过少,供不应求。"⑦1918 年《申报》报道定海项河、盐仓、马岙及甬东吴洞等乡"改种靛草者,比比皆是"⑧。至于恢复到何种规模,则缺乏可靠的统计⑨。1916 年,北洋政府农工商部号召广种靛青,改良土靛,以图与人工靛青抗衡。浙江省政府响应号召,出资在衢州樟潭设改良靛青模范制造工厂,在永康设立三良制靛厂,但不久皆告失败。

  1918 年战争结束,国外靛青恢复进口,土靛马上被打回原形,自此一蹶不振。1920 年,白沙村不再种植靛青,1922 年,作为江山主要产区的廿七都亦全部停种⑩。1925 年,《农报》估计浙江全省靛青产量为 1 万余担⑪。1936 年,国民党建设委员会开展对浙江省农业特产的普查,发现产靛区仅

---

① 柳堂:《浙省靛青业之调查》,《工业杂志》1922 年第 7 期,第 56 页。
② 劳汉:《自由谈话会》,《申报》1913 年 10 月 28 日第 13 版。
③ 劳汉:《自由谈话会》,《申报》1914 年 9 月 9 日第 13 版。
④ 胡庸:《拟办制靛工厂请拨给官股禀》,《浙江公报》1916 年 1744 号,第 14 页。
⑤ 张琴:《中国蓝夹缬》,第 153 页。
⑥ 毛东武:《白沙村志》,学林出版社,1991 年,第 47—48 页。
⑦ 静眼:《杭垣商业最近之状况》,《申报》1917 年 2 月 20 日第 7 版。
⑧ 《靛业发达》,《申报》1918 年 4 月 27 日第 7 版。
⑨ 北洋政府农商部对 1912—1920 年全国各省靛青产量做过统计,见历年《农商统计表》,但所作统计并无实地调查基础,错漏百出,自相矛盾,不足为据。
⑩ 毛东武:《白沙村志》,第 48 页。
⑪ 《各省蓝靛业状况》,《农报》1934 年第 24 期,第 632 页。

有八县，即温属之永嘉、泰顺、平阳三县，处属之庆元、云和、景宁、宣平、松阳五县，产值合计约法币7万元，每担价值80元①，产额仅875担。当然，实际数量肯定不止于此，但作为一种原来不可或缺的农副产品，确已基本淡出人们的视野。

抗日战争时期由于日本的封锁，建国初期由于缺乏外币进口人工靛青，土靛生产曾局部有所恢复，但都不过是昙花一现而已。至二十世纪七十年代，个别偏远农村的零星种植亦告终止。还有一些地区如乐清等，虽仍有较高的种植面积，但已从染料种植转为药材种植，主要为板蓝根提供原料②。

六、结语

浙江蓝靛业兴起于明万历年间，鼎盛于清乾嘉时期，式微于同治以后，从乾隆初期以至光绪初年一百多年的时间，一直是全国最大的靛青生产区域。同时，浙江还是明清全国最大的靛青集散中心，浙东及福建、江西、皖南、台湾、两广的大部分靛青都是通过乍浦、富阳等商埠进入江南或转运至全国其他地区。直到同治以后，全国靛青贸易中心由乍浦转至上海，浙江的靛青市场才渐次黯淡。明清蓝靛业的繁荣对浙江经济、社会和文化有巨大的影响。择其荦荦大者，对外，它为江南规模浩大的纺织印染产业提供了源源不断的原料支持，对内则进一步促进了浙江山区的开发，同时，伴随而来的客家移民更为浙江文化增添了又一份斑斓的色彩。另外，围绕靛青种植、提炼和印染形成的一整套完整工艺是浙江非物质遗产中重要的一部分，已列为浙江省级非遗项目的蓝夹缬、桐乡蓝印花布不过是冰山一角，更多丰富的遗产尚待发现、整理、传承和开发。

21世纪初以来，随着环保主义和回归自然生活潮流的兴起，植物印染开始重新进入人们的视野，许多国家的公益和商业机构都在研究尝试通过旅游体验、文创、高端品牌等形式，将久已消失的天然靛青及其他植物染料

---

① 建设委员会经济调查所：《浙江之特产》，1936年，第40、45页。建设委员会经济调查所《松阳经济调查》(1931年)载松阳产靛150担，产值约12 000元，可知其价值以每担80元计。
② 马升永：《乐清县志》，中华书局，2000年，第420页。

带回到现实生活中,国外已有一些非常成功的范例,反观国内包括浙江省则尚处于起步阶段。温故而知新,了解浙江蓝靛业的历史,或对推动靛青在新阶段的发展有所裨益。

(本文作者系浙江师范大学副教授)

明代永嘉场士大夫群体与温州城市文化特质[*]

吴龙灿 卜 菲

内容提要 明代温州永嘉场由于其独特的地理位置,成为当时重要的对外贸易点和盐政中心,以王瓒、张璁、项乔为代表的士大夫群体通过自己和家族的努力,在文学、经济、政治等各个方面发挥了自己的作用。面对倭寇的侵扰,这些士大夫也用实际行动捍卫家乡安全。本文通过对明代永嘉场文化与温州城市文化特质的研究,揭示了永嘉场士大夫群体在温州历史文化发展中的关键作用。特定的历史背景、社会经济环境与学术思想特色,都为士大夫群体赋予了独特的影响力。明代永嘉场士大夫群体是温州城市特质的重要内核,且在明代永嘉实学和浙东事功学构建中发挥了重要作用。

关键词 温州 永嘉场 王瓒 张璁 项乔 城市特质

温州古称"瓯",《山海经》载:"瓯居海中。"新石器时代,永嘉场(今温州市龙湾区)还是一片汪洋大海。晋太宁元年(323)置永嘉郡,"永"为象形文字,意为水长,"永嘉"为"水长而美"。永嘉郡城传为郭璞按"天人合一,尚象制器"堪舆思想相地,按"北斗七星、二十八星宿"布局营构,河道密布,即便是原为永嘉郡城南郊的龙湾区永兴街道,至今依旧河道纵横,古桥林立。至唐,永嘉场所在地才变成淤积平原,当地百姓以种粮和赶海作业为生,并已经普遍掌握了制海盐技术。永嘉场是温州地区的第一个产盐场

---

[*] 本文为贵州省哲学社会科学规划国学单列一般项目"明代王学学术编年"的阶段性成果。

所,有史料记载,唐中期温州永嘉郡"有永嘉监盐官"[①],也是我国古代重要的盐场之一,到明代更是发展到鼎盛,而永嘉场士大夫群体正是明代温州城市特质的标志性特征。

一、永嘉场士大夫群体形成的历史背景与现实基础

明代永嘉场的士大夫群体的形成并非偶然,而是嵌入在其浓厚的社会历史背景中。其形成基础主要涵盖了明代温州社会经济环境的影响、战争与经济因素对士大夫群体形成的影响,以及这个群体本身的组成特点与影响因素。

(一)永嘉场的优越地理位置与经济发展

永嘉场古属温州府永嘉县大罗山南(今温州市龙湾区),地处瓯江出海口南边沿海地带,唐时所在地理位置淤积平原逐渐成陆,百姓在此处临海制盐,逐渐成为盐场。唐代朝廷在温州设立永嘉监,宋代改为场。唐宋以后,随着海岸线不断向海洋推进,该地得到更大程度的开发[②],盐业生产随之逐渐发展。明朝建立的前一年,朱元璋下令设置两浙都转运盐使司,下辖嘉兴、松江、宁绍、温台四分司,永嘉场为温台分司管辖,为浙东诸盐场之一。

永嘉场地理位置优越,是南方对外贸易的重要地点,也是明代盐政中心之一。浙江盐场设有东场和西场,而永嘉场则是东场的主要部分。万历五年(1577),王叔杲《英桥王氏族谱》载:"永嘉场东临大海,邑之里一至五都,居氓鳞化为灶,而办盐业丁数独位于他场……沙坦延袤裹数百里。"[③]当时当地居民对制盐十分积极,永嘉场盐业之兴盛,由此可见一斑。"盐为利薮",盐的利润极高,自宋以来,民间私盐不断,虽然政府也制定了严法,但是仍屡禁不止,并且交易规模较大,民间私盐尚且如此,公盐更加繁荣。盐

---

① (宋)欧阳修、宋祁:《新唐书》卷四十一《志第三十一》,中华书局,1975年,第1063页。
② 参阅吴松弟:《温州沿海平原的成陆过程和主要海塘、塘河的形成》,《中国历史地理论丛》2007年第2辑。
③ 转引自翁卿仑、许哲晰:《在下垟街 解读永嘉场文化》,《温州日报》2022年11月,第5版。

对国计民生有着重大影响,盐税也是历代政府的重要财源,永嘉场的盐业盛行,获得了高额税收,并推动了周边城市和乡村的经济繁荣,使之成为明代温州地区的重要经济支柱。

明代温州的社会经济环境对士大夫群体的形成产生了重大影响。温州在明代经济发展中一直处于重要地位,特别是盐业,使得该地区吸引了大量的人口,其中就包括了士大夫阶层。永嘉场的繁荣为其带来了丰富的贸易收入,并吸引了大量的商人和工人,这大幅提升了温州的贸易地位,也促进了城市社会经济的发展,为当地教育和文化学术发展提供了经济保障。

(二) 明代永嘉场抗倭战争

永嘉场的抗倭战争对温州城市文化发展也有重要影响。明朝在14—16世纪期间,沿海地区遭受了日本倭寇的频繁袭击,为了防御侵略,明朝曾实施海禁政策阻止倭寇利用海上交通。《明史·汤和传》载:"嘉靖间,东南苦倭患,和所筑沿海城戍,皆坚致,久且不圮,浙人赖以自保。"[1]在海禁和倭患的历史背景下,永嘉场成了抗倭战争的前线,担起了抵御倭患的重责。龙湾是被侵犯十分严重的地区之一,英桥王氏良医王沛、乡佥事王德叔侄组建了"王氏义师",率乡人进行了长达七年的抗战,几度击退倭寇侵犯。嘉靖年间,倭寇再次来犯,王沛、王德在抗倭中相继阵亡,之后倭寇更加猖獗,围困郡城,毫无顾忌地焚烧村落,杀戮百姓。明嘉靖三十七年(1558),王叔果、王叔杲回乡同族中父老共同建堡,王叔杲更是为此放弃了赴京会试的机会,并独自拿出建堡一多半的资金,从此,宁村所城、永兴堡、永昌堡互为犄角,在防倭抗倭战斗中发挥了重要的作用。

温州士大夫阶层凭借自身特殊的经济和社会地位,进入仕途。因此,战争与经济条件的压力,使得士大夫群体有更高的动力去寻求知识并保持开放的学术态度。抗倭战争期间,士大夫群体在国家危难之际,发挥了重要的领导作用,更有一部分人才因抗倭战争成为民族英雄,他们利用这一地位,逐渐发挥自身的政治影响力,从而崭露头角。同时,盐场经济的发展为士大夫群体提供了这样一个平台,使他们有机会参与到经济生产活动中,积累财富,进一步巩固他们的社会地位。永嘉场文化典型代表之一的

---

[1] (清)张廷玉等:《明史》卷一百二十六《列传第十四》,中华书局,1974年,第3755页。

永昌堡对研究明代沿海抗倭防御体系具有十分重要的价值。

这种战争与经济的双重压力,对永嘉场的发展造成了重大影响,也推动了当地士大夫对政治实务和地方防务的积极参与,为士大夫群体的崛起提供了动力。抗倭战争引起的社会动荡与不安,也推动了士大夫群体严谨笃学、克己奉公的精神风貌。他们对治国平天下的责任感,不仅影响了他们的学术思维,也塑造了温州独特的学术精神。

(三) 永嘉场士大夫群体的形成

温州的经济发展非常依赖海洋贸易,因此士大夫群体在经济活动中,常常扮演着"中介"或"调解者"的角色,这使他们在社会中积累了大量的经验和知识。明代温州地区经历了农业与手工业并重的复杂情况,且迎来了手工业、制造业的大发展。盐业,特别是位于永嘉场的盐业,为士大夫群体提供了大量的财富和社会地位。财富的增加,使得士绅们利用自身的财富和社会影响力,通过向佛寺捐赠财物、通婚、共同参加科举考试、私人友谊等各种方法获得声名,参与构建新的社会关系[1]。富而思进,永嘉场办学求学风气随之兴起,如蓝田李阶是张璁、王激、王澈的授业恩师,他与张璁、王激一起赶考,同登进士,民间留下"李氏门墙三进士"的美誉;张璁举办罗峰书院(贞义书院前身);龙湾高应祥授业,门下有项乔、张纯等十六弟子。明中后期兴起的新旺族都是通过科举进入仕途,为保家族地位,积极支持家族子弟读书应试;再通过免除赋役或其他的经济手段增加财富[2]。

士大夫群体本身的组成特点与影响因素也为其形成提供了重要的基础。该群体主要由士大夫阶层构成,他们普遍受过良好的教育,具有较高的社会地位和经济地位。对文化和学术的重视,使得他们在明代社会中发挥了重要的作用。同时,他们还建立了复杂的社会网络,极大增强了其影响力。作为一个具有地方特色的群体,永嘉场的士大夫群体具有独特的组成特性。他们主要来自地方上的富裕阶层,很多人既有经济实力,又有学识。在群体的构成上,他们既有士人,也有商人。因此,他们不仅注重"儒"

---

[1] 参阅[加拿大]卜正民著,张华译:《为权力祈祷——佛教与中国晚明中国士绅社会的形成》,江苏人民出版社,2005年,第299页。
[2] 参阅李洵:《论明代江南地区士大夫势力的兴衰》,《史学集刊》1987年第4期。

的道德修养,也着眼于"商"的经济利益。

士大夫群体中的士人主要是优秀的科举秀才、进士,他们拥有系统的儒家学问和道德素养,是永嘉场文化的重要传承者。而且,这一群体受益于永嘉场的各种经济活动,产生了大量的富商,他们在经济上扮演了重要的角色,促使永嘉场成为明代一个重要的区域经济和文化中心。

二、永嘉场士大夫群体的学术特征与影响力

明代永嘉场的士大夫群体以其独特的学术特点和广泛的影响力在明代的文化历史中占据了重要地位。这一群体坚持追求知识,致力于学术研究,通过学术交往将思想传播得更广,更远。王瓒注重实学,张璁重视礼学,并运用自己丰富的礼学知识在"大礼议"中脱颖而出。他们在与友人的交游中丰富自己,在教学时提升自己。士大夫群体中的王瓒、张璁、项乔等人,他们的学术贡献改变了历史,对明代永嘉实学和温州城市文化的塑造起了重要作用。

王瓒(1462—1524),字思献,号瓯滨,一号环庵,永嘉华盖乡李浦村(今温州龙湾区永中殿前村)人,弘治九年榜眼及第。王瓒官场辗转三十年,曾在"大礼议"时期支持张璁反对首辅杨廷和,王瓒身为礼部大臣,礼部主管议礼之事,他支持张璁的观点,并向各位官员宣传以获得更多的支持。这些行为被杨廷和所记恨,便寻其他缘由将王瓒贬往南京为礼部侍郎。《明史纪事本末》对此有记载:"时有待对公车举人张璁者,为礼部侍郎王瓒同乡士,诣瓒言:'帝入继大统,非为人后,与汉哀(帝)、宋英(宗)不类。'瓒然之,宣言于众。廷和谓瓒独持异议,令言官列瓒他失,出为南京礼部侍郎。"[①]"大礼议"是一次权力之争,同时也是一场学术思想之争,反映了程朱与陆王两派观念的不同。王瓒科举出身,精通朱熹理学,也尊崇程朱理学,但是处于改造程朱理学的环境中,他逐渐感到程朱末流,学术空虚,丢失程朱理学中原有的"实学",他在国子监祭酒时教导学生"凡读一书,必得一书要旨而致之于用",可见他提倡"实学"与"力行"之说。王瓒生长于永

---

① (清)谷应泰著,河北师范学院历史系点校:《明史纪事本末》卷五十《大礼议》,中华书局,2015年,第734页。

嘉,受永嘉事功学说影响很大,他尊崇陈傅良,根据永嘉事功的观点实行程朱实学,这也是他会在"大礼议"时支持张璁反对杨廷和以及僵化的理学思想的原因。

张璁(1475—1539),字秉用,号罗峰,嘉靖十年经世宗赐名孚敬,字茂恭,温州府永嘉县人。张璁自称"本章句之儒"①,著有《礼记章句》《周礼注疏》《仪礼注疏》,已佚。张璁研习三礼,精通星历、象纬之学,谈迁称赞道:"永嘉议礼,能以辨博济其说,即论星历,亦援据不穷,其见知于上,非偶然也。"②张璁礼学功底深厚,所以在"大礼议"中可以凭借自己的学识与杨廷和一派抗争,上疏言"继统不继嗣,请尊崇所生,立兴献王庙于京师"③。张璁的《正典礼疏》得到了明世宗和杨一清的赞赏,并且在之后的治礼中也能提出切实可行的方案,这些和他的治礼方法密不可分。又《乐舞议·再议》言:"臣已援古证今,反复明辨其非矣。"④可见,张璁在治礼时,援古证今,考经据礼,反复辨别异同,实事求是。在"大礼议"时辨明汉、宋先例,认为世宗嗣位与此两先例不同,汉哀帝乃定陶王之子,宋英宗为濮王之子,成帝、仁宗无子,遂二人"皆欲立为皇嗣而养于宫中",世宗乃是"奉武宗遗诏入继大统",应"继统不继嗣"。除了考虑到借鉴古礼之外,张璁也考虑到礼缘人情,"在皇上谓继统武宗而得尊崇其亲则可,谓嗣孝宗以自绝其亲则不可"⑤。他指出世宗只需继统,尊奉自己双亲,礼法源于人情,不过也要遵循一定的评定标准。张璁曾想建议世宗由大众来评定大礼的合理性,建议皇上"亲御朝堂,进群臣推诚而询之","告天下万民,推诚而询之"⑥,该建议被世宗采纳并施行。张璁重视实名,认为"名必当实,不可强为"⑦,由此他以汉定陶王为例,汉哀帝将未曾做过皇帝的定陶王追尊为共皇帝,此举被认为是"干纪乱统",别人议论至今,所以为兴献王"别立祢庙,不干正统"⑧。除此之外,张璁对自己亦要求严格,不止一次向世宗表明自己信守

---

① (明)张璁著,张宪文校注:《张璁集》奏疏卷二《再请给假》,上海社会科学院出版社,2003年,第53页。
② (明)谈迁:《国榷》卷四十二《明世宗嘉靖六年》,浙江古籍出版社,2012年,第7967页。
③ (清)张廷玉等:《明史》卷十七《本纪第十七》,第216页。
④ (明)张璁著,张宪文校注:《张璁集》奏疏卷三《乐舞议·再议》,第80页。
⑤ (明)张璁著,张宪文校注:《张璁集》奏疏卷一《正典礼第一》,第20页。
⑥ (明)张璁著,张宪文校注:《张璁集》奏疏卷一《正典礼第四》,第31页。
⑦ (明)张璁著,张宪文校注:《张璁集》奏疏卷二《庙议第一》,第43页。
⑧ (明)张璁著,张宪文校注:《张璁集》奏疏卷二《庙议第一》,第43页。

"守正秉诚,惟知有君"①,"愿为忠良之臣,不愿为宠幸臣"②。并用自己的实际行动证明了他对自己的约束。

项乔(1493—1552),字子迁,号瓯东,永嘉七甲人,晚年居温州巽山九曲巷,自号九曲山人,先后师从永嘉场高应祥、张璁、王澈、王激,嘉靖八年会试第二名,唐顺之同年第一名,阳明弟子罗洪先同年等第,关中大儒吕柟称赞"惟知道义,不知权贵"③,万斯同称道"志慨磊落,海内士大夫莫不称为君子"④。项乔为官清廉,名声极好,他的哲学思想也有其独到之处。他的哲学思想受以叶适为代表的永嘉学派、程朱理学和阳明心学的影响。明代程朱理学与阳明心学之间争论不断,在此背景下,项乔上承永嘉事功学注重实学,融汇理学、心学,创立了独特的哲学理论。他的思想核心是"心",他认同朱熹将心是人的神明所在,蕴含众理的说法:"心者,人之神明,所以具众理而应万事者也。"⑤但是对阳明心学的"心即理"表示怀疑:"或问:'心即是理否?'曰观'从心所欲不逾矩';曰'其心三月不违仁';曰'仁义礼智根于心';曰'义理之说我心';曰'当理而无私心',则心未必即是理。"⑥不过项乔也受王阳明的影响,认为:"盖心非血肉之心,仁是也,敬是也。以其纯理而言谓之仁,以其主一而言谓之敬。理,即天命之性;一,即纯于理而无二之名也。"⑦可见项乔认为,"心"不是血肉之心,是人的神明所在,是具有"仁""敬"的特性,是道德伦理意义上的"心"。"心"不仅仅是一个观念,它与生活密切相关,"格物"是"心"与外界联系的桥梁,受王阳明观点的影响,他认为:"窃谓吾心之神明即所谓知,吾心之知未有不触于物而起者。凡天下之物触于吾前者有正有不正,吾心之良知其初未尝有不知者,惟不能正其不正以归于正,而为物所蔽,因物而迁,狥物而忘返,斯自然明觉之知不能以有为为应迹。"⑧心的神明是知,必接触外物,若良知未被外物蒙蔽,可对外物进行分辨,并将不正之外物归于正;若良知已被外物蒙

---

① (明)张璁著,张宪文校注:《张璁集》奏疏卷四《再辞陈情》,第106页。
② (明)张璁著,张宪文校注:《张璁集》奏疏卷四《三辞》,第108页。
③ (明)项乔著,方长山、魏德良点校:《项乔集(上)》卷五《谢王东石提学》,上海社会科学院出版社,2006年,第336页。
④ (清)万斯同:《明史》卷三〇一《项乔传》,影印本第6册,上海古籍出版社,2008年,第295页。
⑤ (宋)朱熹:《孟子集注》卷十三《尽心章句上》,中华书局,2012年,第356页。
⑥ (明)项乔著,方长山、魏德良点校:《项乔集(上)》卷四《杂著内篇》,第298页。
⑦ (明)项乔著,方长山、魏德良点校:《项乔集(上)》卷三《与友人王拱甫论涵养之学》,第150页。
⑧ (明)项乔著,方长山、魏德良点校:《项乔集(上)》卷三《答李三洲都宪论格致之学》,第152页。

蔽,便不能辨别外物,即正物便是正心之物。辨别外物正与不正的关键便是朱熹所说的"心具众理"中的"理",项乔将其解释为仁义礼智,由此,在项乔的思想中,仁义礼智便成了"心"分辨外物的关键。在现实生活中,由于"心"会沾染世俗欲望而减弱或丧失分辨正与不正的能力,项乔认为:"所谓欲者,非独生色臭味、富贵利达而已,或酷嗜诗文,或偏信仙术,或贪求声名,或好人佞己之类,凡非天下之正理皆是欲。各人有欲犹痛痒然,各人须会知得。"①即人们对衣食住行的正常要求并非欲望,不符合"天下正理"的过度追求才是欲望,"酷嗜""贪求"是不正当的私欲。为了保证"心"不沾染这些过分的私欲,就需要控制这些过度的欲望,这种克制不仅仅是意念的克制,更是实际行动的克制:"非礼,勿视听言动者,求放心之道也。以此求放心,自将兢兢业业而惟曰不足,何暇敞思穷神而为此乎?"②可见他并不赞成"敞思穷神"这样的静坐冥思,受程朱理学的影响,静坐冥思是当时人们普遍的修养方法,面对知先行后、重知轻行的情况,项乔继承永嘉事功重实行的观念:"若谓一草一木皆所当究,必欲即凡天下之物而尽穷之,而后可谓致知,可以力行,非惟使人终身不能知、不能行,就使尽能知之,亦不必尽能行之;就使尽能行之,亦谓之不知务耳。"③可见项乔认为若是要遍知天下物才能力行做事,那人终身也做不到这一点。项乔认为既然"知之非艰,行之惟艰",那便更要以行为先:"盖知是心之明觉处,行是心之存主处,先知之正所以行之。是其知之所及,而行即随之,不行便不谓之知,原是相离不远的,故曰'合一'。"④可知,项乔认为"心"要落在"行"上,"心"知到何处便"行"到何处,没有"行","心"便不知,这便是"心"与"行"达到了"合一"。

王瓒受程朱理学和永嘉事功的影响,提倡实学,力行将程朱之学应用于实践;张璁运用自己深厚的礼学知识在"大礼议"中脱颖而出,并在后面进行的礼制改革中提出了一些切实可行的方案;项乔政风端正,学术兼宗永嘉学派、程朱理学、陆王心学而独树一帜。王瓒、张璁、项乔等人的学术思想不仅在永嘉场和温州城市文化中起主导作用,而且对明清之际全国性学术思想转型产生了深远影响。除此之外,还有其他的永嘉场士人群体,

---

① (明)项乔著,方长山、魏德良点校:《项乔集(上)》卷三《与友人王拱甫论涵养之学》,第150页。
② (明)项乔著,方长山、魏德良点校:《项乔集(上)》卷五《与同窗朱南滨学正》,第318页。
③ (明)项乔著,方长山、魏德良点校:《项乔集(上)》卷三《与友人王拱甫论涵养之学》,第150页。
④ (明)项乔著,方长山、魏德良点校:《项乔集(下)》卷四《与南雄刘推官论学》,第749页。

他们都在自己的领域做出了一些贡献。

三、永嘉场士大夫群体的教育实践与学术交游

在学术思想上,明代永嘉场士大夫群体重视实学,在学问交往上更是活跃,他们乐于与外界士人进行学术交流,达到思想交流互鉴的目的。成书、写序、聘师、讲学等都为士大夫群体的学术交流、学术传播打开了一条主要的途径。

在教育实践方面,可见士大夫群体的活跃身影。王瓒弘治十二年任会试考官,十八年奉旨充经筵讲官,兼内府崇圣堂教书。任两京国子祭酒期间,亲力教育,并作办学"五级及体行十一《箴》,以示天下诸生",汇编理学著作为《正教篇》教材,传播海内,惠泽学子,为当时的全国教育做出重要贡献。张璁科举考试时期曾在南京会见了王守仁,二人"言谈融洽",这次会面对张璁产生了很大的影响。他在七应礼部试失利之后,回到家乡购地,修建了一座书院,开始授徒讲学,《文稿》记载:"正德十三年……举人张孚敬敢以刚鬣柔毛,致祭于罗山之英,瑶溪之灵……建兹书院,以翌日落成,将率学徒讲学其间。"①他将书院命名为"罗峰",书院生徒三数十人,都是青年学子,教授儒家经典、名家诗文和实务政书等,以礼学为主。教学相长,在授课期间,他撰著了《周礼注疏》《仪礼注疏》《杜律训解》②,这些都使得他对"三礼"的研究更加深入,也使得他的礼学知识更加深厚。

张璁交友广泛。他八岁时"就学于家塾,与甥王澈、王激同砚席"③。八应礼部试,在京侯殿试期间,与在京友人多有酬酢。正德八年,"同刘挥使游镇江金山、焦山,与林思舜同登太白楼,并有诗"④。后来经过南京时,拜谒王守仁,相见甚欢,此后张璁与王阳明惺惺相惜,与王门弟子密切交往且为政立场相谐。罗洪先《瓯东私录序》云:"洪先于瓯东项君同登第,数相见于相国张公之门,间论学,嘿嘿注视无酬语,已而授南部以去。"⑤在"大礼

---

① (明)张璁著,张宪文校注:《张璁集》文稿卷五《建书院告罗山灵文》,第468页。
② 参阅张宪文、张卫中:《张璁年谱》,上海古籍出版社,1999年,第21页。
③ 张宪文、张卫中:《张璁年谱》,第46页。
④ 张宪文、张卫中:《张璁年谱》,第55页。
⑤ (明)项乔著,方长山、魏德良点校:《项乔集(下)》附录一《瓯东私录序》,第805页。

议"期间,时掌礼部印的王瓒和阳明弟子门生支持张璁的立场,并向当朝官员宣传张璁的观点,寻求更多支持力量,为此被杨廷和记恨,王瓒被贬南京任礼部侍郎,王门弟子也受到牵连。

项乔与阳明后学的交游成为当时学术佳话。项乔仕途生涯多在赣、皖、闽、粤四省,其所交游的同僚、学者大多为阳明后学,被时人推为温州阳明学第一人。"作为阳明学者,项乔的地位和作用几乎可与王畿、邹守益、罗洪先等王门大家比肩。"①项乔对交往的王门先进赞赏有加,赞粤中王门薛侃"威武不屈,真铁汉也",称泰州王门"东城林先生春者,质美而好学者也。故望其容,温温然;听其言,呐呐然;究其志,尤真真切切然。欲深造圣人之道,幼敬事心斋王先生"②。称道几位王门好友:"吾同年吉水罗子洪先、武进唐子顺之,以道德鸣于天下……二子皆不朽人物也。"③"予别罗念庵凡十六年,别欧南野亦十六年,至已酉、辛亥方得会语,裨益良多。"④嘉靖二十五年五六月间,项乔曾在黄岩拜访黄绾,又赴绍兴拜访王畿,同王门弟子一起祭拜王阳明祠,盘桓数日,问学论道,认为王阳明"论道已至圣处",又为王畿所受褒贬议论辩护澄清,称道王畿是"行不掩言"的"圣门狂者"⑤。项乔之师王激与阳明高足徐爱是好友,同时,王激还私下教导了弟子罗洪先。因此不少学者将他们都归为阳明学派王门弟子。王叔杲(1517—1600)与阳明后学赵贞吉、许孚远、朱得之、诸南明、胡直、张元忭、宋仪望、焦竑、沈懋孝、耿定向等人鱼雁不绝,推崇楚中王门耿定向,江右王门黄毅、胡直、舒化,可谓阳明心学的忠实信奉者。

这样的士大夫群体,无疑推动了明代永嘉场学术文化的繁荣。他们以自身深厚的学问背景,丰富的学术思想,形成了永嘉场特有的学术特色。士大夫群体的学术影响,已远远超出了温州,对当时的学术文化进程起到了深远的影响,是明代永嘉场以及整个温州地区文化研究中不可忽视的重要一环。明代永嘉场士大夫群体不仅在学术思想和学术交流方面表现出独特的特点,他们在办学实践方面也独树一帜,并与当时全国著名学者和

---

① 钱明等:《地缘、血缘与学缘的交织——中国人文和自然境域中的王阳明及阳明学派》,孔学堂书局,2023年,第274页。
② (明)项乔著,方长山、魏德良点校:《项乔集(上)》卷一《诬善记》,第49页。
③ (明)项乔著,方长山、魏德良点校:《项乔集(上)》卷一《王遵岩文录序》,第110页。
④ (明)项乔著,方长山、魏德良点校:《项乔集(上)》卷四《杂著内篇》,第191页。
⑤ (明)项乔著,方长山、魏德良点校:《项乔集(上)》卷一《游雁山天台西湖之云间纪事》,第27—28页。

主流思想家交往密切。他们倡导开放的学术环境,非常重视实践,鼓励实证研究,这在当时封闭的学术环境中走出了一条新路。明代永嘉场士大夫群体的教育实践对后世产生了重要影响,不仅推动了学术环境的开放,也对明代之后的学术环境产生了长远影响。

四、永嘉场士大夫群体主导温州城市文化特色

士大夫群体在明代永嘉场发挥了重要作用,进一步塑造了温州的文化特色。这一影响体现在多个领域,包括但不限于教育、文学、社会价值观和政治思想等。

首先,士大夫群体的办学实践强化了温州地区的教育事业。以王瓒、张璁、项乔等人为代表,他们继承并发扬了儒家的教育理念,延续了孔孟之道,强调实学和礼学,将自己所学应用于实践。在具体的办学实践中,他们重视因材施教,授徒讲学,传授知识,并在教学中丰富自己,这些都对温州的学术环境产生了深远影响。

其次,在文学领域,一些士大夫如王叔果,通过他们的作品,不仅展现了高雅的诗词艺术,也表达了对时局的深思和探寻。这些文学作品成为温州文化的重要组成部分,提升了温州的文化内涵。除此之外,明代倭寇盛行,温州一带受倭寇的侵扰十分严重,很多士大夫投入到抗倭斗争中。他们自发地筹资兴建城堡,《瓯海县地名志》曾记载嘉靖三十七年,永嘉场境内建造了永兴、永昌两座民堡。一些家族宗祠的碑文中也有相关记载,像永兴堡,便是由叶、夏、季、张、黄、王六家共同商议集资、申报、兴建而成。永昌堡也是由王叔果、王叔杲协同族众修建,并且王叔果自己拿出了建城的大部分资金。除了主持修建城堡对抗倭寇,他们也会参与到与倭寇的拼杀中,王沛、王德即在与倭寇的抗争中壮烈牺牲。

明中期时,"今天下自国史外,郡邑莫不有志",可见此时修地方志十分兴盛,明代流传下来大量的方志,王瓒的《弘治温州府志》是其中为数不多的佳作之一,是《温州府志》现存最早的一部,这也是他对温州及温州文献所做的重要贡献。明代《温州府志》共有四部,分别是徐兴祖编的洪武十二年《温州府图志》,已失传;王瓒编的弘治十五年府志;张璁编的嘉靖十六年府志;王光蕴编的万历三十三年府志。相比于另外三部,王瓒编纂的温

府志年代最早,卷数最多,便更受温州学者的青睐。《弘治温州府志》不仅介绍了有关温州的各个方面,而且王瓒还将方志视作史体,在凡例中提出"疑以传疑,信以传信,史法也"。可见,在清代章学诚提出"志者史也"的看法之前,王瓒就有了这种看法。这本府志中还保存了温州的大量文献,如周行己、薛叔似、徐谊、陈谦等人的诗文。王瓒曾利用职务之便"于秘阁录出公(陈傅良)集五十二卷",并商请张伯纯出资刊刻,我们才能看到流传至今的《止斋文集》,这一点王瓒功不可没。

张璁对温州永嘉的贡献,主要在于兴办罗峰学堂,并以"事功"教育理念授学。他的这一理念推动了当地社会的实学,与当时"诗书礼乐"教育的主流不同,为温州地区教学提供了另一种可能性,这在当时产生了重要影响。张璁入阁之后,实行了一系列旨在澄清吏治、严禁贪污、减轻人民负担的改革措施,这些措施不只针对某一地方,对全国都有一定的影响。张璁不止一次向世宗表达想要澄清吏治之心:"为治之道莫先于爱民,愿治之君必严于脏禁。……'民者邦之本也,财者民之心也。其心伤则本伤,其本伤则枝干颠瘁矣。'近来中外交结,贪墨成风……推厥所原,实在内阁。"①所以张璁自入内阁开始,便严于律己,从内阁开始禁除贪风。明代庄田是明代独有的弊政,皇宫、王府以及勋贵占有大量的庄田,正德九年,皇庄、各地藩王及外戚所占庄田几乎占全国耕地的七分之一,各庄派驻官校,"招集群小,称庄头、伴当,占地土,敛财物,污妇女。稍与分辨,辄被诬奏。官校执缚,举家惊惶。民心伤痛入骨"②。由此可见庄田占地多且十分霸道。很多百姓沦为流民,农民暴动起义接踵而至,张璁成为内阁首辅之后开始清理庄田,从畿辅扩大到各省。嘉靖一朝,全国耕地长期保持在四百二十八万顷左右,可见张璁这次清理庄田是成功的,在一定程度上缓解了土地兼并,缓和了阶级矛盾。除此,在稽核封爵方面,恢复了开国功臣常遇春、李文忠、刘基等的爵位,由其子孙承袭。

项乔重视民生,并践行自己的民政思想。明朝时工商业得到一定的发展,原来的四民观念被打破,受王阳明观点的影响,项乔也提出了自己的"四民观":"怎的是各安生理?生理即是活计,若读书举业,士之生理也;耕

---

① (明)张璁著,张宪文校注:《张璁集》奏疏卷三《禁革贪风》,第91页。
② (清)张廷玉等:《明史》卷七十七《志第五十三》,第1887页。

种田地,农之生理也;造作器用,工之生理也;出外经营、坐家买卖,商之生理也。"①他认为"士农工商"本质上都是为了"生理",是具有一致性的。项乔的"四民观"没有等级差别,所以很容易便能得到百姓的支持拥护,也为其地方施行政务起到了指导作用。项乔为官多年,"洁己爱民,兴利除害,所至善政章著,多遗爱"②。受程朱理学、陆王心学和永嘉事功学的影响,项乔极其注重实践,"洁己爱民"是他为官的总结。他认为顺应百姓心意、真正为百姓做事的官员才能得到百姓的拥护。项乔在泸州任职时,不仅明确规定不许官员向百姓收受贿赂,不许自己家族的人借权谋利,还促进了当地水利、教育等方面的发展,打击"讼棍",改进诉讼程序,避免冤假错案。

王氏家族士大夫引昆曲入温并促进永嘉昆曲诞生。永嘉昆曲从苏州传入南戏故里温州之后受南戏"海盐腔"影响而别具一格,成为我国昆剧最重要的代表性支派之一,而传入时间大约在明中叶前后,主要由永嘉场士大夫引昆曲入温。据王世贞《王樵云公传》记载,当时英桥王氏一家祖孙有上百人在南京、苏州、松江、镇江、溧阳等地做官,多擅词曲,晓音律,经常组织鉴赏新兴的昆曲艺术,并参与昆曲创作和排演实践。王钲(1450—1536)以先参议及仲父祭酒公贵累封中宪大夫、南京通政使司右通政,晚年屏迹乡居永嘉英桥里(今龙湾区永昌镇),蓄歌童办家乐,调演昆曲杂剧以自娱。王激(1476—1537),嘉靖二年进士,出令吉水,后转南京通政司右通政、国子祭酒兼经筵讲官,长住南京,后以亲老致仕返,为娱亲办大规模家乐。其同辈在江苏一代做官的还有王清(太仆寺丞)、王沛(鸿胪序班,赠太仆丞)、王洌(教授)、王浥(赠大名推官)、王净(佥都御史),都可能是苏昆入温的传播者③。而稍后永嘉场著名士大夫王叔杲、王叔果两兄弟和温州诗人何白、画家任道逊等不仅自己热衷于鉴赏、创作昆曲,有的还组织昆剧团并亲任班主,加上当时全国著名的昆曲名家梁辰鱼、屠隆、王世贞、汪道昆、汤显祖、潘之恒、龙膺、戴子鲁等先后走访或在温州为官,与永嘉场为中心的士大夫群体密切交往,促使昆曲入温后与温州南戏传统及其流衍"海盐腔"相结合,创造出别开生面、影响温州主流文化艺术生态的永嘉昆曲。"鸿胪公

---

① (明)项乔著,方长山、魏德良点校:《项乔集(下)》卷八《各安生理》,第515页。
② (明)王光蕴纂,(明)汤日昭修:《(万历)温州府志》卷十一,明万历三十三年刻本,第23页。
③ 参阅徐宏图:《温州古代戏曲史》,人民出版社,2018年,第197—220页。

解音律，公为小令，度新声以佐酒。"①王叔杲自度南曲《江心寺词》②尚完整保留。王叔杲所居"阳湖别墅"位于永嘉城郊阳岙，"玉介园"位于永嘉城区华盖山麓（时称"墨池里"，今鹿城区墨池坊），是当时温州士大夫群体戏曲创作和排演的聚会场所，成为永嘉昆曲诞生的摇篮。

综上所述，可以明确地看出，明代以王瓒、张璁、项乔为代表的永嘉士大夫群体，在文学、教育、经济、政治思想等方面，给温州城市特色打上了深刻的烙印。然而，这种影响并不局限于他们所在的时代，而是深深地影响了温州乃至整个城市发展的历史走向。

结　　语

明代温州城市发展的重镇永嘉场，地理位置独特、经济地位重要，地处抗倭战争沿海前线，并在盐场经济特区内，这些特征使得永嘉场与温州城市的发展紧密相连。明代温州社会经济状况与抗倭战争、盐场经济，为永嘉场士大夫群体提供了独特的社会成长土壤。他们的学问与品行，无论是在当地还是全国，都留下了深刻印记。士大夫群体中的人物如王瓒、张璁、项乔等，所做的学术贡献在全国范围内都产生了深远影响。他们的议政、学术思想对温州文化生态的成型与发展起到了推动作用。他们的学术观点和交流方式、文学创作实践和文化生活方式，无论在明代还是在后世，都是学者们争相模仿的对象。

钱明认为浙江的学术发展历程是一个错综复杂而又紧密相连的整体。它不仅仅局限于某一时期或某一地域，而是跨越了时空，展现了浙江地区学术的深厚底蕴和不断创新的精神。"要揭示明代浙东地区王阳明心学的特质，就要涉及宋代浙中南地区的陈亮和叶适；要考量清初浙东地区黄宗羲的政治哲学，亦必涉及陈亮、叶适和王阳明的政治思想和事功学说。"③陈亮与叶适并驾齐驱，同为当时之俊杰。二人皆以事功为己任，强调实践与行动。其学说之盛行，为明代阳明心学之崛起奠定了坚实基础。及至明

---

① （明）王维桢：《旸谷王公墓志铭》，（明）王叔杲撰，张宪文校注：《王叔杲集》，上海社会科学院出版社，2005年，第514页。
② 薛钟斗辑，余振棠校补：《东瓯词徵》，上海社会科学院出版社，2005年，第106—109页。
③ 钱明：《阳明学在温州地区的传播与展开》，《贵阳学院学报（社会科学版）》，2016年，第5期。

代,浙东地区阳明心学蔚然成风。阳明先生立言立德,其学说以心即理为核心,强调良知之觉醒与致良知之实践。

清初之际,浙东黄宗羲承前启后,其"治心治世之学",继承并发扬了陈亮、叶适、王阳明之政治思想和事功学说。黄宗羲之学,实为阳明后学之心学实学化之必然结果,亦展现了浙江学术发展之一脉相承、互补共进之态势。以温州永嘉场士大夫群体为代表的阳明学者对朱子学和阳明学大都采取了会通、兼采、互补之立场,结合事功学的实践路径,以及佛道修行的影响和历史传统的振兴使命,形成了具有心学实学化特质的永嘉实学。明代永嘉场士大夫群体继承和融会了永嘉之学、程朱理学、陆王心学,不仅主导了明代永嘉实学文化和温州城市特质,而且是浙东事功学派从宋代事功学发展至明末清初实学的必要过渡,更对晚清永嘉学派的再度崛起提供了重要的学术思想资源。

(本文作者吴龙灿系温州大学教授;卜菲系温州大学硕士)

醎醝溃国：
元代浙东盐政之弊与海防的崩溃*

姚建根　王海英

内容提要　浙东海疆是元代重要的海盐生产基地。元廷在浙东的盐政存在严重弊端，导致在官盐的生产、运销环节中私盐不断产生与泛滥。元朝采取措施整治浙东沿海私盐问题，实施食盐法、首告法，以基层武力和涉海戍军构建海防体系，但效果欠佳，由于政治腐败，造成浙东民众逃海为寇，也暴露了官方海防军事力量的致命缺陷。元末，以方国珍为首的盐贩海寇起事浙东海隅，在与元廷的较量中频频得手，发展成为割据浙东海疆的庞大势力，元朝浙东海防走向全面崩溃。

关键词　元代　浙东　私盐　海寇　海防

元代是中国古代盐业发展的重要时期，元代盐政亦以官方专卖体制为主要特征，与唐宋和明清相比，作为官盐政策对立物的私盐在元代也同样存在，但是，因私盐问题而引起东南海疆统治秩序的动摇，却是元代较于前代和后代的一个突出现象，值得探讨。学界从制度、经济、社会层面对元代盐业管理体制、私盐及其引发的相关问题进行了较多的研究[①]，本文聚焦于

---

* 本文系国家社科基金项目"宋元海军史料整理与研究"（18BZS059）、浙江省社科规划文化研究工程项目"浙东沿海地区千年古城古镇研究"（21WH70087—2Z）阶段性成果。
① 田秋野、周维亮：《中华盐业史》，台北商务印书馆，1979年，第225—248页；陈高华：《元代的盐政及其社会影响》，《元史研究论稿》，中华书局，1991年，第67—98页；林树建：《元代的浙盐》，《浙江学刊》1991年第3期，第35—40页；高树林：《元代赋役制度研究》，河北大学出版社，1997年，第175—185页；陈高华、史卫民：《中国经济通史·元代经济卷》，经济日报出版社，（转下页）

元代浙东沿海地区盐政与海防的关系,从阐释浙东盐业体制下私盐问题的产生入手,论述元廷为解决这一问题而采取的一系列整治措施对浙东海防带来的重大消极影响,从一个侧面展现元代江南海疆社会的动态变化。

一、元代浙东盐业弊政下的私盐问题

今日绍兴、宁波、舟山、台州、温州五个地区构成了浙东的海疆,历史上该区域所属州县斥卤遍野,海盐资源较为丰富。元朝对浙东盐业实行官方垄断经营,严格控制食盐的生产、运输、存储、销售等环节,试图从根源上杜绝浙东私盐的发生。然而,由于浙东海岸线曲折绵长,盐场大多分布在人迹罕至的滨海滩涂和偏远岛屿之地,故而私盐制贩活动早在宋代就已经成为严重的社会问题[①]。除了自然地理环境的因素之外,元朝在浙东海疆实施的一系列看似严密实则紊乱的盐业政策,加上政府所任非人、贪腐成风的政治现状,也导致偷盗官盐的现象十分严峻,私盐在食盐的生产运销过程中极为猖獗,从而造成浙东海疆成为元代私盐极为猖獗的地区之一。

(一)盐业生产弊政与私盐的产生

元朝继承了南宋的滨海盐场及食盐榷卖制度,在此基础上形成了"盐运司——分司——盐场"的管理体系,将盐业的生产、存储、运销置于王朝严控之下,江南盐课成为元廷的重要收入来源,出现了"国朝定煮海之赋,倍于前代,邦用是资"的局面[②]。元代浙盐是指两浙盐运司所辖各盐场生产的海盐[③],浙东海岸袤延千余里,滨海州县盐田相望,所以浙东盐场是东南海盐的重要生产基地。至元三十一年(1294),元廷归并浙江煎盐之地为34场[④],其中浙东盐场有23场,占浙江盐场总数的2/3左右,是浙江盐场的重

(接上页)2000年,第615—633页;张国旺:《元代榷盐与社会》,天津古籍出版社,2009年;陈彩云:《元代私盐整治与帝国漕粮海运体制的终结》,《清华大学学报》(哲学社会科学版)2018年第4期,第13—23页;等等。

[①] 参见梁庚尧:《南宋的私盐》,《新史学》2002年第2期,第45—113页;陈彩云:《元代私盐整治与帝国漕粮海运体制的终结》,《清华大学学报》(哲学社会科学版)2018年第4期,第14页。

[②] (元)袁桷:《清容居士集》,浙江古籍出版社,2015年,第523—524页。

[③] 林树建:《元代的浙盐》,《浙江学刊》1991年第3期,第35页。

[④] (明)宋濂等:《元史》,中华书局,1976年,第2391页。

要组成部分,浙东食盐生产规模大,承担着王朝巨额盐课,故而元廷极为重视浙东盐区。

两浙盐运司下设浙东分司,分司所辖盐场设置司令、司丞、管勾等职官①,将盐场直接置于浙东盐运司的直接管理之下。盐运司以操办盐课为务,根据本司总盐额和所辖盐场的生产能力,将具体盐额分配给各盐场,再由盐场官员监督盐场灶户生产出盐运司所规定的官盐数额。《延祐四明志》记载了浙东庆元路各个盐场所需生产的盐额,其中,鄞县大嵩场为5 988引174斤1两9钱2分,但是由于鄞县闹饥荒,实际只生产了不到规定盐额数目的一半②。

盐户(灶户、亭户)由官府统一调拨,主要承担食盐生产和盐场修缮工作。盐场通过"团"的形式严密控制盐户。盐户需世代服役,需要在规定的时间内完成盐额的生产指标。官盐被收纳后,盐户得到相应的劳酬,即工本钱,用以维持自己最基本的生计,这是他们的主要生活来源③。据《大德昌国州图志》记载,盐户的工本钱是每引中统钞10贯④。但是由于吏治腐败严重,"朝廷给降工本钱,遭贪官污吏掊克之余,人户所获无几"⑤。盐户的工本钱经过官吏的层层盘剥克扣,真正到手的少之又少,甚至根本无力维持基本的生活需求。元廷曾试图提高浙东盐户的工本钱,延祐七年(1320)规定,浙东盐户生产正盐所获工本钱每引增至25两,生产余盐的工本钱每引增至30两⑥。但克扣工本钱既已成为浙东盐业生产中的常态,盐户根本无力维持官盐的生产工作,只能大量逃亡,造成盐业产量的下降。还是在延祐年间(1314—1320),昌国州正监场原本应该生产官盐6 361引369斤,但因为灶户逃亡,实际仅生产6 216引32斤⑦。乍一看,两个数字相差并不算太大,但各盐场所必须生产的盐额并不会因为盐户的相继逃亡而减少,逃亡盐户需承担的盐额转给了现存盐户,后者负担反而更重,进一步

---

① 浙江省地方志编纂委员会编著:《宋元浙江方志集成·延祐四明志》,杭州出版社,2009年,第4771页。
② 《宋元浙江方志集成·延祐四明志》,第4213页。
③ 张国旺:《元代榷盐与社会》,天津古籍出版社,2009年,第151页。
④ 《宋元浙江方志集成·大德昌国州图志》,第4771页。
⑤ (元)黄溍撰,王颋点校:《黄溍全集》,天津古籍出版社,2008年,第441—446页。
⑥ (明)宋濂等:《元史》,第2495—2499页。
⑦ 《宋元浙江方志集成·大德昌国州图志》,第4213页。

加剧了生活的艰难①。除了在盐场中必须进行的食盐生产劳役外,盐户还要承受各种杂泛差役、丁地税粮、丝料等赋役负担。在沉重的压迫之下,底层盐户过着无比艰辛困苦的生活。王冕旅居绍兴时就曾感慨贫苦盐户的悲惨境遇:"前夜总催骂,昨日场胥督。今朝分运来,鞭笞更残毒。灶不无尺草,瓮中无粒粟。旦夕不可度,久世亦何福。夜永声语冷,幽咽向古木。天明风启门,僵尸挂荒屋。"②

元代浙东盐户的艰辛生活成为他们制贩私盐的强烈动机,盐户的身份也使他们更容易生产出大量私盐。他们或是为了解决自己的生计问题,或是为了追求私盐带来的巨额利润,往往会在生产官盐之外偷偷生产私盐,并私自对外出售。另有部分盐户选择私自出售卤水,买方购得卤水后再私下煎烧,扩大了私盐产生的途径。

(二) 盐业运销弊政与私盐的泛滥

浙东盐司遵循"赋成于灶,灶输于场,场输于检校所"的经营模式,即盐户在盐场中生产食盐,盐商赴盐场支盐,期间需要经过检校所的检校③。元廷在浙东地区设置过多处检校所,如大德三年(1299),"仍于杭州、嘉兴、绍兴、温台等处设检校四所,专验盐袋,毋过常度"④,同年,庆元路也设立了检校所。检校所的职能在于称重检验支出盐场的官盐盐袋,防止其中夹带私盐。浙东地区也曾设立过批验所。批验所主要负责在盐商赴盐场支盐后批验引目,这与检校所的职能有重合之处,因此检校所与批验所也被合称为检校批验所。至正二年(1342),"中书省奉旨讲究盐法,奏准于杭州、嘉兴、绍兴、温台四处,各置检校批验所,直隶运司"⑤。检校批验所将检校所与批验所的职能合二为一⑥,"如遇客商载盐经过,依例称盘,均平袋法,批验引目"⑦。

在浙东盐政中,即便有检校所、批验所或检校批验所的严密检查,盐商

---

① 高树林:《元代赋役制度研究》,第175—185页。
② (元)王冕:《竹斋诗集》,上海书店,1994年,第757页。
③ 张国旺:《元代榷盐与社会》,第22页。
④ (明)宋濂等:《元史》,第2313页。
⑤ (明)宋濂等:《元史》,第2337页。
⑥ 张国旺:《元代榷盐与社会》,第22页。
⑦ (明)宋濂等《元史》,第2499页。

赴场支盐的体制依旧漏洞百出,如绍兴路石堰场,尽管有检校批验所的检查,但仍难以避免私盐的泛滥,"石堰视诸场为尤难,居是官者,常以称盘折阅及不能检防私鬻被谴"①。因为官吏贪污受贿成风,使检校所等盐政机构形同虚设,王都中就曾敏锐地发现"私煮盗贩之盐本出于官场"②,盐商富贾勾结相关官吏,促使私盐兴盛。

浙东海疆盐商赴场支盐体系的弊端,迫使元廷改进浙东盐政管理体制。延祐五年(1318),曹伯启奉旨前往江浙议盐法,决定取消检校官,在浙东、浙西设置六处盐仓,其中,浙东主要有庆元路盐仓、永嘉县永和盐仓、四明鄞县盐仓三处。浙东盐仓专掌收纳、运储和支拨,在原来食盐生产运销体系中增加了由盐场到盐仓的环节。为了降低运输和贮存过程中官盐被盗的风险,曹伯启又"设运盐官,输运有期,出纳有次,船户、仓吏盗卖漏失者有罚"③。运盐官负责招募船户前往盐场装运官盐盐袋,并将盐袋押运至盐仓。盐商由原来的赴盐场支盐,改为前往指定的盐仓支盐,盐仓官吏除了负责"掌收各纲船户,运到盐袋,贮顿在仓"④,还需要"听候客人,依次支盐"⑤。

盐仓的设置虽然将浙东食盐生产运销体系进一步严密化,加强了官府的控制,实际上却是增加了官盐被偷盗的几率,私盐反而愈发兴炽。后至元五年(1339),两浙盐运司上书中书省,条陈盐法的五处弊病,强调了浙江境内实行盐仓支盐的弊端:

> 今各纲运盐船户,经行岁久,奸弊日滋。凡遇到场装盐之时,私属盐场官吏司秤人等,重其斤两,装为硬袋,出场之后,沿途盗卖,杂以灰土,补其所亏。及到所赴之仓,而仓官司秤人又各受贿,既不加辨,秤盘又不如法。⑥

也就是说,在盐商赴盐场支盐的流程中,官吏在盐场盐袋的装运、途中

---

① (元)黄溍撰,王颋点校:《黄溍全集》,第766—769页。
② (元)黄溍撰,王颋点校:《黄溍全集》,第441—446页。
③ (明)宋濂等:《元史》,第4100页。
④ (明)宋濂等:《元史》,第2497—2498页。
⑤ (明)宋濂等:《元史》,第2497—2498页。
⑥ (明)宋濂等:《元史》,第2496—2497页。

运输、盐仓检查贮存、支盐等环节上都很容易做手脚。由于受到私盐巨额利润的驱使,盐场或盐仓的官吏都可以利用职务之便偷盗官盐,进行私盐贩卖活动直接谋取利益。他们也经常勾结豪商大贾,多添食盐斤两给行贿的盐商,以便从中谋取私利。

除了在运输存储过程中容易滋生私盐之外,浙东盐务在食盐销售环节也存在许多弊病。在官盐运销体系中,浙东地区主要有官运官销和商运商销两种方式①。官运官销最普遍的方式是实行食盐法,由于食盐法最根本的目的在于解决私盐泛滥造成的官盐壅滞问题,强制民众购买官盐,因此本文将食盐法归为元廷整治浙东私盐的举措之一。商运商销即通过商旅贩盐,核心在于盐引法。盐引法定型于元代②,即盐商购买、销售官盐都必须用到盐引。它是官盐运销的重要凭证,盐商只有向盐运司购买盐引,才能通过正当途径赴盐场或盐仓支盐,被称为"引盐不相离"③。通过实行盐引法,官府牢牢把控官盐的销售环节。但盐引法在具体实施过程中存在着许多弊端。上述两浙盐运司条陈的盐法五弊之一就是盐引法的问题,由于浙东盐场数量占两浙的 2/3 左右,因此,这个弊端更多地存在于浙东盐政之中。盐引法的最大漏洞在于盐引的重复使用和伪造。"其懦善者,卖过官盐之后,即将引目投之乡胥。又有狡猾之徒,不行纳官,通同盐徒,执以为凭,兴贩私盐。"④盐引的重复使用严重影响了盐课的正常办纳,而盐引的样式在很长时间内也没有变化,一些不法分子趁机伪造盐引,导致真假盐引难以辨识,造成盐务秩序的混乱⑤。

二、元廷私盐整治与海防危机

面对浙东海疆私盐问题的日益严重,元朝政府着手进行整治,一方面,在浙东全境推行食盐法,强行摊派盐额,并配之以首告法,另一方面,调整涉海军事力量,加强海防,打击浙东海上私盐走私行为。然而,这样"双管

---

① 林树建:《元代的浙盐》,《浙江学刊》1991 年第 3 期,第 38 页。
② 田秋野、周维亮:《中华盐业史》,第 236 页。
③ 陈高华等点校:《元典章》,天津古籍出版社,2011 年,第 852 页。
④ (明)宋濂等:《元史》,第 2495—2499 页。
⑤ 张国旺:《元代榷盐与社会》,第 132 页。

齐下"的整治措施,不仅没有达到标本兼治的目的,反而因为两方面措施各自产生的消极后果,形成了恶性循环。食盐法迫使民众铤而走险,逃亡海上,成为海寇,造成对元廷海防的巨大威胁,而官方海防力量的致命弱点又进一步刺激了海寇群体的不断扩大。

(一)食盐法与海寇群体的壮大

为了整治浙东沿海私盐兴炽及官盐壅滞的问题,元廷在浙东普遍推行食盐法。地方官府根据盐运司规定的年度盐引数额,强制民众购买一定数量的盐引,收取相应的盐课钞,再由官府到盐场或盐仓支盐,分派给本地民户,或者强制民众购买盐引并让其自行前往盐场或盐仓支取官盐①。食盐法的特点是计口桩配,即根据不同户等进行盐额的强制摊派。

浙东食盐法在实际运作过程中,不考虑民众的实际生活需要与贫富状况,强行摊派,竭泽而渔。食盐法规定民众支盐需要支付钱钞,"丝绢麻布并不收受"②,但是多数百姓很难赚到钞两。昌国州"所辖四乡一九都,除富都乡九都与本州连陆外,其余三乡一十二都并各散在海洋,止是小小山岛,并无膏腴田土。其间百姓止靠捕鱼为活,别无买卖生理,钞两实为艰得"③。实际上,昌国州民众在日常生活中并不需要官盐,海岛之民可以用咸水鱼鲜代替食盐,但是食盐法的推行却强制他们必须购买官盐。逐年增长的盐价超过了当地普通民众的承受能力,极大地削弱了民众的购买力。同时,地方官吏见盐业有利可图,为政以急,"一切趣办用民为最繁,富者巧自辟匿,贫者日削而弗继,吏鳃鳃焉惟期会之或后为惧,而公私交病矣"④。

为了保障食盐法的效果,元朝政府还施行首告法,鼓励民间相互告发私盐贩徒,"伪造盐引者,皆斩,籍其家产,付告人充赏。犯私盐者,徒二年,杖七十,止籍其财产之半,有首告者,于所籍之内以其半赏之"⑤。在浙东沿海地区,人们为了得到首告的奖赏,或是打击报复对手,又或是私盐贩为了逃脱罪名,造成民间诬告成风,社会动荡不安。部分正直的官员力图扭转这种局面,元朝中期,任职两浙都转运盐使司经历的王艮分治浙东时,"力

---

① 张国旺:《元代榷盐与社会》,第148页。
② 陈得芝:《元代奏议集录》,浙江古籍出版社,1998年,第172—173页。
③ 《宋元浙江方志集成·大德昌国州图志》,第4756—4757页。
④ (元)黄溍撰,王颋点校:《黄溍全集》,第313页。
⑤ (明)宋濂等:《元史》,第2386页。

除私贩诬指之害,按劾书吏奏差尤无良者黜之,所征赃为钱万六千余缗,惧而以赃自首者,为钱万二千七百余缗"①。至大年间(1308—1311),慈溪县鸣鹤巡检范文忠秉公执法,才使得该县"无赖之徒冒盐禁以陷良民者,为之屏息"②。但是正直廉洁的官吏毕竟只是少数,在政治日益腐败的元朝中后期,首告法之下,真正的盐徒可以通过贿赂官吏以逃脱刑罚,许多无辜百姓反被连累其中。

为了逃避沉重的盐课负担,摆脱盐政弊法带来的不安全感,被逼无奈的浙东沿海民众往往会选择逃匿海上,沦为盗贼,如大德九年(1305),慈溪县"鸣鹤场沿海灶丁逃亡"③,这使得海寇群体不断壮大,对官方海防力量的冲击日益严重,为浙东海疆的反元起义埋下了伏笔。

(二) 官方海防力量的弱点

元朝在浙江沿海军事力量的构建,是随着元军在征伐南宋的过程中逐渐形成的,到了至元末年基本定型,从涉海军队的布局和职能来看,浙东无疑是重点所在④。因此,打击私盐走私贩,严防海寇,维护海上治安,确保海疆经济和社会的稳定,自然是元朝治理浙东时面临的核心议题之一,全面加强浙东海防,是首选之举。

元朝浙东地方官府为了抓捕私盐贩徒,愈加重视海上巡缉队伍的建设,主要是依靠布点海疆的各处巡检司,"窃见盐为国家大课,朝廷设官分职,其干系于盐法者不一。如以熬煎之任,付之各场,以积贮之事,付之各仓。州有补司,县有尉,固关津要紧所在,则有巡检司,及镇守军官分任巡逻"⑤。巡检司所属捕盗兵卒被称为弓兵,是缉私的基本武力。据《延祐四明志》记载,庆元路"各州、司、县该设六百三十名",岱山、螺头、北界三处巡检司各置弓兵三十名,其余巡检司各设弓兵二十名⑥。浙东地方官府的缉私队伍并未能发挥应有的作用,这与地方政治的腐败有关。赵大讷任职温

---

① (元)黄溍撰,王颋点校:《黄溍全集》,第497—500页。
② (元)黄溍撰,王颋点校:《黄溍全集》,第550—552页。
③ (清)杨泰亨、冯可镛纂:《(光绪)慈溪县志》卷一二,清光绪二十五年刻本,第62页。
④ 参见拙文:《元朝浙江沿海军力略论》,收入《环东海研究》第1辑,中国社会科学出版社,2015年,第289—303页。
⑤ (元)史伯璿:《上盐禁书》,李修生主编:《全元文》卷一四三四,江苏古籍出版社,1998年,第418页。
⑥ 《宋元浙江方志集成·延祐四明志》,第4206—4207页。

州路永嘉县尹时就曾发现,"瑞安何良伪为官书,指平民私贩,盐司逮捕急,民自杀者三人"①。巡盐缉私队伍不辨真伪,为了应付差事,只能抓捕无辜百姓充数,酿成悲剧。

包括盐司、巡检司在内的缉捕私贩之兵是巡缉私盐的基层武力,具有警察性质,他们不能有效对付零散的私盐贩,对那些规模较大的海寇势力更显得无能为力了,所以,随着私盐问题的愈演愈烈,海寇群体的壮大,涉海戍军成为王朝整治私盐、遏制海寇的主要力量。开阃于庆元的沿海上万户府副万户明里帖木儿,"初以沿海军分镇台州",随后移镇婺、处两州,他指出民间私盐盗贩之严重,朝廷"命行省择所部万户岁一巡历,以申明其禁令"②。元廷还专门"给江浙、河南巡逻私盐南军兵仗"③,试图提高涉海戍军的战斗力。元廷不断调兵遣将,增强浙东海防力量。至元二十七年(1290)十一月,江淮行省平章不怜吉带指出海寇多发于浙东,建议外地军队戍守浙东,"今福建盗贼已平,惟浙东一道,地极边恶,贼所巢穴,请复还三万户,以合刺带一军戍沿海明、台,亦怯烈一军戍温、处,札忽带一军戍绍兴、婺"④。大德八年(1304)二月,元廷再次感到浙东驻军兵力不足,"调蕲县王万户翼汉军一百人、宁万户翼汉军一百人、新附军三百人守庆元,自乃颜来者蒙古军三百人守定海"⑤。这些军队驻扎浙东沿海,从军事地理环境来说,已算是海军。元成宗年间,江浙行省"以船五十艘,水工千三百人,沿海巡禁私盐"⑥,皇庆元年(1312),元廷"命浙东都元帅郑祐同江浙军官教练水军"⑦,都突显了官方海军的重要作用。

涉海戍军在一定程度上震慑了浙东私盐海寇势力,但随着军事力量弱点的不断暴露,元朝浙东海防出现危机。浙东道宣慰使司总辖浙东军民之务,以蒙古重臣为长官,他们大多数对浙东海疆情况不熟悉,无法制定适合浙东沿海的战略战术。从中原外调而来的涉海戍军不识水性,不擅水战,海上征战更是生疏,"将骄卒惰,帅领不得其人,军马安置不当"⑧,远没有常

---

① (明)宋濂撰,黄灵庚辑校:《宋濂全集》,人民文学出版社,2014年,第1202页。
② (元)黄溍撰,王颋点校:《黄溍全集》,第691—694页。
③ (明)宋濂等:《元史》,第397页。
④ (明)宋濂等:《元史》,第2544页。
⑤ (明)宋濂等:《元史》,第2548页。
⑥ (明)宋濂等:《元史》,第405页。
⑦ (明)宋濂等:《元史》,第551页。
⑧ (明)宋濂等:《元史》,第2548页。

年在海疆从事走私的盐贩海寇那样轻车熟路。这些弱点使浙东元军在与对手的较量中逐渐处于下风,暴露了元朝浙东海防的脆弱。

至元末,由浙东基层武力和涉海戍军构筑的官方海防体系漏洞百出,危机四伏,而私盐海寇为主的浙东反元势力不断兴起,海疆局势转向恶化与失控,最终促使元朝浙东海防全面崩溃。

三、浙东私盐海寇起事与海防的崩溃

至十四世纪中叶,元王朝在政治、经济、社会上已处于大厦将倾的局面,元廷在浙东的私盐整治实际上已经失败,海防力量虚弱,最终以方国珍为代表的浙东沿海私盐武装势力迅速崛起,冲击并摧毁了官方海防体系,剥夺了元廷对浙东的统治权,加速了元朝的灭亡。

(一)盐贩与海寇的双重奏:方国珍起事

方国珍是台州路黄岩人。元朝在台州的统治并不稳定[①],叛乱时有发生,私盐贩卖猖獗,海盗频出。至元十四年(1277),浙东宣慰使怀都"讨台、庆叛者,战于黄奢岭"[②],延祐二年(1315),黄溍任职台州路宁海县丞时发现,"县地濒于盐场,而亭户恃其不统于有司,厉民为甚,编甿之隶漕司泊财赋府者,尤为横暴"[③]。方氏一家"世以浮海贩盐为业"[④],至正八年(1348),因被仇家陈氏诬陷勾结海寇而遭官府紧急缉拿,他在危急关头深刻意识到"朝廷失政,统兵者玩寇,区区小丑不能平,天下乱自此始。今酷吏借之为奸,媒蘖及良民,吾若束手就毙,一家枉作泉下鬼,不若入海为得计身"[⑤]。一怒之下杀死诬告者,带领自家兄弟和害怕连坐的邻里入海为寇。方国珍从盐贩到海寇身份的速变,是元朝盐业弊政导致海寇势力崛起的一个极好例证。

---

① 参见周运中:《方国珍崛起的地理背景研究》,《元史及民族与边疆研究集刊》2013年第1期,第115—127页。
② (明)宋濂等:《元史》,第3196—3198页。
③ (元)黄溍撰,王颋点校:《黄溍全集》,第766—769页。
④ (清)张廷玉等:《明史》,中华书局,1974年,第3697页。
⑤ (明)宋濂撰,黄灵庚辑校:《宋濂全集》,第1256页。

方国珍入海为寇之初,实力尚弱,并未引起元廷的关注,毕竟台州沿海历来就是各类变乱的多发地。方氏势力能够做大,根本原因在于元朝地方治理机制的失灵,"州县无以塞责,妄械齐民为国珍党,海上益骇,由是亡之"①,众多百姓为官府所逼,人心惶惶,无奈之下只能选择投奔方氏,成为方国珍势力的基础。方氏的部下大多是世代居住在浙东海疆的民众,其中不乏频繁航海为生的船民、从事盐业生产的灶户,这些"以海为田"的滨海之民熟悉浙东海情,出入自如。方国珍的盐徒身份使他与浙东沿海的盐户、船户群体保持着密切的联系,"山海奸民,连结负贩私盐者,多与方寇出入"②。他率领这些被迫为寇的海民,在与元军的数次交锋中节节获胜,夺取战船,劫掠漕粮,实力大增,逐渐控制了绍兴路上虞县、余姚州、庆元路、台州路、温州路永嘉县、乐清县等十多处盐场,几乎占有浙东半数盐场,为海上武装势力割据浙东提供了雄厚的财力基础。

浙东沿海的元军屡屡失利,已经无力打败方国珍,元廷在剿抚不定的立场上与方氏较量,逐渐处于下风,走向被动。元朝构筑的浙东海防体系最终被以方国珍为代表的海上势力打出一个缺口,导致"贡赋不供,海运之舟不至京师"的局面③。

(二) 浙东海防的崩溃

方国珍起事之后,元廷令江浙参政朵儿只班抓捕,但方氏避免与元军正面迎战,而是趁机火攻元军兵船,官兵大多不识水性,故而不战自溃、损失惨重,朵儿只班被生擒,为方国珍上呈招降书,引发朝中震动。大臣归旸指出,此战是"将之失利,其罪固当。然所部皆北方步骑,不习水战,是驱之死地耳。宜募海滨之民习水利者擒之"④,切中了官方海防军力的致命弱点。同时,他认为方氏并非真想归顺,元廷应当继续讨伐,彻底扑灭之。但是元廷并未采纳他的建议,而是抱持姑息态度,授予方氏官职,并要求其遣散部属。方国珍拒绝了,他继续招兵买马,扩充实力,侵扰台州、温州等地的州县,至正十年(1350),方军偷袭温州,焚毁官方漕船,温州城内海运副

---

① (明)高宇泰撰,沈建国点校:《敬止录》,宁波出版社,2019年,第423页。
② 黄庆澄、陈庆念点校:《方国珍寇温始末》,上海古籍出版社,2005年,第128页。
③ (明)陈邦瞻:《元史纪事本末》,中华书局,1979年,第89页。
④ (明)宋濂等:《元史》,第4271页。

千户吴世显"尝仕闽,与叛寇李志甫对敌,颇知战事"①,联合其他官员共同逼退了方军。至正十一年(1351)二月,元朝任命孛罗帖木儿为江浙行省左丞,总兵至庆元,镇压当地海寇,又以泰不华为浙东道宣慰使司都元帅,分兵温州,与孛罗帖木儿共同夹击方国珍。方军劫掠温州时,泰不华纵火烧舟,方氏见势不妙迅速撤兵,逃遁海上。泰不华密约孛罗帖木儿再讨方氏,当孛罗帖木儿统兵到达海流湍急的大闾洋时,方国珍故伎重施,纵火喧哗鼓噪,使官方海军惶惶不安、四散而逃,因不识水性,赴水死者过半,孛罗帖木儿本人被俘。随着中原红巾军起义的勃兴,元廷再次对方国珍姑息招安,授予方氏兄弟官职。

方国珍起事三年,依托海上反抗元廷,偶有失利,却沉重打击了官方海防军力,元廷只能以官职收买方氏,以求谋得浙东海疆的稳定。然而,元廷最终还是失算了,至正十二年(1352),方国珍再次入海为乱,攻击台州。元廷浙东诸将中唯有泰不华尚可一战,他曾挫败过方氏,此时正任职台州路达鲁花赤。泰不华一面发兵扼守黄岩澄江,一面派义士招安方国珍。方氏"以小舸二百突海门,入州港,犯马鞍诸山"②,并派人前来议降,泰不华率海军乘潮而前。澄江口沙洲密布,船只有触地抛锚的巨大风险,泰不华并不了解海口情况,官方海军船只果然触沙洲而不能行,方国珍乘势杀死了泰不华。大厦将倾,独木难支,泰不华战死海上,使元廷在浙东失去了一位抵御海寇的重要将领,给浙东海防造成了无法弥补的重大损失。

随后,元廷再授方氏兄弟官职,并设立巡防千户所,企图收纳方氏船舰,遣散其部下。但此时招抚政策已经失去效力,方国珍我行我素,率领千余艘船舰,占据浙东海道,阻遏元廷漕粮海运,劫掠平阳等各沿海州县。至正十四年(1354),方国珍终率部下攻占台州,元军力图反攻收复,但以惨败告终。随后方军势如破竹,先后袭占庆元、慈溪、昌国、余姚、温州等地,至此,方国珍有了稳定的根据地,从一个游掠沿海州县的盐贩海寇转变为割据浙东海疆的一方霸主。元廷不得不承认现实,于至正十六年(1356)授方国珍为海道运粮漕运万户兼防御海道运粮万户,其兄方国璋为衢州路总管,兼防御海道事。一个蚕食冲垮王朝海防体系的盐贩海寇最后却被官方授予防海之责,尽管只是名义上的,但也不能不说是个巨大的讽刺。这标

---

① (明)王瓒、蔡芳编,胡珠生校注:《弘治温州府志》,上海社会科学院出版社,2006年,第475页。
② (明)宋濂等:《元史》,第3425页。

志着浙东海防的全面崩溃,元朝彻底失去对浙东海疆的统治,又反过来加速了王朝自身的覆灭。

四、结语

元朝在浙东海疆实施的盐政弊病丛生,导致浙东私盐制贩活动猖獗,盐贩武装势力发展。元廷针对浙东私盐问题进行整治,推行食盐法,配以首告法,更使浙东海疆社会冤狱丛生、民不聊生,不仅没有真正解决浙东私盐问题,反而迫民为寇,助长了浙东海寇群体的势力。于是,元廷以基层武力和涉海戍军构建浙东海防体系,然而由于政治腐败和军事弱点,未能有效阻遏海上反元势力的兴起,最终酿成了兼具盐贩和海寇身份的方国珍率众起事。元廷在和方氏的博弈中落败,外强中干的浙东官方海防体系全面崩溃。

盐,作为人体生理所必需的一种物质,在传统中国后期,对王朝的政治、军事、经济、社会产生了重要影响。元朝顺应前代盐区南移的趋势,在浙东海疆强化盐政,引发一连串意想不到的严重后果,就像这种溶于水中便不起眼的物质一样,浸渍着王朝海疆的机体,由于诸多弊政的存在,"化学反应"般地侵蚀着王朝的统治体系。戍守在盐度较高水域的元朝海军,未能有效阻止这一"反应",这支当初策马奔腾、平定东南沿海的胜利之师,却在元末与海上反元势力的踏浪角逐中化为漂橹,和王朝一样遭到了"解析"。微小的颗粒,日常统治的弊政,潜伏的海防危机,在一定的历史条件下最终酿成了足以颠覆王朝的灾难,这是元朝国家治理的重大失策,足为后人之鉴。

回顾元代浙东的盐政与海防,沿着时间线梳理两者之间的逻辑关系链条,论述这段惊心动魄的历史,也是考察江南社会变迁的一个视角。江南文化,不仅是小桥流水,更有鲸波鳄浪!

(本文作者姚建根系浙江师范大学江南文化研究中心副研究员;
王海英系浙江师范大学学士)

江南形象与传播

王韬与晚清口译—笔述式翻译模式的终结

段怀清

内容提要 作为译者的王韬,从时间上来看几乎全程参与并见证了晚清口译—笔述式翻译。而对此间口译—笔述式翻译模式的形成及其具体翻译实践而言,王韬及其翻译的意义,并不在于如何体现或协助形成了这种翻译模式的典范性,极有可能恰恰相反,王韬的翻译,在形式上契合口译—笔述式翻译模式,但在这一模式中的口译者与笔述者之间的关系、笔述者的身份及其实现方式以及译本的最终形态及品质方面,都极大地改造或突破了这种翻译模式的固定范式及其局限性,将笔述者或者本土助手的参与性、能效性、主动性以及独立性等,都推进提升到了前所未有之高度,并最终对由本土译者独自完成翻译模式的出现,提出了极富时代洞察力的远见预言,亦预示了这一翻译模式的终结。

关键词 王韬 口译—笔述式翻译 《普法战纪》《洋务辑要》

1907年4月出版的第219期《万国公报》上,刊发了"美国林乐知译,吴江任保罗述"的《综论玛利逊之生平》的"社论"文章,其中配有《圣经》中译的译经图两张,即"玛理逊君译经图"和"麦都思君译经图",另有"襄译圣经者沈毓桂"和"襄译圣经者王韬"二人之照片各一帧。王韬与19世纪《圣经》中译之间的关系,或者说王韬作为《圣经》中译之"襄译者"身份,亦由此进一步昭示于世人之前,而此时距离王韬病逝,恰好十年,而距离新教传教士马礼逊来华,则为一个世纪。而《综论玛利逊之生平》一文,是为马礼逊百年纪念大会而撰。该期《万国公报》上,还刊登有沈毓桂所撰《拟玛利逊百年纪念大会记》一文。

《综论玛利逊之生平》一文,实则为林乐知、任保罗二人联合翻译完成:"近有教会中著名牧师,纪述玛君生平,著成小书,刊行于世,兹译其三则如下。"①此文作为该期《万国公报》之"社论",并以"头条"刊发,不可谓不重视。而此文翻译的方式,其实与沈毓桂、王韬协助来华传教士翻译之方式一样,即口译—笔述式翻译模式。这也表明,从马礼逊来华直至19世纪末,这一翻译模式,依然是当时中西之间跨语际、跨文化交流的重要方式。

该文所揭示马礼逊生平之成绩贡献,集中于三端,其中前两端,均与翻译或文字事工有关:"一为翻土白之良师。其最要之著作,即其所翻之《康熙字典》也……厥后又有他人所翻之各种官话字典,皆步玛君之后尘者。字典之外,更有他书,则于近二十五年间出版者为多。其从中文翻成西文者,亦颇不少,如中国《四书》《五经》及小说等皆是。二为翻圣经之人,为世所终不能忘者。"②而此文中所配图6帧,王韬亦作为"襄译圣经者"出现于其中,可见在《圣经》中译史上,从来华传教士的视角来看,王韬亦占据一席之地。

不过,上文所述《圣经》中译只是王韬作为译者的一生之开端,而非结束。而且,《圣经》中译亦非王韬一生从事翻译之全部,而只是其中之一部分。某种意义上,王韬(1828—1897)作为译者的一生,与晚清"西学东渐"以及"中学西渐"均多有交集,且参与及贡献亦皆引人瞩目。除了上述襄译《圣经》中译,王韬还实际且深入地参与到理雅各所主持的"中国经典"的英译以及"东方圣典"的英译之中。如果说这两种翻译,王韬都是作为协助译者或中文助手参与其中的话,之后的《普法战纪》以及《洋务丛书》的编译,王韬的身份,则是从本土中文助手一转而为翻译的组织者和负责人。从时间上看,从1850年开始直至1897年其病逝于沪上之前,王韬大半生的文字生涯,均与"翻译"相关,也与晚清翻译史密不可分。

概略而言,王韬实际上曾经四次深度参与到晚清翻译或"西学东渐"以及"中学西渐"之中。从时间上看,这四次活动从19世纪40年代末,一直持续到19世纪90年代末。而这近半个世纪的时间,也是王韬一生在近代历

---

① [美]林乐知译,吴江任保罗述:《综论玛利逊之生平》,刊《万国公报》1907年第219期。
② [美]林乐知译,吴江任保罗述:《综论玛利逊之生平》,刊《万国公报》1907年第219期。

史上最为重要的时段,同时也是晚清"西学东渐"与"洋务运动"兴起并不断发展直至走向衰微的时间——这里所谓"走向衰微",主要是针对"洋务运动"而言,至于"西学东渐",事实上后来已经融入中国的现代知识运动之中了。

而王韬所参与的这四次翻译活动,都生成了具有代表性和标志性的翻译成果。第一次的成果是《圣经》"委办本",以及一些西学译著;第二次的成果是理雅各的"中国经典"(Chinese Classics)及"东方圣典"(The Sacred Books of the East);第三次的成果是《普法战纪》以及《法国志》《重订法国志略》等;第四次的成果是《洋务辑要》。

在这四次翻译活动中,王韬的身份或者他对于身份的自我认知,经历了从本土中文助手、笔述者,到翻译的规划者、主导者或总负责人的调整转变;而王韬对于翻译的态度,也经历了从被动、勉强、协助,到积极、主动、主导的调整转变,同时他对翻译的意义与价值的认知与评价,也经历了从漠然、怀疑、否定,到热衷、肯定甚至积极主动地推动的调整转变。伴随其中的,亦有王韬对晚清中西之间的跨语际、跨文化对话、交流之意义与价值认识的不断调整甚至改变。

让人感到匪夷所思同时又引人关注的是,作为上述翻译活动重要参与者的王韬,却并不通晓西语西文,甚至在长达半个世纪与来华西人的交往合作之中,也没有对学习西语西文制定过正式、系统和持久的学习计划,亦因此,王韬作为译者的身份,是建立在不通晓被翻译文本的书写语言这一事实及现实之上的。而这种现象,在晚清翻译史上也并非个案,作为"林译小说"核心人物的林纾,与王韬一样不通晓西语西文,甚至没有过在西方国家游历的经历,但这些似乎并没有阻碍甚至影响林纾翻译西方文学或者文学西方的"雄心"。而这里将王韬的翻译、林纾的翻译相提并论的原因亦并非仅止于此。事实上,两人的翻译,也都是借用了晚清甚为常见的口译—笔述式翻译模式,也就是一种组合式的翻译模式,或者说在翻译中翻译的模式。在这种翻译模式中,王韬和林纾并不通晓西语西文的缺陷,显然是借助于口译者的存在及其口译而得以弥补的,而两人在汉语中文以及文言文学方面,或者本土文史、文化方面的素养和积淀,亦极大地改善了他们在这种口译—笔述式翻译模式中较为常见的被动、从属、协助身份及地位,甚至也极大地影响乃至改变了一般意义上的口译者与笔述者之间的工作关系、工作方式乃至工作性质,直至影响到最终翻译文本的形态及风格。也就是说,在王韬、林纾为笔述者的口译—笔述式翻译模式以及翻译活动中,其中既有一般意义和形式上的口译—笔述式翻译模式中常见的一些现象或因素,但又超出了一般口译—笔述式翻译模式中的口译者与笔述者关系的"确定性"与"决定性",即"口译者"对于"笔述者"的决定性与确定性。也正是在此意义上,王韬、林纾所参与的晚清翻译,又或者王韬、林纾式的翻译,既是晚清口译—笔述式翻译模式的体现及延续,同时亦将本土笔述者在翻译实践及过程中的参与、存在及其作用和贡献推到了极致,亦最大程度地凸显了本土笔述者在这种翻译模式中存在的意义与价值,同时亦预示了这种翻译模式的时代局限。

如果从全球翻译史这一更为广阔宏大的视野来观察,王韬、林纾的翻译,或者晚清口译—笔述式翻译,虽然有其历史的、客观的原因,但显然并非翻译史上的主流翻译模式,而只是也只能是某一时段、某一地区以及某一群体中曾经存在过的一种特殊翻译方式和翻译形态。而王韬和林纾的翻译,一方面见证并代表了晚清口译—笔述式翻译模式,甚至将这种翻译模式在知识变迁、文化交流中的作用效能推至巅峰,同时亦见证了这种翻译模式的逐渐式微,直至被另外一种翻译模式即由本土单个人独立完成的翻译模式所取代。

一、王韬与传教士合作完成的翻译:
《圣经》"委办本"及其他

从1849年自家乡抵沪,直至1862年罹祸南遁,此十余年间,几乎开启了王韬一生的大部分事业,尤其是作为"译者"的事业。而无论是王韬日记,抑或是王韬晚年所撰写而成的《漫游随录》,都对这段岁月有所记录描述,而此间王韬与师友之间的往来书札中,更是多有涉及。在王韬后来的个人叙述中,一方面他将自己描述成为一个曾经足不出乡里、对于西学、都市以及更广泛意义上的"世界"——尤其是西洋和东洋全然无知的青年士子。这种自我认知,直至王韬在其《漫游随录》自序中,依然如此:"余少居甫里,莫有知余者,即文章小技,尚不满于乡里悠悠之口,何况其他。"[①]另一

[①] (清)王韬:《〈漫游随录〉序言》,见钟叔河编"走向世界丛书"之《漫游随录》,湖南人民出版社,1982年。

方面，王韬亦将这段岁月，与后来的香港岁月、海外漫游直至重归沪上，一并纳入到他一生"漫游"的行旅之中，亦由此建构出一个与自我、世界之间新型关系的王韬。

而即便在这种叙述中，王韬在其中的"黄浦帆樯"一则中，一方面表达了对当时上海自与泰西通商以来所发生种种变化的闻见感叹，并认真地描述了由来华英国传教士所主持的"墨海书馆"中所使用的活字板机器印书：

> 后导观印书，车床以牛曳之，车轴旋转如飞，云一日可印数千番，诚巧而捷矣。书楼俱以玻黎作窗牖，光明无纤翳，洵属琉璃世界。字架东西排列，位置悉依字典，不容紊乱分毫。①

上述描述，应该也是西方活字印刷见之于汉文记载最早者之一。而对于当时西洋看得见的物质性文明这一部分，尤其是带给王韬的震撼和刺激，仅在"黄浦帆樯"一则之中，除了关于印刷车间、机器以及藏书库部分，其实给人印象更为深刻的，恐怕还是其中对当时上海外滩部分西洋建筑的描述：

> 戊申正月，余以省亲来游，一入黄歇浦中，气象顿异。从舟中遥望之，烟水苍茫，帆樯历乱。浦滨一带，率皆西人舍宇，楼阁峥嵘，缥缈云外，飞甍画栋，碧槛珠帘。此中有人，呼之欲出。然几如海外三神山，可望而不可即也。②

这大概也是较早描写外滩西洋建筑群景观气象的汉语中文。值得注意的是，"黄浦帆樯"一则，并没有仅限于描述出苏州河进入黄浦江上所见到的那些"帆樯"，而且描绘了外滩的西洋建筑。王韬对待这些西洋建筑的态度，是开放和惊叹的态度。这种态度，对理解和评价王韬随后与墨海书馆里的来华传教士们之间的交流与"合作"，提供了某些依据。当然，王韬同时期日记中，也有一些对与墨海书馆里的来华传教士们的接触与"合作"持保留、无奈或迫不得已的解释说明，不过，如果单纯地从这些文字来认识

---

① （清）王韬：《漫游随录》，见钟叔河编"走向世界丛书"之《漫游随录》。
② （清）王韬：《漫游随录》，见钟叔河编"走向世界丛书"之《漫游随录》。

和评判王韬"墨海书馆"时期与来华传教士之间的关系,包括他对待此间"西学东渐"的态度,显然是片面的和不完整的,也没有全面地、动态地和发展地观察及考察王韬与这些来华西人之间的关系。

即便是就《圣经》中译而言,尽管王韬父子参与其中的《圣经》"委办本"翻译,并非是新教来华传教士第一次推动并落实《圣经》中译,但无论是就该译本的完整性而言,还是就其文言译文的语言风格以及翻译质量而言,都是早期《圣经》中译本中屈指可数者。

尽管王韬无论当时抑或是后来有关自己翻译生涯的叙述中,相对而言都甚少提及他所参与的《圣经》"委办本"的翻译,甚至还多次否认自己在"西教"中译方面的工作及其意义,但王韬参与《圣经》翻译不仅是客观事实,而且在具体的翻译过程中——尽管这一阶段也是王韬翻译生涯中的第一个时期——王韬也多次在各种场合表达出自己因为职业或者养家糊口方面的无奈或迫不得已,但王韬在与蒋敦复、管嗣复等本土文士交往过程中所表现出来的,亦并非全然对自己协助当时来华英国传教士工作的否定。这一点,不仅可以从王韬曾经在麦都思的引导之下受洗入教这一事实中得以印证,亦可以从王韬此间曾经参与的其他与传教士们的宣教布道活动的相关经历中得以印证[1]。

当然,在此之外,王韬在《圣经》"委办本"翻译过程中的实际表现与具体态度,也是一个值得进一步考察的方面。据学者研究,事实上,在《圣经》"委办本"翻译中,王韬所表现出来的,并非是勉强与不得已,而是让来华传教士们赞赏和肯定的态度及能力,尤其是在历史及语言文化修养方面的表现,更是让麦都思、艾约瑟、韦廉臣以及慕维廉等人多有赞誉[2]。这一点,也可以从王韬在《圣经》"委办本"翻译过程中的语言主动性方面得以显示[3]。

与《弢园老民自传》中所列著述有所不同的是,《弢园著述总目》中所列36种,不仅标注了1889年之前业已刻印出版者,而且也特别注明了当时尚

---

[1] 参阅段怀清《试论王韬的基督教信仰》,以及《麦都思中文教师之"受洗"申明》(段怀清译),两文均刊载《清史研究》,2011年第2期。
[2] 参阅[美]韩南(Patrick Hanan):《作为中国文学之〈圣经〉:麦都思、王韬与〈圣经〉"委办本"》,段怀清译,刊《浙江大学学报》,2010年第2期。
[3] 参阅段怀清《王韬与十九世纪西方汉学》,刊《社会科学》2022年第8期。

未刻印出版者①。不过,实际上列为"未刻书目"的,有的已经在报刊上发表过,像《华英通商事略》②《西国天学源流》③《格致新学提纲》④等文,均曾在当时沪上西人所主持报刊连载过。后来又汇总为《西学辑存六种》得以出版⑤。需要说明的是,这几篇关于西学的文章,其实是王韬与艾约瑟(Joseph Edkins, 1823—1905)二人合作完成的,当时发表作者亦署艾约瑟,这种情形在清末口译—笔述式翻译模式中甚为常见,而作为笔述者的本土作者,则往往在文章发表时退隐幕后。需要注意的是,如果仅从王韬当年在墨海书馆时期的日记及相关书信来看,其中负面情绪和自我反省一类的文字记述确实不少,不过,如果从一个更长的时间维度来看,譬如从王韬与"西学东渐"或者他参与跨语际、跨文化交流的一生来看,尤其是到了人生暮年,王韬上述负面情绪已明显减少,对"西学东渐"之于中国近代知识、学术、思想乃至文化意义与价值的认识与评价,也屡见正面反应,而且,对于自己早年参与这种翻译活动的态度及看法,也明显趋于正面肯定。其具体表现之一,就是主动将当年参与口译—笔述活动而完成的一些翻译作品,视之为自己的"著述"成绩,而对自己在其中的身份及地位的认识,亦明显改变。

毫无疑问,墨海书馆时期,作为口译—笔述式翻译模式中的本土译者或本土助手的王韬,在《圣经》"委办本"翻译以及同时期的西学中译活动中,确实存在过勉强、被动甚至抵触的心态。而类似心理或者立场态度,在这一时期王韬的日记以及写给他人的一些书札中亦确实多有倾诉或表白。

但是,这更多只是王韬一方的私人文献资料所塑造、建构起来的一个与当时来华西方传教士接近并合作的王韬形象。这一形象固然传递了当时在接近来华西方传教士们的过程中王韬的某些真实心理反应或立场态度,但这些心理反应或立场态度,一方面更多只是表现在上述日记或书信

---

① 1884年,王韬致盛宣怀书札中,亦提及当时尚未刻印之著述数目:"弟生平著述未刻者尚有二十余种,今兹悉拟付之手民,寿诸梨枣,奈衣食之虑方深,故未能及此也。苟能缩衣节食而为之,俾得出而问世,则感且不朽。"见(清)王韬著,陈玉兰辑校:《韬园尺牍新编》(下卷),上海古籍出版社,2020年,第565页。
② 此文《六合丛谈》1857年第2、6、7、8、9、10期连载。
③ 此文《六合丛谈》1857年第5、9、10、11、12、13期连载。
④ 此文《教会新报》1871年第128、129、130期连载。
⑤ 王韬在1880年代末致薛福成的书札中,就曾提及《西学辑存六种》:"《西学辑存》六种虽系旧作,而排印于春尾夏初,其时节麾早已启行,故未及见,今亦寄呈。"见(清)王韬著,陈玉兰辑校:《韬园尺牍新编》(下卷),第560页。

中,或者与一些本土来访友人的面谈之中,真实出现在墨海书馆以及来华传教士们面前的王韬,未必是与上面这一形象全然一致或接近,这一点,可以从当时一些与王韬往来或有合作关系的来华传教士方面的相关文献中得以佐证——无论是麦都思提交给伦敦会方面的对于王韬思想、行止的汇报说明,还是慕维廉、韦廉臣、艾约瑟等人的相关提及,甚至王韬自己晚年在其《漫游随录》中所描述的自己当年初到沪上、走进墨海书馆之时的种种反应等,都说明王韬对西方来华传教士群体、对墨海书馆、对受邀参与"西学东渐"包括翻译《圣经》,其个人态度、立场以及内心反应是复杂的、纠结的,其中既有内在自我的挣扎和博弈,也有对西学以及西方未加掩饰甚至旗帜鲜明的好奇、向往、推崇,当然其中也确实还有儒家正统论及本土文化中心论、优越论的自我主张及自我坚持。

而正是与上述复杂、纠结的心态相一致,王韬对此间受邀参与翻译《圣经》以及西学著述的认知和态度,长时间存在着矛盾与反复,其中既有将自己的身份定位于"受雇佣者",把自己"笔述者"的工作性质,理解成为简单地笔录,或者被动地参与这一面向,同时也有更积极地参与到墨海书馆或者传教士在上海及其周边宣教布道诸项事业之中的面向。也因此,王韬作为"笔述者"所参与、协助并完成的翻译工作,其文本质量,殊少敷衍塞责、粗制滥造之作,反倒是不断获得传教士团体的肯定认可,其中《圣经》"委办本",甚至被认为是《圣经》汉译史上的代表性译著之一。

王韬在《圣经》"委办本"翻译中所表现出来的参与意识及实践行为,尤其是在《西学辑存六种》中诸篇翻译过程中的主动性与自主性,已经彰显出晚清口译—笔述式翻译模式中的一些非典型性或特殊性存在,即像王韬这样的作为"笔述者"参与其中的本土译者,在翻译过程中并非仅仅以经济关系上的"被雇佣者"身份被动地、勉强地参与到翻译之中,而恰恰是像王韬身上所表现出来的这种主动性和自主性,宣示了口译—笔述的这种组合式翻译模式,终将为单一本土译者独自完成的翻译模式所取代的历史必然。

二、王韬协助理雅各完成的翻译:
"中国经典"及"东方圣典"

王韬与墨海书馆来华传教士之间的上述合作关系,在他与理雅各之间的翻译合作关系中得到了进一步体现,但与《圣经》中译或者"西学东渐"所不同的是,理雅各所推动的儒家经典的英译,给王韬理解晚清中西之间的翻译,以及理解自己在此过程中的身份、工作、意义及贡献等,都提供了全新的体验与认知[1]。

不过上述体验与认识,也同样经历了一个过程。南遁香港之初的王韬,无论是对于自己当时生存处境的认识,还是对于与理雅各之间关系的认识,相较于之后的"改变",都充满了不确定性。换言之,抵港之初的王韬,在他与理雅各之间的关系中,并没有简单地复制他与上海墨海书馆时期的传教士们之间的那种工作与合作关系,而是在一种全新的——当然也是陌生的——生活环境和文化环境中重新建构起来的一种工作关系。

这种关系因为"中国经典"以及"东方圣典"的翻译而逐渐稳定和明确起来。关于这一点,以及这一过程中王韬作为翻译协助者或者"笔述者"的具体工作,尤其是究竟在哪些方面明显表现出不同于或超出于墨海书馆时期的王韬作为"笔述者"的工作范围、工作方式以及工作贡献等,可以参阅《王韬与19世纪西方汉学》一文。

而王韬作为"笔述者"的工作进一步得以扩展、丰富甚至明显改变者,还体现在"中国经典"以及"东方圣典"的翻译时长,亦明显超出于《圣经》"委办本"的翻译,而且翻译的场域空间,也经历了从香港到英国的改变——无论是香港抑或是英国,这种空间地域环境以及相应文化心理反应,都明显不同于上海。伴随着上述时间上的拉长以及空间上的改变的,当然还有王韬对于自己所参与从事的翻译工作的性质、意义和价值的重新体验认识,以及对于自己作为"笔述者"身份更为主动、自觉的扩展与提升。这些在其《漫游随录》以及王韬从英伦回到香港之后——甚至重新回到上海之后写给理雅各的书札中均可见一斑。可以肯定地说,如果没有王韬,理雅各的"中国经典"及"东方圣典"英译无疑仍可完成,但其译本的学术水准和整个译本的翻译质量,无疑也会明显不同。事实上,为了更好地协助理雅各完成其宏大的翻译计划,王韬不仅重新开启了自己对于传统经学的研读,同时还积极、主动地整理编辑了相关研究性文献,提供给理雅各翻译以及撰写学术绪论及学术注释使用。这些工作,显然早已超出于晚清一般性的口译—笔述式翻译模式中"笔述者"的工作范围及工作内容。而在"中

---

[1] 参阅段怀清《王韬与19世纪西方汉学》,载《社会科学》,2022年第8期。

国经典"以及"东方圣典"的翻译过程中,王韬的中国学术及文化修养亦相应得到了极大调动、展示与利用,这也极大地提升并改变了王韬对本土固有学术文化的认识及评价,包括对自我身份及工作意义与价值的评价,连带着对当时贯穿在这种口译—笔述式翻译模式中的中西之间跨语际、跨文化对话、交流的意义,对口译者与笔述者在此过程中彼此都能走出自己所属的文化圈,并在对话、交流之中,逐渐开辟出一个新的、不同于原来的中与西的新的文化话语,王韬显然都有了不同于之前的丰富体验与深刻认知。

而在上述过程中所展示与获得的一切,恰恰是在清末与民初取代口译—笔述式翻译的单一译者独自完成的翻译模式中最为基本与突出的特质。而从王韬作为"笔述者"的身份来看,在协助理雅各完成"中国经典"和"东方圣典"的翻译过程中,无论是其实际的身份及工作表现,还是王韬对于身份及工作的自我认知与评价等,都大大地突破了一般意义上的"笔述者"的自我认知及身份定位,也大大突破了口译—笔述式翻译模式中口译者与笔述者之间的关系模式的边界与局限。在清末类似翻译中,王韬应该是第一位被"雇主"口译者邀请到海外参与翻译的本土笔述者,而且,在应邀访问牛津大学期间,王韬还以儒教与基督教之比较为主题,做了一次专门的学术报告,甚至还被理雅各安排参与了多次在苏格兰当地社区的文化交流活动,包括以当地妇女为主要听众的活动。这些活动,以及这些活动中王韬的身份及表现,无疑也都超越了一般意义上的本土"笔述者"的所作所为。以至于理雅各在他的相关家书中多次提到王韬在其"中国经典"翻译以及"东方圣典"翻译中不可替代的作用,并尊称王韬为"王博士"(Dr. Wang),视之为有真才实学和值得尊重的学者。这些认识与评价,其实在相当程度上改变了一般意义上的口译—笔述者翻译模式中"笔述者"的"被雇佣者"身份及工作定位,事实上王韬是作为理雅各翻译中的"合作者",甚至某种意义上的"合译者"而与理雅各一起工作的。

三、王韬独立主导完成的翻译:《普法战纪》

而作为上述这种丰富体验和深刻认知的体现形式之一,就是从英伦回到香港的王韬,主动发起并推动完成了《普法战纪》的编译出版。

在同治辛未年(1871)6月22日写于"天南遁窟"的《普法战纪》前序中,对于该著写作缘起尤其是成书方式及经过,有如下描述:

> 余摭拾其前后战事,汇为一书,凡十有四卷。大抵取资于日报者十之四五,为张君芝轩所口译者十之四,网络搜采得自他处者十之二三。

如上所述,《普法战纪》中,有六七卷的内容,来自当时的"日报",至于"日报"的语言及主办方,未见详述,推测即有香港当时的一些中英文报纸——《香港近事编录》《香港中外新报》《香港新闻七日报》及《香港华字日报》上所发表的国际政治、军事及外交新闻及评论,无疑成了《普法战纪》重要的资料来源,另外亦有可能还包括少量从欧洲方面传来的报纸。正如上述序言中所提到的,《普法战纪》的资料来源,另有五六卷是由张宗良(芝轩)口译、王韬笔述的,而余下一二卷,则是由王韬及其协助者"网络搜采得自他处"。由此观之,无论是其中由张宗良口译、王韬笔述的部分,还是"取资于日报"的近半数,以及余下的小部分,整个《普法战纪》的写作,其主导者、负责人以及总纂,显然非王韬莫属。

对此,王韬在该著前序中说得也很清楚:

> 既成将付剞劂,而为述其大略,曰:呜呼!余之志普法战事,岂独志普法哉!欧洲全局之枢机,总括于此矣。

这段文字,一方面清楚说明,《普法战纪》一书从著述意图到材料收集、翻译、撰述,以及最终付之剞劂,都是由王韬总揽统筹并亲力亲为的;另一方面,因为其中一部分资料直接从西报翻译而来,对于这一部分资料的翻译,王韬则再次充当了自己再熟悉不过的"笔述者"这一角色,只是与墨海书馆时期的《圣经》翻译,以及香港及英伦时期的"中国经典"和"东方圣典"翻译明显不同的是,此时王韬在"笔述者"这一身份之外,还有著述总纂及翻译总纂的双重身份。换言之,事实上王韬成为了《普法战纪》的实际负责人。这也是王韬在清末"西学东渐"过程中,首次从"笔述者"或者"从属者""协作者"以及"被雇佣者"的被动身份,一转而为独立、自主的负责人及完成人。这一转变,事实上已经部分宣告,清末口译—笔述式翻译模式,在王韬所主导完成的《普法战纪》这一著述文本及著述过程中渐趋式微,王韬作为本土编译者或著述者的自主意识、独立意识得以更大程度的释放及体现。

只是对于这一实际负责人身份或者对于《普法战纪》的撰写方式,在《申报》所登载的"《申报》馆账房启"一则中,亦有如下表述:

> 吴门王紫诠先生,经济文章名驰中外。前面目睹普法交战,译成战纪一书,记载精详,议论宏富,行之宇内。谈洋务者,皆取资焉。兹复以活字版白纸印成,都为十册。托本账房出售。每部收洋三元五角。诸君子有志于欧洲时事者,请移玉购取可也。

上面明确将王韬所撰《普法战纪》之书写行为,定义为"译",而不是个人创作书写。尽管从《普法战纪》"前序"所述来看,其初版采用"口译—笔述式"翻译模式完成者为"十之四"而并非全部,但这一说法,并没有涉及增订版中所增补六卷的写作方式,而且也没有顾及在这"十之四"之外其他部分的形成方式。而增订版的出版及售书广告,时间为1887年,亦就是王韬结束他在香港及海外长达二十余年的流亡生活重返沪上之后,也是《普法战纪》初版出版16年之后,同时还是王韬病逝沪上之前10年。所以,对于《普法战纪》的写作方式——究竟是"译"是"撰",此时的王韬似乎已经没有必要再行遮掩了。也就是说,王韬既不在乎将《普法战纪》视之为"译著",亦不在乎视之为著作。从这两种身份中,王韬似乎都认为自己是有资格的,也是用不着避讳或者顾忌的。

这一点,在《申报》1886年5月23日发布的"增订普法战纪出售"广告中,得到了进一步呼应:

> 天南遁叟向著《普法战纪》,久已风行海内,现又重刻,并增入后三年事实,分为二十卷,装订十本。白纸,每部定价三元五角。买另议。另有《弢园文录外编》六本,价洋六角。均在《申报》馆及上海各书坊出售。

上述广告所售《普法战纪》,为初版14卷本的增订本,卷数亦从14卷增加到20卷,所增加部分内容,如上所述,为普法战争"后三年事实"。而对于《普法战纪》这一著作的性质——究竟为"译"还是"著"——广告中则明确地将原来的"译"改为了"著"。

由此亦基本上可以明确和肯定，既不能简单地将《普法战纪》等同于一般的翻译著述，尤其是不能等同于由西人撰著、中国本土译者所翻译完成的那种类型的译著；亦不能简单等同于清末由来华西人口译、本土助手笔述翻译模式下所完成的那种译著。也就是说，即便如上述广告中所云为"译著"，《普法战纪》也是同时代一种非常特殊的"译著"，是由本土作者发起、组织、编译完成并出版销售的一种"著述"。在此过程中，王韬将晚清常见的那种口译—笔述式翻译模式，与本土译著者主动的翻译策划和翻译组织及翻译实施与出版整合在一起，灵活且有效地完成了不拘泥于常规翻译，同时又最大限度地利用了西方原文文献资料，创造性地生成出一部在晚清翻译史上，尤其是著述方式上甚为独特的翻译文本。这是一种综合了多种著述成书方式的书写形态，是在清末口译—笔述式翻译模式与单个人独立自主翻译模式之间的一种带有一定过渡性，同时又能够整合这两种翻译模式中的某些方式及形态的一种富于创意的书写。这种书写方式，对于王韬克服自己不通晓西语、不能够直接阅读西文文献文本的缺陷，但又深知西学、西情对当时中国精英士大夫阶层的重要性，希望能够通过自己的努力，来帮助当时国内洋务派官员及知识分子们了解西方、了解西学和推动洋务，显然是一种既具有时代感、又带有时代性的一种过渡性方式。

1895年10月20日，也就是王韬病逝沪上之前二年，《申报》又登载了一则有关《普法战纪》排版印刷出售的广告，这也应该是《普法战纪》乃至王韬最后一次在《申报》上发布自己著述出售的广告：

> 启者：《普法战纪》现令吴云记摆板排印二千部，不日竣工，月底可以出书。寄售各书坊及格致书室。诸君可前往购买。风闻有人拟将翻板石印此书，鄙人大费心力，若欲翻印，定必禀官追究，勿以小事致伤情面，而谓言之不预也。天南遁叟王韬敬白。

只是在上面这则广告中，《普法战纪》似乎只是作为一部等待出售的"书"，无论是王韬还是潜在的购买者，此时似乎都已经不再关心该书究竟是"译"还是"著"了。这似乎亦表明，在1890年代的中国，当时通晓西语、西学、西情以及洋务之人，较之于10年、20年之前，在数量上已经有了显著增加。王韬以及王韬式的翻译著述模式,也即将作为一种历史与时代的见证,而退出历史舞台。但作为这一时刻到来标志的,并非是《普法战纪》,而是王韬晚年最后倾力主导并完成的大型编译丛书《洋务辑要》。而《洋务辑要》,事实上亦成为了王韬一生参与"西学东渐"及"洋务运动"的压轴之作。

显而易见,王韬对于"格致之学"的认识,有一个不断扩展、深化和提高的过程。其在去世之前为《西算明镜录》所撰写的"跋"中,王韬借对"算学"重要性的阐述,进一步强调了西学内在的整体性和知识及学术上的自我根源性:

> 算学为格致之纲领,一切天文、地理、化学、电学、火学、光学、气学,以及制造机器等事,无不需算学辅之以成。造化之巧,精微之妙……而算学固推首要矣。①

这篇写于"光绪二十三年仲春上澣"的跋,应该是王韬生前所留下的有关格致之学的最后论述文字之一。其中对于"算学"之于"西学"整体性意义的认识,也体现出王韬对于西学或格致之学带有一定独立性和自主性的判断。尽管这种认识与判断,在西方及西学内部,是常识性的或者甚为普通的,但对于像王韬这样并没有系统地接受过西方科学教育,同时又不通晓西语的中国知识分子来说,并非是一种轻而易举就能够获得的。

而王韬晚年重返沪上之后最有代表性的两项工作——一项是《洋务辑要》的编撰,另一项是格致书院的管理及格致课艺的推动——亦均与"格致之学"或者"西学东渐"密不可分。而在这两项工作中,其实作为"译者"的王韬,依然是其中最为基本的一种知识身份。

至于王韬在《洋务辑要》译撰、总纂过程中的具体身份、认识体现,可参阅本人所撰《王韬与19世纪西方汉学》②一文,以及田晓春《王韬晚年主纂〈洋务辑要〉始末》一文。

1884年7月29日,《申报》发表了王韬的《漫兴》一诗:

---

① (清)王韬:《西算明镜录》,算学日新会。
② 参阅段怀清:《王韬与19世纪西方汉学》,载《社会科学》2022年第8期。

杀人尚惜无黄祖,荐士何曾有孔融。放眼千秋时局变,论交四海霸才空。审机谁发千钧弩,议救虚张远铁弓。太息筹边无善策,安能谈笑却罴熊。淞北逸民王韬无晦甫未定草。

王韬的上述诗作,与他《录梦中友人见赠之作》的序及友人诗,一并发布于是日《申报》之上。从这首诗中,依然可以清晰感受到王韬尚未泯息的入世见用之追求与豪情。从后来的现实行止看,返沪之后的王韬,也确实曾有过一次齐鲁之行,这应该也是王韬一生中第一次同时也是最后一次寄希望于通过幕僚这一身份,来实现自己参与实际政事以及经世致用的梦想所做的努力。当然,这次努力毫无疑问地失败了。

而在此行之外,王韬相当积极地参与到格致书院的管理工作之中,这方面的工作及贡献,早已广为人知,此外,还应邀组织编译了大型文献资料类丛书《洋务辑要》,这也是王韬再一次借助于口译—笔述式翻译模式,再一次充当笔述者,同时又再一次体验自己在协助理雅各翻译"中国经典"以及"东方圣典"之时的那种主动性,而这种主动性和主导性,显然在《洋务辑要》的编译过程中体现得更为明显,亦更加充分。

结　　语

如果从具体的翻译实践以及翻译结果及成效与影响来看,晚清翻译中,口译—笔述式翻译模式的生命力或者能效弹性,很大程度上依赖于口译者与笔述者之间,是否遵循或存在着对话、交流和协商这一翻译原则——这一原则,同时也是当时在中西之间开展知识、学术、思想与文化对话、交流与协商的理想原则。如果这一原则得以遵循,通常担任笔述者的本土中文助手或本土文士的翻译积极性、文化自觉性以及个人参与性及创造性,会因之而获得较大的发挥空间,亦有得到激发释放之较大可能。反之,如果口译者过于专断,或者采取一种知识、学术、思想及文化上的排他性态度与立场,不屑于与笔述者之间开展任何形式、任何意义上的对话、交流与协商,又或者担任笔述者的本土助手同样采取一种排他性的知识、学术、思想及文化立场,不愿意积极、主动地参与到双方翻译活动之中,就会导致口译者与笔述者之间事实上产生出展开对话、交流的障碍,压缩甚至取消双方之间开展对话、交流与协商的现实可能。

而就晚清口译—笔述式翻译的具体实践而言,绝对、完全的压缩甚至取消口译者与笔述者之间任何意义和形式上的对话、交流与协商这样一种现象,基本上也是不存在的。当然,口译者与笔述者之间绝对自由、平等和充分的对话、交流与协商,这种现象大概也是不存在的。更多时候,口译者与笔述者之间的翻译关系及具体翻译实践,介于上述两种绝对性之间,或者说是在上述两种绝对性之间游移并找寻口译者与笔述者皆能感到适宜的平衡点。当然这种找寻,在所有相关案例与实践中,未必都处于自觉的状态,更多时候恐怕还只是在口译者及笔述者各自的尝试与摸索之中。

而这一翻译模式最大的生命力及实际贡献,就是在中西之前尚未全面地确立起对话、交流与协商这一平等且公正的文明原则之际,在口译者与笔述者之间,围绕着"西学东渐"或者"中学西渐",业已开始了对这一原则的实践尝试,并为这一原则的最终确立和广泛奉行,提供了积极且丰富的探索经验。而在此基础之上所提出的不同文化、文明之间的对话与互鉴,反过来亦进一步说明了晚清口译—笔述式翻译模式在19世纪以降中西方之间的文明对话与文化交流进程中曾经做出的特殊贡献。

王韬的翻译生涯中,参与并实际见证了晚清口译—笔述这一翻译模式,并通过自己的个人知识、学术及思想主体性和主动性的发挥,极大地丰富并扩展了晚清这一翻译模式的实践空间和实际能效,同时亦在晚清翻译史上留下了具有里程碑意义的代表性著述。

不过,与此同时,就在王韬参与并实践的这种口译—笔述式翻译模式之外,同样出现了由本土单个译者所独立自主完成的翻译,这一模式在王韬所熟悉的何进善的翻译中,以及王韬并不很熟悉的严复、辜鸿铭以及伍光建的翻译中均得到了充分应用。而这种由单个人独自完成的翻译模式,亦最终取代了口译—笔述式翻译模式,成为清末民初最为广泛使用的一种新的翻译方式,并一直延续到现在。

(本文作者系复旦大学教授)

《江南文化研究》征稿启事

《江南文化研究》是浙江师范大学江南文化研究中心创办的学术集刊，是以浙江省哲学社会科学重点研究基地为依托，以弘扬和传播江南文化为己任，倾力拓展江南文化研究领域，集中呈现最新研究成果的学术创新平台。截至2023年底，已出版6辑。自2024年起，本刊由上海古籍出版社出版，每年两辑，分别于6月、12月出版。

本刊设有江南文学与艺术、江南学术与文献、江南城市与社会、江南形象与传播等专栏。既欢迎视野通达、严谨扎实的研究成果，也欢迎研精覃思、辨章学术的专业书评。

征稿具体事项如下：

一、来稿请使用简体字，并提供Word和Pdf两种文档。

二、本刊发表中文稿件，单篇文章字数以不超过15 000字为宜。

三、来稿请附内容提要（350字以内）、关键词（3—5个）及作者简介，包含姓名、单位、职称、主要研究领域、联系方式等信息。

四、来稿请勿多投，三个月内未收到用稿通知，作者可自行处理。未录用稿件，恕不一一回复。

五、本刊所发论文，重视原创，若涉及知识产权诸问题，应由作者本人负责。

六、本刊拥有以数字化方式发行、编辑、传播所刊发文章的权利，所有署名作者向本刊提交文章发表的行为，即视为同意上述声明。

七、来稿刊载后，未经编辑委员会书面同意，请勿在他处发表。

八、来稿请用电邮附件形式发送至编辑部邮箱：jnwhyj@zjnu.cn。

《江南文化研究》撰稿格式

一、文稿包括三部分：本文、内容提要（350字以内）及关键词（3—5个）。

二、请提供简体字文本，自左至右横排书写。正文（5号字）、注释使用宋体字，独立引文使用仿宋体字，全文1.5倍行距。

三、独立引文整体向右缩进2格。

四、请用新式标点。并列书名号之间不加顿号，如有括注等，则均需加顿号；并列引号之间不加顿号。

五、各章节下使用序号，请依"一、""（一）""1.""（1）"等序表示，文中举例的数字标号统一用(1)(2)(3)等。

六、注释请一律用脚注，每页重新编号。注码使用带圈字符格式，如①②③等。

七、引用专书或论文，请依下列格式：

（一）专书

1. 熊月之：《西学东渐与晚清社会》，上海人民出版社，1994年，第270页。

2.（唐）刘知幾撰，张振珮笺注：《史通笺注》，中华书局，2022年，第300页。

3.（清）王韬著，陈玉兰辑校：《弢园尺牍新编》，上海古籍出版社，2020年，第200页。

4.（明）宋濂等：《元史》卷一二〇，中华书局，1976年，第2955页。

5.（清）陈其元：《庸闲斋笔记》卷五，清同治十三年刻本。

6.［美］柯文著，雷颐、罗检秋译：《在传统与现代性之间——王韬与晚清改革》，江苏人民出版社，2003年，第89—90页。

（二）文集论文

1. 余嘉锡：《宋江三十六人考实》，载《余嘉锡论学杂著》，中华书局，

1963年,第386—388页。

(三) 期刊论文、报纸

1. 于绍杰:《中国植棉史考证》,《中国农史》1993年第2期,第32页。

2. 劳汉:《自由谈话会》,《申报》1914年9月9日,第13版。

(四) 学位论文

1. 蔡承豪:《从染料到染坊——17至19世纪台湾的蓝靛业》,台湾暨南国际大学2002年硕士论文,第5页。

(五) 再次征引

1. 熊月之:《西学东渐与晚清社会》,第88页。

八、注解名词,注码请置于名词之后;注解整句,则应置于句末标点符号之前;若独立引文,则应置于句末标点符号之后。